Ilse Aichinger

Nachricht vom Tag

Erzählungen

Fischer Bücherei

In der Fischer Bücherei
November 1970
Umschlagentwurf: Jan Buchholz/Reni Hinsch
Fischer Bücherei GmbH, Frankfurt am Main und Hamburg
Lizenzausgabe mit freundlicher Genehmigung
des S. Fischer Verlages GmbH, Frankfurt am Main

Gesamtherstellung: Hanseatische Druckanstalt GmbH, Hamburg
Printed in Germany
ISBN 3 436 01294 7

Über dieses Buch

Diese Ausgabe vereinigt alle in Buchform erschienenen Erzählungen Ilse Aichingers, die hier ergänzt werden durch: ›Die Rampenmaler‹, ›Die Schwestern Jouet‹, ›Ajax‹. Die Autorin hat sie chronologisch geordnet, wobei in Einzelfällen inhaltlich Benachbartes nebeneinandergestellt wurde.
In diesen kurzen Prosastücken »bleibt das Feld für Überraschungen weit. Da tritt Herodes auf, wie niemand ihn kennt, und mit demselben Recht, mit dem die Empfindungen einer Maus plötzlich aussprechbar erscheinen. Da ist ein Vater aus Stroh. Auf einem Fächer findet eine ganze Familie Platz. Da ist ein Esel grün und erstehen Dörfer wie aus dem Kinderbaukasten. Ilse Aichinger gelingt es, das Unwirkliche durchaus plastisch auszusprechen. Die Szenerien und Vorgänge gewinnen eine Realität, die sich selbst bestätigt. Die Vorstellung des Lesers tastet sie ab und entdeckt, daß sie auf eigentümliche Weise konkret sind. Man kann sich in ihnen verlieren. Nie erhebt sich der Verdacht, es handle sich um Allegorien oder Gespinste von Symbolen, die etwas von ihnen Unabhängiges bedeuteten. Die Vorgänge stehen ganz und gar für sich selbst. Sich ihnen überlassen, das heißt sich befreien, heißt, mit den Erinnerungen, der Phantasie, den Gedanken eines anderen träumen.«

(Heinrich Vormweg im Hessischen Rundfunk)

Die Autorin

Ilse Aichinger wurde am 1. November 1921 in Wien geboren. Während der deutschen Besetzung Österreichs wurden sie und ihre Familie verfolgt. Nach dem Krieg begann sie ein Medizinstudium, das sie für ihre Arbeit an dem Roman ›Die größere Hoffnung‹ abbrach. Sie war im Lektorat des S. Fischer Verlages und an der Hochschule für Gestaltung in Ulm tätig. Ihr literarisches Werk umfaßt außer ihrem Roman und den Erzählungen Hörspiele und Dialoge. Sie erhielt unter anderem den Preis der Gruppe 47, den Literaturpreis der Freien und Hansestadt Bremen, den Literaturpreis der Bayerischen Akademie.

Inhalt

Der Gefesselte

Er erwachte in der Sonne. Ihr Licht fiel auf sein Gesicht, so daß er die Augen wieder schließen mußte; es strömte ungehindert die Böschung hinab, sammelte sich zu Bächen und riß Schwärme von Mücken mit, die tief über seine Stirne hinwegflogen, kreisten, zu landen suchten und von neuen Schwärmen überholt wurden. Als er sie verscheuchen wollte, bemerkte er, daß er gefesselt war. Eine dünne gedrehte Schnur schnitt in seine Arme. Er ließ sie zurückfallen, öffnete wieder die Augen und sah an sich hinab. Seine Beine waren bis zu den Schenkeln hinauf gebunden, die gleiche Schnur schlang sich um seine Knöchel, lief mehrfach überkreuzt aufwärts, umwand seine Hüften, seine Brust und seine Arme. Wo ihre Enden verknotet waren, sah er nicht, und er glaubte so lange, daß die Fesselung fehlerlos war, ohne das geringste Zeichen von Angst oder Hast, bis er entdeckte, daß sie zwischen seinen Beinen Raum frei ließ und fast lose um seinen Körper lief. Auch seinen Armen, die man ihm nicht an den Leib, sondern nur aneinander gebunden hatte, war Spielraum gegeben. Das ließ ihn lächeln und brachte ihn im Augenblick auf den Gedanken, daß Kinder ihren Scherz mit ihm getrieben hätten.
Er griff nach seinem Messer, aber wieder schnitt die Schnur sanft in sein Fleisch. Er bemühte sich mit größerer Vorsicht noch einmal, in seine Tasche zu greifen, sie war leer. Es fehlte außer dem Messer auch noch das wenige Geld, das er bei sich gehabt hatte, und sein Rock. Die Schuhe hatte man ihm von den Füßen gezogen. Er befeuchtete seine Lippen und schmeckte Blut, das von den Schläfen abwärts über Wangen, Kinn und Hals bis unter sein Hemd geronnen war. Seine Augen schmerzten; wenn er sie längere Zeit offen ließ, spiegelte der Himmel rötliche Streifen wider.
Er beschloß aufzustehen. Er zog die Knie an, soweit es möglich war, berührte mit den Händen das frische Gras und schnellte sich hoch. Ein blühender Holunderzweig streifte seine Wangen, die Sonne blendete ihn, und die Fessel preßte sich in sein Fleisch. Halb besinnungslos vor Schmerzen ließ er sich zurückfallen und versuchte es noch einmal. Das trieb er so lange, bis ihm das Blut aus den verdeckten Striemen trat. Dann lag er wieder lange Zeit still und ließ Sonne und Mükken gewähren.
Als er zum zweitenmal erwachte, warf der Holunderstrauch seinen Schatten schon über ihn und ließ die gespeicherte

Kühle zwischen den Zweigen hervorströmen. Er mußte einen Schlag auf den Kopf bekommen haben. Dann hatten sie ihn hierher gelegt, wie Mütter ihre Säuglinge sorglich unter die Büsche legen, wenn sie aufs Feld gehen. Ihr Hohn sollte nicht verschwendet sein.
Alle Möglichkeiten lagen in dem Spielraum der Fesselung. Er stützte die Ellbogen auf die Erde und beobachtete das Spielen der Schnur. Sobald sie spannte, gab er nach und versuchte es mit größerer Vorsicht wieder. Wenn er die Zweige über seinem Kopf erreicht hätte, würde er sich an ihnen hochgezogen haben, aber er erreichte sie nicht. Er legte den Kopf auf den Rasen zurück, rollte sich herum und kam auf die Knie. Er tastete mit den Fußspitzen den Boden ab und stand plötzlich fast ohne Mühe auf.
Wenige Schritte vor ihm lief der Weg die Hochfläche dahin, Steinnelken und blühende Disteln wuchsen zwischen den Gräsern. Er hob den Fuß, um sie nicht niederzutreten, wurde aber durch die Schnur gehindert, die seine Knöchel hielt. Er sah an sich hinab.
Die Schnur war an den Gelenken festgeknotet, lief aber in einer Art von spielerischem Muster von einem zum anderen. Er bückte sich behutsam und griff danach, aber sie ließ sich, so locker sie auch schien, doch nicht weiter lockern. Um nicht mit bloßen Füßen in die Disteln zu treten, stieß er sich leicht vom Boden ab und hüpfte wie ein Vogel über sie hinweg.
Beim Krachen eines Zweiges hielt er inne. Irgend jemand in diesem Umkreis hielt nur mit Mühe sein Gelächter zurück. Der Gedanke, daß er nicht in der Lage wäre, sich — wie immer — zu verteidigen, erschreckte ihn. Er hüpfte weiter, bis er auf dem Weg stand. Tief unten zogen helle Felder hin. Von dem nächsten Ort sah er nichts, und es würde Nacht werden, ehe er ihn erreichte, wenn es ihm nicht gelang, sich schneller zu bewegen.
Er versuchte zu gehen und bemerkte, daß die Schnur ihm erlaubte, einen Fuß vor den anderen zu setzen, wenn er jeden Fuß immer nur um ein bestimmtes Maß vom Boden hob und ihn, bevor die ganze Spannweite ausgemessen war, wieder senkte. In demselben Maß ließ sie auch seine Arme schwingen.
Schon nach den ersten Schritten fiel er. Er lag quer über dem Weg und sah den Staub hochfliegen. Er erwartete, das lange unterdrückte Gelächter jetzt hervorbrechen zu hören, aber alles blieb still. Er war allein. Als der Staub sich senkte, kam er hoch und ging. Er sah zu Boden und beobachtete das Pendeln der Schnur, wie sie nachschleifte, sich leicht über die Erde spannte und wieder sank.
Als die ersten Leuchtkäfer aufflogen, gelang es ihm, den Blick

vom Boden loszureißen. Er fühlte sich wieder in seiner Macht, und seine Ungeduld, den nächsten Ort zu erreichen, ließ nach. Der Hunger machte ihn leicht, und es schien ihm auch, als hätte er eine Geschwindigkeit erreicht, die kein Motorrad überholen konnte. Oder er stand auf dem Fleck, und das Land kam ihm schnell entgegen wie der reißende Strom einem, der stromaufwärts schwimmt. Der Strom trug Sträucher, die der Nordwind nach Süden gebogen hatte, junge verkrüppelte Bäume und Rasenstücke mit hellen langstengeligen Blumen. Zuletzt überflutete er auch Sträucher und junge Bäume und ließ nur den Himmel über sich und dem Mann. Der Mond war aufgegangen und beleuchtete die gewölbte freie Mitte der Hochfläche, den von niedrigem Gras überwachsenen Weg, den Gefesselten, der mit schnellen, gemessenen Schritten auf ihm dahinging, und zwei Feldhasen, die knapp vor ihm den Hügel überquerten und sich über den Abhang verloren. Obwohl die Nächte um diese Zeit noch kalt waren, legte sich der Gefesselte vor Mitternacht wieder an den Rand der Böschung und schlief.
Im Morgenlicht beobachtete der Tierbändiger, der mit seinem Zirkus auf der Wiese vor dem Dorf lagerte, den Gefesselten, wie er, nachdenklich den Blick zu Boden gekehrt, den Weg daherkam. Er sah, wie er stehenblieb und nach etwas griff. Er bog die Knie ab, hielt den Arm ausgestreckt, um sich im Gleichgewicht zu erhalten, hob mit dem anderen eine leere Weinflasche vom Boden, richtete sich auf und schwang sie hoch. Er bewegte sich langsam, um nicht wieder von der Schnur geschnitten zu werden, aber dem Zirkusbesitzer schien es wie die freiwillige Beschränkung einer großen Geschwindigkeit. Die unbegreifliche Anmut der Bewegung entzückte ihn, und während der Gefesselte noch nach einem Stein Ausschau hielt, an dem er die Flasche zerschellen wollte, um mit dem abgesplitterten Hals die Schnur zu durchtrennen, kam der Tierbändiger über die Wiese auf ihn zu. Auch nicht die Sprünge der jüngsten Panther hatten ihn je in ein solches Entzücken versetzt.
»Sie sehen den Gefesselten!« Schon seine ersten Bewegungen lösten einen Jubel aus, der dem Tierbändiger am Rand der Arena vor Erregung das Blut in die Wangen trieb. Der Gefesselte richtete sich auf. Seine eigene Überraschung war immer wieder die eines Vierfüßigen, der sich erhebt. Er kniete, stand, sprang und schlug Räder. Das Staunen der Zuschauer galt einem Vogel, der freiwillig auf der Erde bleibt und sich im Ansatz beschränkt. Wer kam, kam wegen des Gefesselten — seine Schuljungenübungen, seine lächerlichen Schritte und Sprünge machten die Seiltänzer unnötig. Sein Ruhm wuchs von Ort zu Ort, aber seine Bewegungen blieben immer die gleichen, wenige und im Grunde gewöhnliche Bewegungen,

die er untertags in dem halbdunklen Zelt immer wieder und wieder üben mußte, um die Leichtigkeit in der Fessel zu behalten. Indem er ganz in ihr blieb, wurde er ihrer auch ledig, und weil sie ihn nicht einschloß, beflügelte sie ihn und gab seinen Sprüngen Richtung. Wie sie auch die Flügelschläge der Zugvögel haben, wenn sie in der Sommerwärme aufbrechen und noch zögernd kleine Kreise am Himmel beschreiben.

Die Kinder in der Gegend spielten nur mehr »Der Gefesselte«. Sie banden sich gegenseitig, und einmal fanden die Zirkusleute in einem Graben ein kleines Mädchen, das bis zum Halse abgeschnürt war und keine Luft bekam. Sie befreiten es, und an diesem Abend sprach der Gefesselte nach der Vorstellung zu den Zuschauern. Er erklärte kurz, daß eine Fessel, die keine Sprünge erlaube, sinnlos sei. Von da an gab er auch den Spaßmacher.

Gras und Sonne, Zeltpflöcke, die in den Boden geschlagen und wieder herausgezogen wurden, nahe Dörfer. »Sie sehen den Gefesselten!« Der Sommer wuchs sich entgegen. Er neigte sein Gesicht tiefer über die Fischteiche in den Mulden und entzückte sich in dem dunklen Spiegel, er flog dicht über die Flußläufe hinweg und machte die Ebene zu dem, was sie war. Wer laufen konnte, lief dem Gefesselten nach.

Viele wollten die Fessel aus der Nähe sehen. Der Zirkusbesitzer erklärte deshalb jeden Abend nach der Vorstellung, wer sich jetzt überzeugen wolle, daß die Knoten nicht Schlingen und die Schnur kein Gummiband sei, könne es ruhig tun. Der Gefesselte erwartete die Leute gewöhnlich auf dem Platz vor dem Zelt, er lachte oder blieb ernst und streckte ihnen die Arme hin. Manche benützten die Gelegenheit, um ihm ins Gesicht zu schauen, andere griffen ernsthaft die Schnur ab, prüften die Knoten an den Gelenken und wollten genau wissen, wie die Längen sich zu den Längen der Glieder verhielten. Sie fragten den Gefesselten, wie alles gekommen sei, und er antwortete ihnen geduldig immer das gleiche: Ja, er wäre gefesselt worden, und als er erwachte, hätte er sich auch bestohlen gefunden. Wahrscheinlich hätten sie nicht mehr Zeit gehabt, die Fessel richtig zu binden, denn für einen, der sich nicht rühren sollte, wäre sie jedenfalls etwas zu locker, und für einen, der sich rühren sollte, wäre sie etwas zu fest. Aber er bewege sich ja doch, erwiderten die Leute darauf. Ja, sagte er, was bliebe ihm anderes übrig?

Ehe er sich niederlegte, blieb der Gefesselte immer noch eine Weile am Feuer. Wenn der Zirkusbesitzer ihn dann fragte, weshalb er keine besseren Geschichten erfände, erwiderte der Gefesselte, er hätte auch diese nicht erfunden. Und dabei stieg ihm das Blut ins Gesicht. Er blieb lieber im Schatten.

Es unterschied ihn von den anderen, daß er die Fessel auch nach der Vorstellung nicht abnahm. Deshalb blieb jede Bewegung immer noch wert, gesehen zu werden, und die Leute aus den Dörfern schlichen lange um die Lagerplätze, nur um zu betrachten, wie er vielleicht nach Stunden vom Feuer aufstand und sich in seine Decke rollte. Und er sah ihre Schatten sich entfernen, wenn der Himmel schon wieder hell wurde.
Der Zirkusbesitzer sprach oft davon, wie man die Fessel nach der Abendvorstellung lösen und am nächsten Tag wieder binden könne. Er beriet sich mit den Seiltänzern, die doch auch nicht die Nacht über auf dem Seil blieben — aber niemand meinte es ernst.
Der Ruhm des Gefesselten rührte ja daher, daß er die Fessel nie abnahm, daß er, wenn er sich selbst waschen wollte, immer zugleich auch seine Kleider waschen mußte und, wenn er seine Kleider waschen wollte, immer zugleich auch sich selbst, daß er nicht anders konnte, als täglich, wie er war, in den Fluß zu springen, sobald die Sonne hervorkam. Und daß er sich nicht zu weit hinauswagen durfte, um nicht mitgerissen zu werden.
Der Zirkusbesitzer wußte, daß die Hilflosigkeit des Gefesselten ihn zur Not vor dem Neid seiner Leute bewahrte. Vielleicht ließ er ihnen absichtlich das Vergnügen, ihn in Kleidern, die von Nässe am Leib klebten, vorsichtig von Stein zu Stein ans Ufer tasten zu sehen. Wenn seine Frau dann sagte, daß auch die besten Kleider eine solche Wäsche auf die Dauer nicht ertrügen (und die Kleider des Gefesselten wären gar nicht die besten), erwiderte er kurz, daß es nicht für immer sei. Und damit beruhigte er alle Einwände: es war nur für den Sommer gedacht. Aber es ging ihm wie einem Spieler, es war ihm auch damit nicht ernst. Eigentlich war er bereit, Löwen und Seiltänzer für den Gefesselten hinzugeben.
Das bewies er auch in der Nacht, während der sie über das Feuer sprangen. Er war später überzeugt davon, daß nicht die längeren und die kürzeren Tage den Anlaß dazu gegeben hatten, der Anlaß war der Gefesselte, der wie immer nahe der Glut lag und ihnen zusah. Mit diesem Lächeln, von dem man nie wußte, ob es nicht das Feuer allein auf sein Gesicht warf. Wie man ja überhaupt nichts von ihm wußte, weil seine Erzählungen immer nur bis zu dem Augenblick reichten, in dem er aus dem Wald trat.
Aber an diesem Abend packten ihn zwei von den Zirkusleuten plötzlich an Armen und Beinen und kamen mit ihm ganz nahe ans Feuer, sie schwenkten ihn hin und her, während drüben zwei andere wie zum Scherz die Arme ausbreiteten. Dann warfen sie ihn hinüber, aber sie warfen zu kurz. Die beiden anderen wichen zurück — wie sie später sagten,

um den Anprall besser zu ertragen. Der Gefesselte kam an den Rand der Glut zu liegen und wäre in Brand geraten, wenn ihn nicht der Zirkusbesitzer auf seine Arme genommen und aus dem Feuer getragen hätte, um die Fessel zu retten, die zuerst von der Glut durchsengt worden wäre. Wie er auch sicher war, daß der Anschlag der Fessel gegolten hatte. Alle Beteiligten entließ er sofort.

Wenige Tage später erwachte die Frau des Zirkusbesitzers durch das Tappen von Schritten im Gras und kam gerade noch zurecht ins Freie, um den Clown an seinem letzten Scherz zu hindern. Er hatte nichts als eine Schere bei sich. Als man ihn verhörte, wiederholte er immer wieder, daß er dem Gefesselten nicht nach dem Leben getrachtet hätte. Er wollte nur die Fessel durchschneiden. Er sprach von Mitleid, aber auch er wurde entlassen.

Den Gefesselten erheiterten diese Versuche, er konnte sich ja selbst befreien, wann immer er Lust hatte, aber vielleicht wollte er noch einige neue Sprünge lernen. »Wir ziehen mit dem Zirkus, wir ziehen mit dem Zirkus!« Diese Kinderreime fielen ihm manchmal ein, wenn er nachts wach lag. Vom gegenüberliegenden Ufer hörte er noch lange die Stimmen der Zuschauer, die die Strömung bei der Heimfahrt zu weit hinuntergetrieben hatte. Er sah den Fluß glänzen und unter dem Mond die jungen Zweige, die aus den dicken Köpfen der Weiden wuchsen, und dachte noch nicht an den Herbst.

Der Zirkusbesitzer fürchtete die Gefahr, die der Schlaf für den Gefesselten bedeutete. Nicht so sehr deshalb, weil es immer wieder solche gab, die danach trachteten, ihn zu befreien — entlassene Seiltänzer oder Kinder, die angestiftet waren —, dagegen konnte er Maßnahmen treffen. Die größere Gefahr war der Gefesselte selbst, der im Traum die Fessel vergaß und an den finsteren Morgen von ihr überrascht wurde. Zornig wollte er sich aufrichten, warf sich hoch und fiel wieder zurück. Der Jubel vom vorherigen Abend war abgestanden, der Schlaf noch zu nahe, Hals und Kopf zu frei. Er war das Gegenteil eines Gehenkten, er hatte den Strick überall, nur nicht um den Hals. Man mußte dafür sorgen, daß er in solchen Augenblicken kein Messer bei sich hatte. Der Zirkusbesitzer schickte seine Frau manchmal gegen Morgen zu ihm. Wenn sie ihn schlafend fand, beugte sie sich über ihn und griff die Fessel ab. Die Schnur war von Staub und Nässe hart geworden. Sie maß die Zwischenräume und berührte seine wunden Gelenke.

Es bildeten sich bald die verschiedensten Gerüchte um den Gefesselten. Die einen sagten, er hätte sich selbst gebunden und dann die Geschichte mit den Dieben erfunden, und diese Meinung überwog gegen Ende des Sommers. Andere milderten es dahin, daß sie erklärten, er hätte sich auf seinen eigenen Wunsch fesseln lassen, es konnte sein, daß alles auf einer Übereinkunft mit dem Zirkusbesitzer beruhte. Die stockenden Erzählungen des Gefesselten, seine Art, abzubrechen, wenn die Rede auf den Überfall kam, trugen viel zu diesen Gerüchten bei. Wer noch an die Diebesgeschichte glaubte, wurde ausgelacht. Niemand wußte, wie schwer es dem Zirkusbesitzer wurde, den Gefesselten zu halten, wie oft der Gefesselte erklärte, er hätte jetzt genug, er wolle gehen, es sei schon zu viel von dem Sommer vertan.

Später sprach er nicht mehr davon. Wenn die Frau ihm das Essen an den Fluß brachte und ihn fragte, wie lange er noch mit ihnen ziehen wolle, gab er keine Antwort. Sie glaubte, daß er sich zwar nicht an die Fessel gewöhnt hätte, aber daran, sie keinen Augenblick zu vergessen — die einzige Gewöhnung, die die Fessel zuließ. Sie fragte ihn, ob es ihm nicht lächerlich scheine, gefesselt zu bleiben, aber er erwiderte, nein, lächerlich scheine es ihm nicht. Es zögen so viele mit dem Zirkus, Elefanten, Tiger und Spaßmacher, weshalb sollte nicht auch ein Gefesselter mitziehen? Er erzählte ihr auch von seinen Übungen, von neuen Bewegungen, die er erlernt hatte, von einem Griff, der ihm klar wurde, als er den Tieren die Fliegen von den Augen scheuchte. Er beschrieb ihr, wie er der Fessel jedesmal zuvorkam, wie er um ein Geringstes an sich hielt, um sie nicht zu spannen, und sie wußte, daß er Tage hatte, an denen er sie kaum streifte, wenn er morgens vom Wagen sprang und die Flanken der Pferde klopfte, als rührte er sich im Traum. Sie sah, wie er sich über die Stangen schwang, wie flüchtig er das Holz hielt, und sie sah die Sonne auf seinem Gesicht. Manches Mal, sagte er, fühle er sich, als wäre er nicht gefesselt. Sie antwortete, daß er sich nie gefesselt fühlen müsse, wenn er nur bereit wäre, die Schnur abzunehmen. Er sagte darauf, das stünde ihm immer frei.

Zuletzt wußte sie nicht mehr, wem ihre Sorge galt, der Fessel oder dem Gefesselten. Obwohl sie es ihm versicherte, glaubte sie doch nicht daran, daß er auch ohne Fessel mit ihnen weiterziehen würde. Denn was bedeuteten seine Sprünge ohne die Fessel, was bedeutete er selbst ohne sie? Er würd gehen, wenn sie abgenommen war, aller Jubel wäre plötzlich zu Ende. Sie würde nie mehr, ohne bei den anderen Verdacht zu erwecken, neben ihm auf den Steinen am Fluß sitzen können, sie wußte, daß seine Nähe von der Fessel abhing, die hellen Abende und die Gespräche, denn diese Gespräche kreisten nur darum. Sooft sie die Vorteile der Fessel einsah, begann er von ihrer Last zu reden, und wenn er von ihrer Freude sprach, drängte sie ihn, die Fessel abzunehmen. Das schien oft ohne Ende wie der Sommer selbst.

Zu anderen Zeiten beunruhigte es sie, daß sie mit ihren Reden dieses Ende beschleunigen half. Es kam vor, daß sie nachts aufsprang und über den Rasen zu dem Platz lief, auf dem der Gefesselte schlief. Sie wollte ihn wach rütteln, sie wollte ihn bitten, die Fessel zu behalten, aber dann sah sie ihn darin liegen wie einen Toten, die Decke abgeworfen, die Beine von sich gestreckt und die Arme nur wenig auseinandergebreitet. Seine Kleider hatten von Hitze und Wasser Schaden gelitten, aber die Schnur war um nichts dünner geworden. Es schien ihr wieder sicher, daß er mit dem Zirkus ziehen würde, bis ihm die Haut vom Fleisch fiel und seine Gelenke offen lagen. Am nächsten Morgen bat sie ihn noch dringender, die Fessel abzunehmen.

Ihre Hoffnung war die zunehmende Kühle. Der Herbst kam, lange konnte er nicht mehr mit den Kleidern in den Fluß springen. Aber wenn er früher gleichmütig geblieben war, so stürzte ihn gegen Ende des Sommers der Gedanke, die Fessel zu verlieren, in Trauer. Die Lieder der Erntearbeiter flößten ihm Angst ein: »Der Sommer, der Sommer ist hin –.« Aber er sah ein, daß er seine Kleider wechseln mußte. Daran, daß einer die Fessel, sobald sie einmal gelöst war, wieder so binden könne, glaubte er nicht. Um diese Zeit begann der Zirkusbesitzer davon zu reden, daß er heuer nach dem Süden ziehen wolle.

Die Hitze wechselte ohne Übergang in eine stille, trockene Kälte, die Feuer wurden den Tag über brennend gehalten. Der Gefesselte spürte, sobald er den Wagen verließ, das kalte Gras unter seinen Sohlen. Die Spitzen der Halme waren von Reif überzogen. Die Pferde träumten im Stehen, und die Raubtiere schienen, noch im Schlaf zum Sprung geduckt, die Traurigkeit unter den Fellen zum Ausbruch zu sammeln.

An einem dieser Tage entkam dem Zirkusbesitzer ein junger Wolf. Er verschwieg es, um niemanden zu erschrecken, aber der Wolf begann bald in die Viehweiden der umliegenden Orte einzubrechen. Obwohl man zuerst dachte, daß ihn die Witterung eines strengen Winters von sehr weit hergetrieben hätte, wurde doch auch der Verdacht gegen den Zirkus wach. Der Zirkusbesitzer hatte seine Leute einweihen müssen, und es konnte nicht mehr lange geheim bleiben, woher der Wolf kam. Die Zirkusleute boten den Bürgermeistern der nahen Orte ihre Hilfe bei der Jagd an, aber alle Jagden blieben vergeblich. Zuletzt begann man den Zirkus ganz offen des Schadens und der Gefahr zu beschuldigen, die Zuschauer blieben aus.

Die Bewegungen des Gefesselten hatten auch vor den halbleeren Tribünen nichts von ihrer bestürzenden Leichtigkeit verloren. Den Tag über trieb er sich unter dem dünngehämmerten Silber des herbstlichen Himmels auf den umliegenden Höhenzügen herum und lag, sooft er konnte, wo die Sonne am längsten hinschien. Er fand auch bald einen Platz, auf den die Dämmerung zuletzt kam, und stand nur unwillig aus dem dürren Gras auf, wenn sie ihn endlich erreichte. Er mußte, wenn er die Höhe verließ, das Wäldchen am Südhang passieren, und an einem dieser Abende sah er zwei grüne Lichter, die ihm von unten entgegenglommen. Er wußte, daß es keine Kirchenfenster waren, und er täuschte sich keinen Augenblick.

Er blieb stehen. Das Tier kam durch das gelichtete Laub auf ihn zu. Er konnte jetzt seine Umrisse unterscheiden, den Hals, der schräg abfiel, den Schweif, der den Boden peitschte, und den gesenkten Schädel. Wäre er nicht gefesselt gewesen, so hätte er vielleicht zu fliehen versucht, aber so empfand er nicht einmal Angst. Er stand ruhig mit hängenden Armen und sah auf das gesträubte Fell nieder, unter dem die Muskeln spielten wie seine Glieder in der Fessel. Er glaubte noch den Abendwind zwischen sich und dem Wolf, als das Tier ihn schon ansprang. Der Mann bemühte sich, seiner Fessel zu gehorchen.

Mit der Vorsicht, die er lange erprobt hatte, griff er dem Wolf an die Kehle. Zärtlichkeit für den Ebenbürtigen stieg in ihm auf, für den Aufrechten in dem Geduckten. In einer Bewegung, die dem Sturz eines großen Vogels glich — und er wußte jetzt sicher, daß Fliegen nur in einer ganz bestimmten Art der Fesselung möglich war —, warf er sich auf ihn und brachte ihn zum Fallen. Wie in einem leichten Rausch fühlte er, daß er die tödliche Überlegenheit der freien Glieder verloren hatte, die Menschen unterliegen läßt.

Seine Freiheit in diesem Kampf war, jede Beugung seiner Glieder der Fessel auszugleichen, die Freiheit der Panther, der Wölfe und der wilden Blüten, die im Abendwind schwanken. Er kam mit dem Kopf schräg nach abwärts zu liegen, umklammerte mit seinen bloßen Füßen die Läufe des Tieres, und mit den Händen seinen Schädel.

Er fühlte, wie die Sanftmut des welken Laubes seine Handrücken streichelte, wie seine Griffe fast ohne Anstrengung die äußerste Kraft erreichten, wie die Fessel ihn nirgends hinderte.

Als er aus dem Wald trat, begann ein leichter Regen vor der Sonne niederzuströmen. Der Gefesselte blieb eine Weile am Rand unter den Bäumen. Er sah hinter den leichten Schleiern, die nur Windstöße von Augenblick zu Augenblick verdichteten, tiefer unten den Lagerplatz und den Fluß, Viehweiden und Auen und die Plätze, an denen sie gekreuzt hatten. Es kam ihm der Gedanke, doch mit nach dem Süden zu ziehen.

Er lachte leise. Es war gegen alle Vernunft. Lange würden seine Kleider das Schaben der Fessel nicht mehr ertragen, wenn er es seinen Gelenken auch zutraute, von Krusten überzogen zu bleiben, die bei gewissen Bewegungen aufbrachen und bluteten.
Die Frau riet dem Zirkusbesitzer, die Nachricht vom Tod des Tieres verkünden zu lassen, ohne den Gefesselten zu nennen. Sie hätten ihm nicht einmal zur Zeit des größten Jubels eine solche Tat geglaubt, und sie würden sie ihm jetzt in ihrer Erbitterung, zu einer Zeit, in der die Nächte schon kühl wurden, noch viel weniger glauben. Sie würden zuletzt nicht nur daran zweifeln, daß er den Wolf erschlagen habe, sie würden vielmehr zweifeln, daß der Wolf, der noch am selben Tag eine Gruppe spielender Kinder angefallen hatte, überhaupt erschlagen sei. Der Zirkusbesitzer, der mehrere Wölfe besaß, konnte leicht ein Fell an das Geländer hängen und freien Eintritt geben. Aber er ließ sich nicht abhalten. Er wiederum dachte, daß gerade die Verkündung einer solchen Tat den Glanz des Sommers noch einmal wiederbringen könne.
Der Gefesselte bewegte sich an diesem Abend unsicher, er strauchelte bei einem seiner Sprünge und stürzte. Noch während er sich aufzurichten versuchte, hörte er Pfiffe und leise Spottrufe über seinem Kopf, die den Rufen der Vögel in der Morgendämmerung ähnlich waren. Und wie manches Mal im Erwachen während des vergangenen Sommers wollte er rasch aufspringen, spannte aber die Fesseln zu stark und fiel zurück. Er lag still, um seine Ruhe wiederzugewinnen, und hörte den Lärm anschwellen. »Wie hast du den Wolf erschlagen, Gefesselter?« »Bist du derselbe?« Wäre er einer von ihnen, er würde es selbst nicht glauben. Er dachte, daß sie das Recht hätten, erbittert zu sein: ein Zirkus um diese Zeit, ein Gefesselter, ein entkommener Wolf und jetzt dieses Ende. Es gab Gruppen, die sich gegeneinander wandten, aber die meisten Zuschauer dachten doch, daß hier ein schlechter Scherz getrieben würde. Als der Gefesselte wieder auf den Füßen stand, war die Unruhe so groß, daß er einzelne Worte kaum mehr unterschied.
Er sah sie ringsumher aufspringen, wie welkes Laub von Wirbelstürmen aus den Wäldern rund um einen Talkessel geweht, in dessen Mitte es noch still war. Er dachte an die goldenen Dämmerungen der letzten Tage, und es ergriff ihn Erbitterung gegen dieses Friedhofslicht über allem, das in so vielen Nächten ins Kraut geschossen war, gegen den goldenen Schmuck, den die Frommen auf alte dunkle Bilder hingen, gegen diesen Abfall.
Sie verlangten, daß er den Wolfskampf wiederhole. Der Gefesselte erklärte, daß ein solcher Kampf nicht die Sache einer

Zirkusvorstellung sei, und der Zirkusbesitzer rief, er hielte seine Tiere nicht, um sie vor den Augen der Zuschauer erschlagen zu lassen. Aber sie hatten schon die Umfassung gestürmt und drängten gegen die Käfige. Die Frau lief zwischen den Tribünen an den Zeltausgang, und es gelang ihr, sie von der anderen Seite zu erreichen. Sie stieß den Wärter weg, den sie zu öffnen gezwungen hatten, aber die Zuschauer rissen sie zurück, so daß sie das Gitter nicht mehr zuschlagen konnte.

»Bist du nicht die, die mit ihm den Sommer über am Fluß gelegen ist?« »Wie nimmt er dich in die Arme?« Sie rief, sie sollten ihm nicht glauben, wenn sie ihm nicht glauben wollten, sie hätten den Gefesselten nie verdient und bemalte Spaßmacher wären immer noch gerade recht für sie.

Dem Gefesselten war es, als hätte er das ausbrechende Gelächter schon seit dem frühen Mai erwartet; was den Sommer über so süß gerochen hatte, schmeckte faul. Aber wenn sie es verlangten, würde er es noch diese Nacht mit allen Zirkustieren aufnehmen. Er hatte sich noch nie so einig mit der Fessel gefühlt.

Er schob die Frau, die ihm den Weg verstellte, sanft zur Seite. Lieber Himmel, vielleicht würde er doch mit nach dem Süden ziehen. Er stand in der offenen Tür und sah das Tier sich aufrichten, ein junges starkes Tier, und er hörte hinter sich den Zirkusbesitzer noch einmal um die verlorenen Wölfe klagen. Er klatschte in die Hände, um das Tier anzulocken, und als es nahe genug war, wandte er sich zurück, um die Gittertür zu schließen. Er sah der Frau ins Gesicht. Plötzlich erinnerte er sich der Warnung des Zirkusbesitzers, jeden, den er mit einem scharfen Gegenstand in der Nähe des Gefesselten fand, der Mordabsicht zu beschuldigen. Zugleich fühlte er die Klinge an seinem Handgelenk, kühl wie das Flußwasser im Herbst, dem er während der letzten Wochen kaum mehr standgehalten hatte. Die Schnur fiel auf der einen Seite an ihm herab und verwirrte sich, als er versuchte, sie auf der anderen von sich zu reißen. Er stieß die Frau zurück, aber seine Bewegungen trieben schon ins Ziellose. War er doch nicht genügend auf der Hut gewesen vor seinen Befreiern, vor diesem Mitleid, das ihn einwiegen wollte? War er zu lange am Fluß gelegen? Hätte sie die Schnur doch lieber in jedem anderen Augenblick durchschnitten als gerade in diesem.

Er stand im Innern des Käfigs, während er die Fessel wie die Reste einer Schlangenhaut von sich riß. Es erheiterte ihn, die Zuschauer ringsumher zurückweichen zu sehen. Wußten sie, daß er keine Wahl mehr hatte? Oder hätte ein Kampf jetzt noch das Geringste bewiesen? Zugleich schien ihm alles Blut nach unten zu strömen. Er fühlte plötzlich Schwäche.

Den Wolf erbitterte die Fessel, die ihm wie ein Fallstrick vor die Füße fiel, mehr als das Eindringen des Fremden in seinen Käfig. Er setzte zum Sprung an. Der Mann taumelte und griff nach der Waffe, die an der Wand des Käfigs hing. Dann schoß er, ehe ihn jemand hindern konnte, den Wolf zwischen die Augen. Das Tier bäumte sich und berührte ihn im Fallen.
Auf dem Wege zum Fluß hörte er die Schritte der Nacheilenden hinter sich, der Zuschauer, der Seiltänzer, des Zirkusbesitzers und am längsten die der Frau. Er verbarg sich hinter einer Gruppe von Sträuchern und sah sie an sich vorbeilaufen und nach einer Weile langsam gegen das Lager zurückgehen. Der Mond schien auf die Wiese, sie hatte in diesem Licht zugleich die Farbe des Wachstums und des Todes.
Als er an den Fluß kam, beruhigte sich sein Zorn. In der Morgendämmerung schien es ihm, als trüge das Wasser Eisschollen, als wäre drüben in den Auen schon Schnee gefallen, der die Erinnerung nimmt.

Die geöffnete Order

Vom Kommando war lange keine Weisung gekommen, und es hatte den Anschein, als ob man überwintern würde. In den Schlägen ringsum fielen die letzten Beeren von den Sträuchern und verfaulten im Moos. Die ausgesetzten Posten klebten verloren in den Baumwipfeln und beobachteten das Fallen der Schatten. Der Feind lag jenseits des Flusses und griff nicht an. Statt dessen wurden die Schatten Abend für Abend länger, und die Nebel hoben sich von Morgen zu Morgen schwerer aus den Niederungen. Es gab unter den jüngeren Freiwilligen der Verteidigungsarmee einige, die Sonne und Mond satt hatten und sich dieser Art der Kriegsführung nicht gewachsen fühlten. Sie waren entschlossen, wenn es nötig sein sollte, auch ohne Befehl anzugreifen, bevor Schnee fiel.

Derjenige von ihnen, der an einem der nächsten Tage von den Befehlshabern der Abteilung mit einer Meldung an das Kommando geschickt wurde, ahnte deshalb nichts Gutes. Er wußte, daß sie keinen Scherz verstanden, wenn es um Meuterei ging, so nachlässig sie auch sonst schienen. Einige Fragen, die ihm nach Abgabe der Meldung auf dem Kommando gestellt wurden, ließen ihn fast an ein Verhör denken und erhöhten seine Unsicherheit.

Um so mehr überraschte es ihn, als ihm nach längerer Wartezeit eine Order mit dem Befehl übergeben wurde, sie noch vor Einbruch der Nacht an die Abteilung zurückzubringen. Er wurde angewiesen, den kürzeren Weg zu fahren. Auf einer Karte bezeichnete man ihm die eingesehenen Stellen. Zu seinem Unwillen gab man ihm einen Begleiter mit. Durch das offene Fenster sah er den Beginn des Weges, den er zu nehmen hatte, vor sich. Der Weg lief quer über die Lichtung und verlor sich spielerisch zwischen den Haselsträuchern. Man schärfte dem Mann noch einmal Vorsicht ein. Gleich darauf fuhren sie los.

Es war kurz nach Mittag. Wolkenschatten zogen äsenden Tieren gleich über den Rasen und verschwanden gelassen im Dickicht. Der Weg war schlecht und stellenweise fast unbefahrbar. Niedrige Sträucher drängten dicht heran. Sobald der Fahrer eine größere Geschwindigkeit nahm, schlugen ihre Zweige den Männern in die Augen. Der Wald schien auf Holzsammler zu warten, und auch der Fluß, der da und dort über ausgerodete Stellen hinweg in der Tiefe sichtbar wurde, stellte sich unwissend. Auf den Kämmen glänzte geschlagenes

Holz in der Mittagssonne. Nichts in der Natur nahm die Grenzhaftigkeit zur Kenntnis.
Sie hatten Eile, durch die Schläge zu kommen, die sich immer wieder zwischen den Stämmen auftaten und mit dem Blick in die Tiefe zugleich auch sie selbst den Blicken der Tiefe freigaben. Der Fahrer ließ den Wagen über Wurzeln springen und wandte sich von Zeit zu Zeit nach dem Mann mit der Order zurück, wie um sich einer Fracht zu versichern. Das erbitterte den anderen und machte ihn des Mißtrauens seiner Auftraggeber gewiß.
Was hatte seine Meldung enthalten? Wohl hieß es, daß am frühen Morgen einer der entfernteren Posten Bewegungen jenseits des Flusses beobachtet hatte, doch solche Gerüchte gab es immer wieder, und es war möglich, daß sie vom Stab zur Beruhigung der Leute erfunden wurden. Ebenso konnte es sein, daß die Aussendung der Meldung ein Manöver gewesen war und das Vertrauen, das man ihm erwies, fingiert. Sollte er aber Unerwartetes gemeldet haben, so mußte es aus dem Inhalt der Order hervorgehen. Er sagte sich, daß es besser sei, den Inhalt zu wissen, solange man auf eingesehenen Straßen fuhr. Eine Erklärung dieser Art würde er auch geben, wenn man ihn zur Verantwortung zog. Er tastete nach dem Kuvert und berührte das Siegel. Seine Sucht, die Order zu öffnen, wuchs wie Fieber mit dem sinkenden Licht.
Um eine Frist zu gewinnen, bat er den anderen, ihm seinen Platz zu überlassen. Während er fuhr, überkam den Mann Beruhigung. Sie hatten jetzt schon stundenlang die Wälder nicht mehr verlassen. Der Weg war stellenweise von Geröll überschüttet, das von künstlichen Sperren herrührte und auf die Nähe des Zieles schließen ließ. Diese Nähe flößte dem Mann Gleichmut ein, vielleicht würde sie ihn hindern, das Siegel zu öffnen. Er fuhr ruhig und sicher, aber während sie da, wo der Weg wie in einer plötzlichen Sinnesverwirrung selbstmörderisch hinabstürzte, ohne Schaden wegkamen, blieb der Wagen unmittelbar darauf an einer sumpfigen Stelle stekken. Der Motor hatte ausgesetzt, Schreie von Vögeln ließen die darauffolgende Stille noch größer erscheinen. Farnkräuter wucherten im Umkreis. Sie hoben den Wagen heraus. Der Junge erbot sich, einen Defekt, der ihrer Weiterfahrt noch im Weg war, zu beheben. Während er unter dem Wagen lag, erbrach der Mann ohne jede weitere Überlegung die Order. Er mühte sich kaum, das Siegel zu wahren. Er stand über den Wagen gebeugt und las. Die Order lautete auf seine Erschießung.
Es gelang ihm, sie in die Brusttasche zurückzuschieben, ehe der andere seinen Kopf unter dem Wagen hervorzog. »Alles in Ordnung!« sagte er fröhlich. Dann fragte er, ob er nun

wieder fahren sollte. Ja, er sollte fahren. Während er ankurbelte, überlegte der Mann, ob es besser wäre, ihn jetzt oder im Fahren niederzuschießen. Es gab für ihn keinen Zweifel mehr darüber, daß sein Begleiter Eskorte war.
Der Weg verbreiterte sich an seinem tiefsten Punkt, als reute ihn sein plötzlicher Absturz, und führte sachte hinauf. »Die Seele eines Selbstmörders, von Engeln getragen«, dachte der Mann. Aber sie trugen ihn dem Gericht entgegen, und es würde sich als Schuld enthüllen, was als gutes Recht gegolten hatte. Es war die Aktion ohne Befehl. Was ihn verwunderte, war die Mühe, die man sich mit ihm nahm.
Im fallenden Dunkel sah er die Umrisse des anderen vor sich, seinen Schädel und seine Schultern, die Bewegungen seiner Arme — eine Fraglosigkeit der Kontur, die ihm selbst versagt blieb. Die Kontur des Bewußten verfließt in der Finsternis.
Der Fahrer wandte sich nach ihm um und sagte: »Wir werden eine ruhige Nacht haben!« Das klang wie reiner Hohn. Aber die Nähe des Zieles schien ihn gesprächig zu machen, und er fuhr fort, ohne eine Antwort abzuwarten: »Wenn wir gut hinkommen!« Der Mann nahm den Revolver vom Koppel. Es war im Wald so finster, daß man denken konnte, die Nacht wäre schon hereingebrochen. »Als Kind«, sagte der Fahrer, »mußte ich immer von der Schule durch den Wald nach Hause gehen, wenn es abends war, da habe ich laut gesungen, damals . . .«
Sie waren über Erwarten schnell an die letzte Rodung gekommen. Wenn wir darüber sind — dachte der Mann, denn von da ab wurde der Wald noch einmal sehr dicht, ehe er sich gegen den abgebrannten Weiler zu öffnete, wo die Abteilung lag. Aber diese letzte Rodung war breiter als alle bisherigen, der Fluß glänzte aus einer größeren Nähe herüber. Ein Spinnennetz von Mondlicht lag über dem Schlag, der sich bis zum Kamm hinaufzog. Der Weg war von den Rädern der Ochsenkarren zerfurcht, die vor langer Zeit hier gefahren waren. Die eingetrockneten Furchen glichen im Mondlicht dem Innern einer Totenmaske. Auch dem, der die Rodung gegen den Fluß zu hinuntersah, wurde deutlich, daß die Erde den Abdruck eines fremden Gesichtes trug.
Der Mann hielt den Revolver vor sich auf den Knien. Als der erste Schuß fiel, hatte er deshalb die Empfindung, ihn gegen seinen Willen vorzeitig ausgelöst zu haben. Aber wenn der vor ihm getroffen war, so mußte sein Gespenst von großer Geistesgegenwart sein, denn es fuhr mit größerer Geschwindigkeit weiter. Er brauchte verhältnismäßig lange, ehe er erkannte, daß er selbst der Getroffene war. Der Revolver entfiel seiner Hand, sein Arm sackte herab. Ehe sie den Wald wieder erreichten, fielen noch mehrere Schüsse, ohne zu treffen.

Das Gespenst vor ihm wandte dem Mann sein fröhliches Gesicht zu und sagte: »Hier wären wir glücklich darüber, der Schlag war eingesehen!« – »Halten Sie!« sagte der Mann. »Nicht hier«, erwiderte der Junge, »tiefer drinnen!« – »Ich bin getroffen«, sagte der Mann verzweifelt. Der andere fuhr noch ein Stück weiter, ohne sich umzusehen, und hielt dann plötzlich an. Es gelang ihm, die Wunde abzubinden und das Blut zu stillen. Dann sagte er das einzig Tröstliche, das er wußte: »Wir sind jetzt bald am Ziel!« Dem Verwundeten wird der Tod versprochen – dachte der Mann. »Warten Sie!« sagte er. »Noch etwas?« fragte der Junge ungeduldig. »Die Order!« erwiderte der Mann, und griff mit der linken Hand in die Brusttasche. Im Augenblick seiner tiefsten Verzweiflung war ihm der Wortlaut auf eine neue Weise bewußt geworden. Die Order lautete auf die Erschießung des Überbringers, sie nannte keinen Namen.

»Mein Rock ist durchgeblutet«, sagte der Mann, »übernehmen Sie die Order!« Wenn der andere sich weigerte, so würde sich hier alles entscheiden. Nach einem Augenblick des Schweigens fühlte er, wie ihm der Brief aus der Hand genommen wurde. »In Ordnung!« sagte der andere.

Die letzte halbe Stunde verging in Schweigen, Zeit und Weg waren zu Wölfen geworden, die einander rissen. Auf den himmlischen Weiden sind die Schafe geschützt, aber die himmlischen Weiden enthüllten sich als Richtplatz.

Der Ort, wo die Abteilung lag, war ein Weiler von fünf Häusern gewesen, von denen im Lauf der bisherigen Scharmützel drei abgebrannt waren. Die Helle der heilen Höfe machte deutlich, daß die Jungfräulichkeit des Abends der Nacht noch nicht gewichen war. Der Ort war ringsum von Wald umschlossen, der Rasen war niedergetreten und von Fahrzeugen und Geschützen übersät. Ein Drahtverhau grenzte den Platz gegen die Wälder ab.

Auf die Frage des Postens, was er brächte, erwiderte der Fahrer: »Einen Verwundeten und eine Order!« Sie fuhren rund um den Platz. Während der Mann im Wagen sich aufzurichten versuchte, dachte er, daß dieser Ort einem Ziel nicht ähnlicher war als alle andern Orte der Welt. Alle waren eher als Ausgangspunkt begreiflich. Er hörte eine Stimme fragen: »Ist er bei sich?« und hielt die Augen geschlossen. Es ging darum, Zeit zu gewinnen. Und ehe irgend etwas bekannt wurde, hatte er neue Kräfte gefunden, und Waffen, die seine Flucht erleichterten. Als sie ihn aus dem Wagen hoben, hing er schlaff in ihren Armen.

Sie trugen ihn in eines der Häuser über den Hof, in dem ein Ziehbrunnen stand. Zwei Hunde schnüffelten um ihn her. Die Wunde schmerzte. In einem Raum im Erdgeschoß legten

sie ihn auf eine Bank. Es brannten keine Lampen hier, die Fenster standen offen. »Kümmert euch weiter um ihn!« sagte der Fahrer. »Ich möchte keine Zeit verlieren.«
Der Mann erwartete, daß man ihn jetzt verbinden würde, aber als er vorsichtig die Lider hob, fand er sich allein. Vielleicht waren sie weggegangen, um Verbandzeug zu holen. Im Haus war ein lebhaftes Kommen und Gehen, Türen wurden zugeschlagen, Stimmen klangen auf, aber all das trug sein eigenes Verstummen schon in sich und erhöhte, den Schreien der Vögel ähnlich, die Stille, aus der es sich erhob. »Wozu das alles?« dachte der Mann und begann, als nach einigen Minuten noch immer niemand gekommen war, die Möglichkeit einer sofortigen Flucht zu erwägen. Im Flur lehnten abgestellte Gewehre. Dem Posten würde er sagen, er sei mit einer neuen Meldung an das Kommando bestellt. Ausweise hatte er bei sich. Wenn er es bald tat, konnte noch niemand Bescheid wissen.
Er richtete sich auf, wunderte sich aber, wie groß die Schwäche war, die er vorzugeben gedacht hatte. Ungeduldig setzte er die Füße auf den Boden, erhob sich, konnte aber nicht stehen. Er setzte sich zurück und versuchte es entschlossen ein zweites Mal. Bei diesem Versuch riß der Notverband, den der andere angelegt hatte, und die Wunde brach auf. Sie öffnete sich mit der Vehemenz eines verborgenen Wunsches. Er fühlte, wie das Blut sein Hemd durchtränkte und das Holz der Bank näßte, auf die er zurückgefallen war. Durch das Fenster sah er über der getünchten Mauer des Hofes den Himmel. Er hörte das Aufschlagen von Hufen, Pferde wurden in die Stallungen gebracht. Die Bewegungen im Haus hatten sich verstärkt, die Geräusche nahmen zu, es schien Unerwartetes geschehen zu sein. Er zog sich an dem Fenstersims hoch und glitt wieder herab. Er rief, aber es hörte ihn niemand. Man hatte ihn vergessen.
Während er dalag, wich seine Auflehnung einer verzweifelten Heiterkeit. Das Verbluten schien ihm dem Entweichen durch verschlossene Türen ähnlich, einem Übergehen aller Posten. Der Raum, der nur durch die Helle der gegenüberliegenden Mauer wie von Schneelicht ein wenig erleuchtet wurde, enthüllte sich als Zustand. Und war nicht der reinste aller Zustände Verlassenheit, und das Strömen des Blutes Aktion? Da er sie an sich und nicht um der Verteidigung willen gewünscht hatte, war das Urteil, das sich an ihm erfüllte, richtig. Da er das Liegen an den Grenzen satt hatte, bedeutete es Erlösung.
In der Ferne fielen Schüsse. Der Mann öffnete die Augen und erinnerte sich. Es war sinnlos gewesen, die Order weiterzugeben. Sie schossen den anderen nieder, während er hier lag

und verblutete. Sie zerrten den anderen hinaus zwischen die Sparren der abgebrannten Höfe, vielleicht hatten sie ihm schon die Augen verbunden, nur sein Mund stand noch halb offen von Überraschung, sie legten an, sie zielten, Achtung — —

Als er zu sich kam, fühlte er, daß seine Wunden verbunden waren. Er hielt es für einen unnötigen Dienst, den die Engel an den Verbluteten taten, für Barmherzigkeit, die zu spät kam. »Hier sehen wir uns wieder!« sagte er zu dem Fahrer, der sich über ihn beugte. Erst als er einen Offizier vom Stab am Fußende des Bettes bemerkte, erkannte er mit Schrecken, daß er nicht gestorben war.

»Die Order«, sagte er, »was ist mit der Order geschehen?«

»Durch den Schuß lädiert«, erwiderte der Offizier, »aber noch lesbar.«

»Ich hatte sie zu überbringen«, sagte der Mann.

»Wir sind zurecht gekommen!« unterbrach ihn der Fahrer. »Die am andern Ufer haben überall den Angriff begonnen!«

»Es war die letzte Nachricht, die wir zu erwarten hatten.« Der vom Stab wandte sich zum Gehen. In der Tür drehte er sich noch einmal zurück und sagte, nur um noch irgend etwas zu sagen: »Ihr Glück, daß Sie den Wortlaut der Order nicht kannten. Wir hatten eine merkwürdige Chiffre für den Beginn der Aktion.«

Das Plakat

»Du wirst nicht sterben!« sagte der Mann, der die Plakate klebte, und erschrak über seine Stimme, als wäre ihm in der flirrenden Hitze sein eigener Geist erschienen. Dann wandte er den Kopf vorsichtig nach links und rechts, aber da war niemand, der ihn für verrückt halten konnte, niemand stand unter seiner Leiter. Der Stadtbahnzug war eben weggefahren und hatte die Schienen wieder ihrem eigenen Glanz überlassen. Auf der anderen Seite der Station stand eine Frau und hielt ein Kind an der Hand. Das Kind sang vor sich hin. Und das war alles. Die Stille des Mittags lag wie eine schwere Hand über die Station, und das Licht schien von seinem eigenen Übermaß überwältigt zu sein. Der Himmel über den Schutzdächern war blau und gewalttätig, im gleichen Maß bereit, zu schützen und einzustürzen, und die Telegraphendrähte hatten längst zu singen aufgehört. Die Ferne hatte die Nähe verschlungen und die Nähe die Ferne. Es war kein Wunder, daß nur wenige Leute um diese Zeit mit der Stadtbahn fuhren, vielleicht hatten sie Angst, zu Gespenstern zu werden und sich selbst zu erscheinen.

»Du wirst nicht sterben!« wiederholte der Mann verbittert und spuckte von der Leiter. Ein Flecken Blut blieb auf den hellen Steinen. Der Himmel darüber schien plötzlich vor Schreck erstarrt. Es war fast, als hätte ihm einer erklärt: Du wirst nie Abend werden, als wäre der Himmel selbst zum Plakat geworden und stünde nun grell und groß wie die Werbung für ein Seebad über der Station. Der Mann warf den Pinsel in den Eimer zurück und stieg von der Leiter. Er fiel mit dem Rücken gegen die Mauer, hatte aber gleich darauf den Schwindel überwunden, nahm die Leiter über die Schulter und ging.

Der Junge auf dem Plakat lachte schreckerfüllt mit weißen Zähnen und starrte geradeaus. Er wollte dem Mann nachschauen, hatte aber keine Möglichkeit, den Blick zu senken. Seine Augen waren aufgerissen. Halbnackt, die Arme hochgeworfen, im Lauf festgehalten wie zur Strafe für Sünden, von denen er nichts wußte, stand er im weißen Gischt, über sich den Himmel, der zu blau, und hinter sich den Strand, der zu gelb war, und lachte verzweifelt auf die andere Seite der Station, wo das Kind vor sich hin sang und die Frau verloren und sehnsüchtig nach ihm hinübersah. Er hätte ihr gerne erklärt, daß es eine Täuschung war, daß er nicht die See vor sich hatte, wie das Plakat glauben machen wollte,

sondern ebenso wie sie nur den Staub und die Stille der Station und die Tafel mit der Aufschrift: »Das Betreten der Schienen ist verboten!« Und er hätte ihr sein eigenes Lachen geklagt, das ihn zur Verzweiflung brachte wie der Gischt, der ihn umsprang, ohne zu kühlen.
Der Junge auf dem Plakat hätte niemals auf solche Ideen kommen dürfen. Weder das Mädchen links von ihm, das einen Blumenstrauß aus einem ganz bestimmten Blumenladen an die Brust gepreßt hielt, noch der Herr rechts von ihm, der eben gebückt aus einem blitzblauen Auto stieg, fanden irgend etwas daran. Es fiel ihnen nicht ein, sich aufzulehnen. Das Mädchen hatte kein Verlangen, den Strauß, den es kaum halten konnte, aus seinen rosigen Armen zu lassen, und die Blumen hatten kein Verlangen nach Wasser. Und der Herr mit dem Auto schien seine gebückte Haltung für die einzig mögliche zu halten, denn er lächelte vergnügt und dachte nicht daran, sich aufzurichten, das Auto abzusperren und den hellen Wolken ein Stück nachzugehen. Sogar die hellen Wolken standen reglos, von silbernen Linien wie von Ketten umgeben, die sie nicht wandern ließen. Der Junge im Gischt war der einzige, dem die Auflehnung hinter dem erstarrten Lachen saß wie das unsichtbare Land hinter der gelben Küste.
Schuld daran war der Mann mit der Leiter, der gesagt hatte: »Du wirst nicht sterben!« Der Junge hatte keine Ahnung, was sterben hieß. Wie sollte er auch? Über seinem Kopf stand in heller Schrift, schräg wie eine vergessene Rauchwolke über den Himmel geworfen, das Wort »Jugend«, und zu seinen Füßen in dem täuschenden Streifen giftgrüner See konnte man lesen: »Komm mit uns!« Es war eine der vielen Werbungen für ein Ferienlager.
Der Mann mit der Leiter war inzwischen oben angelangt. Er lehnte die Leiter an die schmutzige Mauer des Stationsgebäudes, wechselte mit dem lahmen Bettler einige Worte über die Hitze und überquerte zuletzt die Fahrbahn, um sich an dem Stand auf der Brücke ein Glas Bier zu kaufen. Dort wechselte er wieder einige Worte über die Hitze und keines über das Sterben und ging dann zurück, um seine Leiter zu holen. Über allem war ein Schleier von Staub, in den das Licht sich vergeblich zu hüllen versuchte. Der Mann packte die Leiter, den Eimer und die Rolle mit den Plakaten und stieg auf der anderen Seite der Stadtbahn die Stiegen wieder hinunter. Der nächste Zug war noch immer nicht gekommen. Sie verkehrten um diese Zeit manchmal so selten, als verwechselten sie Mittag mit Mitternacht.
Der Junge auf dem Plakat, der nichts anderes konnte als lachend geradeaus starren, sah, wie der Mann genau gegenüber seine Leiter wieder aufstellte und von neuem über die

Wände zu streichen begann, über die Wände, an welchen Frauen in kostbaren Kleidern und in dem frevelhaften Wunsch, festzuhalten, was nicht festzuhalten war, erstarrt waren. Der Wunsch, das Ende der Nacht nicht zu erleben, war ihnen in Erfüllung gegangen. Ihre Angst vor dem Morgengrauen war so groß gewesen, daß sie von nun an nichts anderes mehr konnten als für den Spiegelsaal eines Tanzlokals werben, starr und leicht zurückgeneigt in den Armen ihrer Herren. Der Mann auf der Leiter schüttelte seinen Pinsel aus. Sie waren an der Reihe, überklebt zu werden. Der Junge gegenüber konnte es deutlich sehen. Und er sah, wie sie freundlich und wehrlos das Furchtbare mit sich geschehen ließen.
Er wollte schreien, doch er schrie nicht. Er wollte die Arme ausstrecken, um ihnen zu helfen, aber seine Arme waren hochgeworfen. Er war jung und schön und strahlend. Er hatte das Spiel gewonnen, doch den Preis hatte er zu bezahlen. Er war festgehalten in der Mitte des Tages wie die Tänzer gegenüber in der Mitte der Nacht. Und wie sie würde er wehrlos alles mit sich geschehen lassen, wie sie würde er den Mann nicht von der Leiter stoßen können. Vielleicht hing alles damit zusammen, daß er nicht sterben konnte.
Komm mit uns – komm mit uns – komm mit uns! Er hatte nichts anderes im Kopf zu haben als die Worte zu seinen Füßen. Es war der Reim eines Liedes. Das sangen sie, wenn sie auf Ferien fuhren, das sangen sie, wenn ihnen die Haare flogen. Das sangen sie noch immer, wenn der Zug auf der Strecke hielt, das sangen sie, wenn ihnen die Haare im Fliegen erstarrten. Komm mit uns – komm mit uns – komm mit uns! Und keiner wußte weiter.
Hinter der Stirne des Jungen begann es zu rasen. Weiße Segler landeten ungesehen in der unsichtbaren Bucht. Der Reim sprang um: Du wirst nicht sterben – du wirst nicht sterben – du wirst nicht sterben! Es war wie eine Warnung. Der Junge hatte keine Ahnung, was Sterben war, aber es brannte plötzlich wie ein Wunsch in ihm. Sterben, das hieß vielleicht die Bälle fliegen lassen und die Arme ausbreiten, sterben, das hieß vielleicht tauchen oder fragen, sterben hieß von dem Plakat springen, sterben – jetzt wußte er es –, sterben mußte man, um nicht überklebt zu werden.
Der Mann auf der Leiter hatte seine Worte längst vergessen. Und wenn es einer Fliege auf dem Rücken seiner Hand eingefallen wäre, ihn daran zu erinnern, so hätte er sie abgeleugnet. Er hatte es in einem Anfall von Verbitterung gesagt, einer Verbitterung, die in ihm gewachsen war, seit er Plakate klebte. Er haßte diese glatten, jungen Gesichter, denn er selbst hatte ein Feuermal auf der Wange. Außerdem mußte er achtgeben, daß ihn der Husten nicht von Zeit zu Zeit von

der Leiter warf. Aber schließlich lebte er davon, Plakate zu kleben. Die Hitze war ihm eben in den Kopf gestiegen, vielleicht hatte er im Traum gesprochen. Schluß damit.
Die Frau mit dem Kind war näher gekommen. Drei Mädchen in hellen Kleidern klapperten die Stiegen hinunter. Zuletzt standen alle um seine Leiter und sahen ihm zu. Das schmeichelte ihm, und es blieb ihm nichts übrig, als zum drittenmal ein Gespräch über die Hitze zu beginnen. Sie stimmten alle eifrig ein, als wüßten sie endlich den Grund für ihre Freude und für ihre Traurigkeit.
Das Kind hatte sich von der Hand der Mutter losgerissen und drehte sich im Kreis. Es wollte schwindlig werden. Aber bevor es schwindlig wurde, fiel sein Blick auf das Plakat gegenüber. Der Junge lachte beschwörend. »Da!« rief das Kind und zeigte mit der Hand hinüber, als gefiele ihm der weiße Schaum und die See, die zu grün war.
Der Junge hatte keine Macht, den Kopf zu schütteln, er hatte keine Macht, zu sagen: »Nein, das ist es nicht!« Aber das Rasen hinter seiner Stirne war unerträglich geworden: Sterben — sterben — sterben! Ist das Sterben, wenn die See endlich naß wird? Ist das Sterben, wenn der Wind endlich weht? Was ist das: Sterben?
Das Kind auf der anderen Seite faltete die Stirne. Es war nicht sicher, ob es die Verzweiflung in dem Lachen erkannt hatte oder ob es nur das Spiel mit den Gesichtern spielen wollte. Doch der Junge konnte nicht einmal die Stirne falten, um dem Kind die Freude zu machen. Sterben — dachte er —, sterben, daß ich nicht mehr lachen muß! Ist das Sterben, wenn man seine Stirne falten darf? Ist das Sterben? fragte er stumm.
Das Kind streckte seinen Fuß ein wenig vor, als wollte es tanzen. Es warf einen Blick zurück. Die Erwachsenen waren in ihr Gespräch vertieft und beachteten es nicht. Sie redeten jetzt alle auf einmal, um gegen die Stille der Station aufzukommen. Das Kind ging an den Rand, betrachtete die Schienen und lächelte hinunter, ohne die Tiefe zu messen. Es hob den Fuß ein Stück über den Rand und zog ihn wieder zurück. Dann lachte es wieder zu dem Jungen hinüber, um ihm das Spiel zu erleichtern.
»Was meinst du?« fragte sein Lachen zurück. Das kleine Mädchen hob die Schürze ein wenig. Es wollte mit ihm tanzen. Aber wie sollte er tanzen, wenn er nicht sterben konnte, wenn er immer so bleiben mußte, jung und schön, die Arme erhoben, halbnackt im weißen Gischt? Wenn er sich niemals in die See werfen konnte, um auf die andere Seite zu tauchen, wenn er niemals zurück an Land gehen durfte, um seine Kleider zu holen, die im gelben Sand versteckt lagen? Wenn das

Wort Jugend immer über seinem Kopf hing wie ein Schwert, das nicht fallen wollte? Wie sollte er mit dem kleinen Mädchen tanzen, wenn das Betreten der Schienen verboten war?
Aus der Ferne hörte man das Anrollen des nächsten Zuges, vielmehr hörte man es nicht, es war nur, als hätte sich die Stille verstärkt, als hätte sich die Helligkeit an ihrem hellsten Punkt in einen Schwarm dunkler Vögel verwandelt, die brausend näher kamen.
Das Kind faßte den Saum seines Kleides mit beiden Händen. »So –«, sang es, »und so –«, und es hüpfte wie ein Vogel am Rand. Aber der Junge bewegte sich nicht. Das Kind lächelte ungeduldig. Wieder hob es den Fuß über den Rand, den einen – den anderen – den einen – den anderen –, aber der Junge konnte nicht tanzen.
»Komm!« rief das Kind. Niemand hörte es. »So!« lächelte es noch einmal. Der Zug raste um die Kurve. Die Frau neben der Leiter bemerkte ihre freie Hand, ihre freie Hand warf sie herum. Sie griff nach dem Saum eines Kleides, als wollte sie den Himmel greifen. »So!« rief das Kind zornig und sprang auf die Schienen, bevor der Zug das Bild des Jungen verdecken konnte. Niemand war imstande, es zurückzureißen. Es wollte tanzen.
In diesem Augenblick begann die See die Füße des Jungen zu netzen. Wunderbare Kühle stieg in seine Glieder. Spitze Kiesel stachen in seine Sohlen. Der Schmerz jagte ihm Entzücken in die Wangen. Zugleich fühlte er die Müdigkeit in seinen Armen, breitete sie aus und ließ sie sinken. Gedanken falteten seine Stirne und schlossen seinen Mund. Der Wind begann zu wehen und trieb ihm Sand und Wasser in die Augen. Das Grün der See vertiefte sich und wurde undurchsichtig. Und mit dem nächsten Windstoß verschwand das Wort Jugend vom blauen Himmel und löste sich auf wie Rauch. Der Junge hob die Augen, doch er sah nicht, wie der Mann von der Leiter sprang, als stieße ihn jemand zurück. Er legte die Hände hinter die Ohren und lauschte, doch er hörte nicht das Schreien der Menschen und das grelle Hupen des Rettungswagens. Die See begann zu fluten.
›Ich sterbe‹, dachte der Junge, ›ich kann sterben!‹ Er atmete tief, zum ersten Male atmete er. Eine Handvoll Sand flog ihm ins Haar und ließ es weiß erscheinen. Er bewegte die Finger und versuchte, einen Schritt vorwärts zu machen, wie das Kind es ihm gezeigt hatte. Er wandte den Kopf zurück und überlegte, ob er seine Kleider holen sollte. Er schloß die Augen und öffnete sie wieder. Da fiel sein Blick noch einmal auf die Tafel gegenüber: »Das Betreten der Schienen ist verboten!« Und plötzlich überfiel ihn die Angst, sie könnten ihn noch einmal erstarren lassen, lachend, mit weißen Zähnen

und einem gleißenden Fleck in jedem seiner Augen; sie könnten ihm den Sand wieder aus dem Haar und den Atem wieder aus dem Mund nehmen, sie könnten die See noch einmal zu einem täuschenden Streifen unter seinen Füßen machen, worin keiner ertrinken konnte, und das Land zu einem hellen Flecken in seinem Rücken, worauf keiner stehen konnte. Nein, er würde seine Kleider nicht holen. Mußte die See nicht zur See werden, damit das Land Land sein konnte? Wie hatte das Kind gesagt? So! Er versuchte zu springen. Er stieß sich ab, kam wieder zurück und stieß sich wieder ab. Und gerade, als er dachte, es würde ihm nie gelingen, kam ein Windstoß von der Brücke. Die See stürzte auf die Schienen und riß den Jungen mit sich. Der Junge sprang und riß die Küste mit sich. »Ich sterbe«, rief er, »ich sterbe! Wer will mit mir tanzen?«

Niemand beachtete es, daß eines der Plakate schlecht geklebt worden war, niemand beachtete es, daß eines davon sich losgerissen hatte, auf die Schienen wehte und von dem einfahrenden Gegenzug zerfetzt wurde. Nach einer halben Stunde lag die Station wieder leer und still. Schräg gegenüber war zwischen den Schienen ein heller Flecken Sand, als hätte es ihn vom Meer herübergeweht. Der Mann mit der Leiter war verschwunden. Kein Mensch war zu sehen.

Schuld an dem ganzen Unglück waren die Züge, die um diese Zeit so selten fuhren, als verwechselten sie Mittag mit Mitternacht. Sie machten die Kinder ungeduldig. Aber nun senkte sich der Nachmittag wie ein leichter Schatten über die Station.

Der Hauslehrer

Vater und Mutter waren gegangen. Der Kleine hing über das Stiegengeländer und schaute ihnen nach. Er sah den hellen Hut seiner Mutter und den dunklen seines Vaters tief unten und noch tiefer – zuletzt sah er nichts mehr. Der Flur war grün wie die See. Man konnte denken, Vater und Mutter wären gesunken. Ihre Ermahnungen waren so eindringlich gewesen, als ließen sie ihn nicht nur für eine Stunde allein. Dem Kleinen schwirrte der Kopf: Die Kette vorlegen und niemandem öffnen, nur wenn der Hauslehrer kam – – – Er war lange krank gewesen, und da er noch schwach war, blieb er zu Hause und erhielt Unterricht. Sein Hauslehrer war ein Student, ein stiller, junger Mann, der ihn für gewöhnlich langweilte.
Der Kleine ging durch die leere Wohnung. Sie war still wie eine Muschel, die man ans Ohr hielt. Er öffnete die Tür zur Vorratskammer. Alle diese gefüllten Körbe und Gläser gehörten jetzt ihm: die Fracht eines fremden Schiffes – die weite Welt. Er nahm einen Apfel aus dem Korb, aber in diesem Augenblick läutete es. Er schlich hinaus. Vor der Tür hielt er den Atem an und zögerte. Dann legte er die Kette vor und öffnete die Tür um einen Spalt. Draußen stand der alte Bettler, den er schon kannte. »Ich habe nichts!« sagte das Kind verlegen und gab ihm den Apfel, den es in der Hand hielt. Der Bettler nahm ihn, ohne zu danken. »Auf Wiedersehen!« sagte der Kleine, aber er erhielt keine Antwort.
Er schloß die Tür und ging auf den Fußspitzen in sein Zimmer. Dort setzte er sich an den Tisch und saß ganz still. Er hatte sich darauf gefreut, allein zu sein, aber jetzt empfand er Furcht. Furcht vor dem Bettler und Furcht vor den leeren Räumen. Es erleichterte ihn, als er den Hauslehrer läuten hörte. Er lief hinaus und öffnete.
»Du solltest durch das Guckloch schauen!« sagte der Hauslehrer.
»Ich erreiche es nicht!« erwiderte das Kind.
Es sah an dem jungen Mann hinauf, der sich vor dem Spiegel über das Haar strich und einen Augenblick innehielt, als lauschte er.
Sie rückten den Tisch ans Fenster und begannen zu lesen. »Es – ist – Herbst –«, las der Kleine stockend, »die Vögel fliegen nach dem Süden.« Er hob den Kopf und sah hinaus.
»Wo fliegen sie?« fragte er.

»Lies weiter!« sagte der Hauslehrer ungeduldig. Und dann, als hätte er sich besser besonnen: »Sie sind schon über dem Meer!«
Der Kleine las weiter. Von Blättern, die fielen, und von Früchten, die in großen Gärten geerntet wurden. Von dem bunten Weinlaub und von der Sonne, die früher unterging.
»Wo?« fragte er. »Wo geht sie unter?«
»Drüben!« sagte der Hauslehrer unbestimmt.
Sie lasen jetzt vom Himmel und von den weißen Wolken, die der Wind darübertreibt.
»Wo?« rief der Kleine wieder. Aber er bekam keine Antwort. Er hob den Kopf und sah, daß der Hauslehrer still saß und auf seine Knie schaute. »Wo treibt der Wind die Wolken?« rief er dringender. Der Himmel vor dem offenen Fenster war wolkenlos und fast durchscheinend. Es war kurz vor Einbruch der Dämmerung.
»Hörst du etwas?« fragte der Hauslehrer, ohne den Kopf zu heben.
»Hören?« sagte der Kleine. »Nein, ich höre nichts!«
»Still!« sagte der Hauslehrer. »Wenn du ganz still bist, hörst du sie!«
»Wen?« fragte das Kind.
»Horch!« rief der Hauslehrer.
»Wen soll ich hören?« fragte der Kleine noch einmal.
»Diese Stimme«, sagte der junge Mann, »diese Stimme!«
Der Kleine ließ das Blättern. Er senkte den Kopf und legte die Hände hinter die Ohren, aber er hörte nichts als das leichte Brausen, das von tief unten kam und die ganze Wohnung in eine Muschel verzaubert hatte.
»Rauschen?« sagte das Kind.
»Nein«, antwortete der Hauslehrer. »Schreien!«
Der Kleine begann zu lachen. Er sprang auf und klatschte in die Hände.
»Ist es ein Spiel?« rief er.
»Lies weiter!« sagte der Hauslehrer.
Aber kaum hatten sie von den Nebeln und von den langen Schatten zu lesen begonnen, als er aufsprang und die Tür ins Nebenzimmer aufriß, als wollte er jemanden überraschen. Er ging von da durch den Salon in das Schlafzimmer der Eltern, durchquerte das Vorzimmer und kam wieder zurück. Der Kleine sah ihm erstaunt entgegen.
»Es ist jemand in der Wohnung!« sagte der Hauslehrer. Er erkundigte sich, ob vor ihm schon jemand hier gewesen sei.
»Ja«, antwortete das Kind, »ein Bettler.«
»Hast du die Kette vorgelegt?«
»Ja!«
Der Hauslehrer fiel in Schweigen.

»Soll ich weiterlesen?«
»Horch!«
»Spielen wir?« lächelte der Kleine unsicher.
Der junge Mann sah ihm nachdenklich ins Gesicht.
»Ja!« sagte er nach einer Weile. »Spielen wir, es wäre jemand in der Wohnung!«
»Und wer?« rief der Kleine freudig.
»Einer«, sagte der Hauslehrer, »den wir fürchten.«
»Der Bettler?«
»Ja, der Bettler! Wir wollen ihn suchen gehen.«
Als der Hauslehrer die Hand in die seine legte, fühlte der Kleine, daß sie kalt und feucht von Schweiß war. Sie gingen auf den Fußspitzen, öffneten leise die Türen und sahen in alle Ecken. Das Licht draußen ließ nach, und in den Zimmern begann es schon zu dunkeln. Nur noch die Rahmen der Bilder glänzten von den Wänden. Im Salon hielt der junge Mann inne, ließ die Hand des Kleinen fallen und legte den Finger an den Mund.
»Wo ist er?« rief der Kleine. Seine Wangen glühten vor Eifer.
»Hörst du ihn nicht?« flüsterte der Hauslehrer.
»Wo?«
»Nebenan!«
»Was sagt er?«
»Er droht!«
Der Kleine stürzte hinaus, riß den Mantel seines Vaters vom Kleiderständer und schrie: »Ich habe ihn, ich habe ihn!« Dann schlüpfte er in den Mantel und schleifte ihn hinter sich her.
Der Hauslehrer kam aus dem Salon. Er kam ganz langsam mit kleinen furchtsamen Schritten auf den Kleinen zu.
»Wir haben ihn!« rief der noch einmal. »Wir haben ihn!«
»Ach«, sagte der Hauslehrer langsam, »du bist es!«
Sie standen vor dem großen Spiegel, und der Kleine sah, wie das Spiegelbild des anderen die Faust gegen ihn erhob. In dem fallenden Dunkel sah er diese geballte Faust und das blasse verzerrte Gesicht. Er sprang und lachte laut. So lustig war der Hauslehrer noch nie gewesen! In diesem Augenblick hörte er die Schlüssel im Schloß gehen und erkannte die Gesichter seiner Eltern hinter sich. Und er hörte seine Mutter schreien.
Aber noch als der Hauslehrer, von drei Männern gebändigt, erschöpft, mit Schaum vor dem Mund in den Rettungswagen geladen wurde, suchte der Kleine ihnen in die Arme zu fallen.
»Aber wir wollten doch nur spielen!«
Und sooft seine Eltern später sagten: »Wenn wir damals nicht rechtzeitig gekommen wären –«, fiel er ihnen zornig ins Wort: »Wir wollten doch nur spielen!«
Und er mißtraute den Erwachsenen.

Engel in der Nacht

Das sind die hellen Tage im Dezember, die ihre eigene Helligkeit durchschauen und darum immer heller werden, die ihrer Blässe zürnen und ihre Kürze als Verheißung nehmen, die von den langen Nächten genährt sind, stark genug, in Sanftmut sich selbst zu überstehen, stark genug, schwach genug und mild. Das sind diejenigen, die aus der Schwärze sonnig werden und nur daraus. Es sind nicht viele. Denn wenn es viele wären, geschähen auch zu viele seltsame Dinge, zu viele Kirchturmuhren würden sich ganz einfach in Gottes eigene Augen verwandeln. Darum sind diese Tage selten: damit die seltsamen Dinge seltsam bleiben, damit die Leute, die aus dem Krieg gekommen sind, nicht zu oft Schmerzen haben an ihren abgeschossenen Gliedern und nicht zuviel in Händen halten, die schon längst abgefroren sind. Daß sie nicht zuviel wissen von der Nacht, die stillt. Aber manchmal gibt es solche Tage — Vögel, die vergessen haben, nach dem Süden zu fliegen. Sie breiten ihre hellen Flügel über die Stadt, und die Luft zittert vor Wärme, sie machen unseren Hauch noch einmal unsichtbar, bevor es friert. Und wenn es soweit ist, sterben sie schnell. Sie wollen keine lange Dämmerung und keine roten Wolken, sie verbluten nicht offen. Sie fallen von den Dächern, und es ist finster. Vielleicht, wenn diese verirrten Vögel nicht wären, diese hellen Tage im Dezember, gäb es auch keinen, der noch an Engel glaubt, wenn alle anderen schon hinter seinem Rücken lachen, der die Flügel hat rauschen hören vor Tag, als alle anderen nur die Hunde bellen hörten.

Meine Schwester war schuld daran. Sie war es, die mich an den finsteren Morgen aus dem Bett gerissen und ans Fenster gezerrt hatte. »Da, da! Da fliegen sie! Hast du es rauschen hören? Siehst du nicht ihre Schleppen? Wach auf! Du schläfst zu lang!« Und später, wenn Weihnachten schon ganz nahe war und die Bäume auf den Plätzen ihre Nadeln verloren, noch ehe sie verkauft waren: »Jetzt ist schon Silber in der Luft, jetzt kommt das Kind bald nach!« Wenn ich sagte: »Es regnet!«, lachte sie verächtlich. »Du schläfst zu lang!« Zu lang, immer um den Augenblick zu lang, in dem die Engel um das Haus flogen!

Ich hatte schon lange begonnen, den Schlaf wie den Tod zu fürchten. Was ist denn Sterben anderes als die Engel zu versäumen? Mit aufgerissenen Augen lag ich wach und wartete auf das Rauschen der Flügel, auf das Silber in der Luft. Ich schlich ans Fenster und starrte hinaus, aber ich hörte nur die

Betrunkenen unten rufen, und einmal schrie einer von ihnen »Halleluja!« Meine Schwester war längst eingeschlafen. Ich hörte es ein Uhr schlagen, zwei Uhr — ich zerbiß mein Kopfkissen und nickte ein. Ich erwachte wieder. Es sah jetzt fast so aus, als wäre eine Spur von Silber in der Luft. Ich sprang auf und holte Holz aus der Kiste, warf es in mein Bett und legte mich darauf. Aber noch ehe es drei Uhr schlug, schlief ich auf den Scheitern. Und am Morgen war meine Schwester wieder früher wach als ich. Sie hatte diesmal die Spitzen der Flügel gesehen, und es wäre noch viel mehr gewesen, hätte sie nicht ihre Zeit damit vertan, mich wachzurütteln.

»Habt ihr die Engel gesehen?« Um diese Zeit begannen sie mich in der Schule zu höhnen, um diese Zeit hätte ich nicht mehr daran glauben dürfen, damals hätte ich die dicken, kleinen Engel von meinen Schultern schütteln müssen, aber ich lachte nur. »Ihr schlaft zu lang!« Von da ab begannen mich meine Engel zu überflügeln. Alle, die sagten: »Es gibt keine!« schliefen zu lang, die ganze Welt war ein Heerlager von Schlafenden geworden, über dem Engel kreisten.

An diesem Tag hatte mich meine Mutter abgeholt; die Mutter lebte nicht bei uns, aber sie kam von Zeit zu Zeit, um mich aus der Schule zu holen, und begleitete mich ein Stück heim. Manchmal sprach sie zu mir wie zu einem Erwachsenen. An diesem Tag erzählte sie mir, daß sie nächtelang wach lag und nicht schlafen konnte. Ich liebte meine Mutter, und wenn ich einem Menschen auf der Welt mehr Glauben schenkte als meiner Schwester, war sie es. Wenn meine Mutter wach lag, mußte sie von den Engeln wissen. Ich erinnere mich genau, ich höre es, ich sehe es vor mir. Wir gehen gerade über den Platz, wo die Bäume verkauft werden, und der Himmel über dem Platz ist zu hoch für den Dezember, und der Mann bei den Bäumen ist eingeschlafen. Es ist ein warmer, trauriger Tag, ein verirrter Vogel. Meine Mutter hat schon lange etwas anderes zu reden begonnen, da frage ich sie nach den Engeln. Sie sagt: »Ich habe keine gesehen!« Sie bleibt stehen und sieht mich an und lacht und sagt: »Ich wußte auch nicht, daß du es noch glaubst. Ich habe keine gesehen.« Wir gehen dann schnell auseinander.

Aber ich war damals schon zu groß, um es einfach hinzunehmen, ich hatte zu lange daran geglaubt, und wenn sie mich getäuscht hatten, so hatten sie mich zu lange getäuscht. Ich wollte ein Zeichen, ich wollte plötzlich Heere von Engeln über die Plätze brausen hören, ich wollte alle Spötter zu Boden fallen sehen. Aber die Engel kamen nicht. Schwärme von Tauben flogen auf und kreisten unter dem stillen Himmel. Aber der Himmel war kein Himmel mehr, der Himmel war nur Luft. Sie hatten mich lächerlich gemacht, sie hatten mich verächtlich gemacht, zu lang hatte ich den hellen Rauch für weiße Kleider gehalten und das Nachhallen der Morgenglocken für das Rauschen von Flügeln. Sie hätten mich warnen sollen, und ich hätte es abgetan wie alle anderen, wie nichts, aber jetzt war es zu spät. Die Engel waren keine kleinen Engel mehr, keine Putten mit runden Gesichtern und kurzen, hellen Locken, die Engel waren größer geworden, ernster und heftiger, sie waren, wie ich selbst, im letzten Jahr zu schnell gewachsen, und sie abzuwerfen war kein Spiel mehr. Denn die Engel, die mit uns zur Welt kommen, sind nur am Anfang so klein wie wir, sie wachsen mit uns, werden wilder und stärker, und ihre Flügel wachsen mit ihnen. Je älter wir werden, desto schwerer wird der Kampf.

Erst mit dem Einbruch der Dunkelheit kam ich nach Hause. Ich hatte in den Durchhäusern gelungert und auf den Bänken am Fluß, ich war für Stunden allein auf der Welt gewesen, allein zwischen den sinnlosen Toren und den Fenstern, die sinnlos sind, wenn es nicht Engel gibt, die sie bei Nacht mit ihren Flügeln streifen. Besser keine Fenster als diese, besser keine Tore, keine Häuser und kein Rauch aus den Kaminen, besser keine Lampen als solche, die nicht brennen, besser keine Welt als eine ohne Engel!

Meine Schwester wartete schon, meine Schwester wartete immer. Sie erwartete anscheinend etwas, was man nicht sehen konnte, jemanden, der nie kam, weil er schon da war. Ich hatte immer gedacht, sie erwartete die Engel. Sie lehnte am Treppengeländer, und ihre Zöpfe hingen darüber. Die Wohnungstür hinter ihr stand offen, Nebel sickerte durch die Ritzen der Flurfenster, das waren die Kleider der Engel, die sich verklemmt hatten. Aber diesmal fing ich sie, diesmal riß ich die Sterne aus ihrem Haar. Und als meine Schwester wieder sagte: »Ich habe sie gesehen«, konnte ich ihr nicht glauben. Sie sollte es beschwören!

Damals wußte ich noch nicht, daß es die Engel sind, die uns beschwören. Nicht wir sind es, die sie erträumen, die Engel träumen uns. Wir sind die Geister in ihren hellen Nächten, wir sind es, die mit Türen schlagen, die es nicht gibt, und über Schnüre springen, die wie Ketten rasseln. Vielleicht sollten wir sanfter in ihren Träumen sein, daß wir sie nicht erschrecken. Wenn die Schatten über die Wüste fallen, wirft sie der Himmel. Und meine Schwester konnte nicht schwören.

Als ich ihr ins Gesicht schrie: »Es gibt sie nicht, du hast gelogen, es gibt sie nicht!« verteidigte sie sich nicht, wie ich es erwartet hatte. Sie wurde nicht zornig und brach nicht in Gelächter aus, sie widersprach nicht einmal. Es schien überraschend für sie gekommen zu sein, und sie teilte mein Entsetzen. Meine Schwester war damals fünfzehn und schon ein

Jahr aus der Schule, und doch war es, als hätte ich ihr etwas erzählt, was sie bisher nicht gewußt hatte, als wäre ihr Glaube an die Engel an dem meinen gehangen.
»Schwör auf die Flügel, schwör auf das Silber in der Luft, wenn du's gesehen hast!« Aber sie blieb ganz still. Ich war auf alles gefaßt gewesen, nur nicht auf dieses stumme Zurückweichen, diese plötzliche Wehrlosigkeit, auf das halbe Zugeben der Lüge. Ich hatte den Feind erwartet und war mit allen meinen Waffen ins Leere geritten. Sie hatte ihre Truppen zurückgezogen, vielleicht waren sie auch geflohen, ich weiß es bis heute nicht. Sie wärmte mein Essen und deckte den Tisch für mich, aber sie konnte nicht schwören. Ich zerrte an ihren Zöpfen und an ihrem Rock, wir schlugen uns, aber sie beschwor es nicht.
Wir saßen bei Tisch, wir saßen uns im Finstern gegenüber, wir hörten das Abendläuten und rührten uns nicht. Wir saßen in dem Zimmer und das Zimmer lag in dem Haus und das Haus stand auf der Kugel, die sich drehte, sinnlos drehte wie eine Betrunkene. Wir saßen beide ganz still, und meine Schwester saß noch stiller da als ich. Das schwache Licht einer Laterne strömte durch die Fenster über ihre Schultern und machte Engelshaar aus ihren Zöpfen, dasselbe, das man unten in den Buden billig zu kaufen bekam. Wir waren allein zu Hause, und vielleicht warteten wir noch immer auf ein Zeichen, auf das Brausen in der Luft. Wenn jemals, so hätten sie jetzt kommen müssen, um die Dächer der Buden abzuheben, um das falsche Engelshaar aus seiner niedlichen Verpackung zu reißen und das richtige fliegen zu lassen, das lang und strähnig war und wie Peitschenschnüre die Wangen aufriß, die es traf. Wenn irgendwann, so hätten sie jetzt kommen müssen, um die Laternen auszublasen und die Bäume auf den Märkten in Brand zu stecken, ehe sie verkauft waren. Aber sie kamen nicht, sie zerbrachen die Scheiben nicht und stießen uns nicht in die Seite. Sie führten uns nicht aus der Gefangenschaft. Sie ließen uns allein in der Hoffnung auf Spielzeug und süßes Backwerk, dem man die Flügel abbeißen konnte.
Wie lächerlich, zu denken, daß unser Vater während dieser Zeit in der Stadt umherirrte, um irgendwo billige Geschenke zu finden, und daß in irgendwelchen Kirchen gerade gesungen wurde, wenn es keine Engel gab, die dem Kind vorausflogen. Und das Kind? Das irrte in seinem kleinen, weißen Schlitten durch die riesigen Weltenräume und wunderte sich über die großen Entfernungen. Das Kind war eine Wolke, weiter nichts. Meine Schwester konne nicht schwören.
Ihr Heer war geschlagen, ohne sichtbar geworden zu sein, und das meine war sichtbar geschlagen. Und während das

meine, durch die eisige Leere und Bereitwilligkeit des feindlichen Landes in Schrecken versetzt, sinnlos die Flucht ergriff, lag das ihre verwundet in tiefen Wäldern, ein Heer, das, von Anbeginn verwundet, nicht den leisesten Versuch gemacht hatte, sich zu verteidigen, ein Heer von Blutern, das den Tod erwartete, das Heer der geschlagenen Engel. Aber zwischen dem Aufschlagen der fliehenden Schritte und dem vergessenen Wald begannen ahnungslose Hirten ihre Herden zu weiden.
Als es ganz finster geworden war, ging ich schlafen. Draußen hatte Schnee zu fallen begonnen, der sich mit Regen mischte. Ich lag im Halbschlaf und sah, wie er den müden Engeln die Flügel schwerer und immer schwerer machte, während das Kind mutterseelenallein durch die Mondgebirge fuhr, an offenen Kratern entlang. Ich wollte es warnen, aber ich hatte keine Macht dazu.
Später hörte ich meinen Vater nach Hause kommen, und ich hörte, wie er einige Worte mit meiner Schwester wechselte. Sie sprachen nie viel miteinander. Noch später hörte ich die Schlüssel sich im Schloß drehen, er mußte wieder weggegangen sein. Meine Schwester öffnete die Tür zu unserem Zimmer und stand eine Weile lang unentschlossen dazwischen. Sie machte ein paar Schritte auf mein Bett zu, während ich ganz still lag. Sie beugte sich über mich, aber ich hielt die Augen geschlossen. Sie ging leise aus dem Zimmer. Als ich diesmal einschlief, träumte ich nichts mehr. Mein Schlaf war leer geworden, wie der Tod der Leute, die keine Auferstehung erwarten.
Aber wie ich eingeschlafen war gegen meinen Willen, erwachte ich gegen meine Erwartungen, ohne Zeit und in einem fremden Raum. Die Decke ist schwer wie eine Grabplatte aus Marmor. Unmöglich, sich zu bewegen oder die Augen zu öffnen. Ich will den Stein nicht. Schnee ist schöner, Schnee schmilzt! Was haben sie getan? Sie haben mich begraben, ohne daß ich gestorben bin! Sie sind nach Hause gegangen, jetzt zünden sie die Kerzen an, es riecht nach frischem Backwerk und verbrannten Zweigen. Ein Schneesturm hat draußen begonnen, wie gut es ist, daß sie noch vor dem Schneesturm nach Hause gekommen sind. Und ich? Ich bin nicht tot! Ihr Engel, rettet mich, schnell, eh mir noch die Luft ausgeht, kommt, warum kommt ihr nicht! Seid ihr gestorben? Ja. Jetzt weiß ich's: Ihr seid es, die gestorben sind. Wir haben euch begraben gestern abend. Wart ihr nicht tot? Seid ihr's, die lebend unter Steinen liegen? Ich will euch helfen, wartet, ich will mich rühren, ich heb den Stein! Mit allen meinen Kräften will ich ihn heben, mit meinen flachen Händen — Gott steh mir bei! Wie leicht der Stein ist! Ich fliege. Könnt ihr's auch? Der Stein war Schnee.

Mondlicht flutet ins Zimmer, es ist so hell, daß man verschlossene Türen für offene Fenster halten könnte, die Wände haben sich gedreht, die Kästen und Betten haben heimlich ihre Plätze getauscht. Es schwindelt mir — was hat mich aufgeweckt? Wer hat den schweren Stein in Schnee verwandelt? Es rauscht mir in den Ohren, aber das ist es nicht, die eigene Stimme weckt keinen aus dem Schlaf. Mein Herz schlägt laut, nein, es ist nicht mein Herz, das dort ans Fenster schlägt, es ist auch nicht der Wind, der an den Scheiben rüttelt, sie aufgerissen hat und doch von außen zuhält! Seid ihr's?
Wie hab ich zweifeln können? Das war nicht ich, der einen Augenblick lang dachte, du wärst der Wind, mein Engel. Wie weiß dein Kleid ist, Schnee liegt auf deinem Haar, er fällt so dicht da draußen, daß ich nicht sehen kann, wie viele hinter dir sind. Es müssen viele sein, ein Heer! Darf ich auch näher kommen? Soll ich beten? Wie still du stehst! Darf ich die angelaufenen Scheiben öffnen? Ich will dich besser sehen, sehen will ich, wie du fliegen kannst! Beweg dich doch! Wie groß sind deine Flügel? Was hast du an den Füßen? Ich will dir öffnen, komm herein, mein Engel, wirf alles um mit deinen breiten Flügeln und sei willkommen!
Aber schon während ich auf das Fenster zukam, sah ich, daß der Engel abwehrend den Kopf bewegte, und ich erinnerte mich, daß meine Schwester immer sagte, man dürfe ihnen nicht ins Gesicht schauen, und ich erkannte, daß er den Saum seines Kleides nicht berührt haben wollte. Wieder packten mich furchtbare Zweifel, daß er Schnee sein könnte, ein hergewehtes Tuch, ein Traum. Ich wollte seine ausgebreiteten Flügel sehen.
Ein Windstoß kam durch das Fenster. Hände voll Flocken drangen mir in Mund und Augen, unter einem Schleier von Schnee sah ich den Engel schwanken, als wollte er die Flügel ausbreiten. Aber die Flocken waren so dicht, daß man kaum schauen konnte, ein Schneesturm mußte ausgebrochen sein, wieder kamen schwere Windstöße herein, schlugen das Fenster zu und verschleierten mir den Blick. Als ich die Augen blankgerieben hatte und das Fenster wieder aufriß, sah ich nichts mehr als den Schnee, der in dem engen, hohen Hof tobte und tanzte, fiel und in riesigen Wirbeln über die Dächer wieder zurückgeschleudert wurde, wie das Heer der Engel, das nicht berührt sein will.
Haltet sie, haltet sie: Wachset hoch, ihr Dächer, ihr Häuser werdet Türme, daß sie nie mehr hinüberkommen, ihr Rauchfänge treibt Rauch auf ihren Weg, damit sie ihn nicht finden, ihr Schläfer zündet Lichter an, daß ihr sie seht. Wer holt sie ein, wer macht den Tag zum jüngsten? Wer ruft sie mir zu-

rück? Das ist die Zeit, zu der mich meine Schwester weckt, heut weck ich sie: »Wach auf!«
Es schlägt sechs, zögernd fällt eine Glocke nach der anderen ein. Das Zimmer ist jetzt finster, ich kann das Bett nicht finden. Der Schnee war viel zu hell für meine Augen, zu lange hab ich ihnen nachgeschaut, gleich hätt' ich meine Schwester wecken müssen: »Wach auf, du schläfst zu lang!«
Die Decke fällt zu Boden, und meine Schwester hält sie nicht mit ihren Fäusten fest, und meine Schwester stöhnt nicht und wehrt sich nicht, wie ich mich jeden Morgen gegen den kalten Boden und die Engel wehre, sie stößt mich nicht zurück, sie bleibt so still wie alle, die nicht schlafen, wenn man sie weckt, so sanft, wie nur die bleiben, die nicht hier sind.
Und sie ist still geblieben, als wir sie im Hof fanden und aus dem Schnee hoben, der sie schon bedeckt hatte.

Spiegelgeschichte

Wenn einer dein Bett aus dem Saal schiebt, wenn du siehst, daß der Himmel grün wird, und wenn du dem Vikar die Leichenrede ersparen willst, so ist es Zeit für dich, aufzustehen, leise, wie Kinder aufstehen, wenn am Morgen Licht durch die Läden schimmert, heimlich, daß es die Schwester nicht sieht – und schnell!

Aber da hat er schon begonnen, der Vikar, da hörst du seine Stimme, jung und eifrig und unaufhaltsam, da hörst du ihn schon reden. Laß es geschehen! Laß seine guten Worte untertauchen in dem blinden Regen. Dein Grab ist offen. Laß seine schnelle Zuversicht erst hilflos werden, daß ihr geholfen wird. Wenn du ihn läßt, wird er am Ende nicht mehr wissen, ob er schon begonnen hat. Und weil er es nicht weiß, gibt er den Trägern das Zeichen. Und die Träger fragen nicht viel und holen deinen Sarg wieder herauf. Und sie nehmen den Kranz vom Deckel und geben ihn dem jungen Mann zurück, der mit gesenktem Kopf am Rand des Grabes steht. Der junge Mann nimmt seinen Kranz und streicht verlegen alle Bänder glatt, er hebt für einen Augenblick die Stirne, und da wirft ihm der Regen ein paar Tränen über die Wangen. Dann bewegt sich der Zug die Mauern entlang wieder zurück. Die Kerzen in der kleinen, häßlichen Kapelle werden noch einmal angezündet, und der Vikar sagt die Totengebete, damit du leben kannst. Er schüttelt dem jungen Mann heftig die Hand und wünscht ihm vor Verlegenheit viel Glück. Es ist sein erstes Begräbnis, und er errötet bis zum Hals hinunter. Und ehe er sich verbessern kann, ist auch der junge Mann verschwunden. Was bleibt jetzt zu tun? Wenn einer einem Trauernden viel Glück gewünscht hat, bleibt ihm nichts übrig, als den Toten wieder heimzuschicken.

Gleich darauf fährt der Wagen mit deinem Sarg die lange Straße wieder hinauf. Links und rechts sind Häuser, und an allen Fenstern stehen gelbe Narzissen, wie sie ja auch in alle Kränze gewunden sind, dagegen ist nichts zu machen. Kinder pressen ihre Gesichter an die verschlossenen Scheiben, es regnet, aber eins davon wird trotzdem aus der Haustür laufen. Es hängt sich hinten an den Leichenwagen, wird abgeworfen und bleibt zurück. Das Kind legt beide Hände über die Augen und schaut euch böse nach. Wo soll denn eins sich aufschwingen, solang es auf der Friedhofsstraße wohnt?

Dein Wagen wartet an der Kreuzung auf das grüne Licht. Es regnet schwächer. Die Tropfen tanzen auf dem Wagendach.

Das Heu riecht aus der Ferne. Die Straßen sind frisch getauft, und der Himmel legt seine Hand auf alle Dächer. Dein Wagen fährt aus reiner Höflichkeit ein Stück neben der Trambahn her. Zwei kleine Jungen am Straßenrand wetten um ihre Ehre. Aber der auf die Trambahn gesetzt hat, wird verlieren. Du hättest ihn warnen können, aber um dieser Ehre willen ist noch keiner aus dem Sarg gestiegen.
Sei geduldig. Es ist ja Frühsommer. Da reicht der Morgen noch lange in die Nacht hinein. Ihr kommt zurecht. Bevor es dunkel wird und alle Kinder von den Straßenrändern verschwunden sind, biegt auch der Wagen schon in den Spitalshof ein, ein Streifen Mond fällt zugleich in die Einfahrt. Gleich kommen die Männer und heben deinen Sarg vom Leichenwagen. Und der Leichenwagen fährt fröhlich nach Hause.
Sie tragen deinen Sarg durch die zweite Einfahrt über den Hof in die Leichenhalle. Dort wartet der leere Sockel schwarz und schief und erhöht, und sie setzen den Sarg darauf und öffnen ihn wieder, und einer von ihnen flucht, weil die Nägel zu fest eingeschlagen sind. Diese verdammte Gründlichkeit!
Gleich darauf kommt auch der junge Mann und bringt den Kranz zurück, es war schon hohe Zeit. Die Männer ordnen die Schleifen und legen ihn vorne hin, da kannst du ruhig sein, der Kranz liegt gut. Bis morgen sind die welken Blüten frisch und schließen sich zu Knospen. Die Nacht über bleibst du allein, das Kreuz zwischen den Händen, und auch den Tag über wirst du viel Ruhe haben. Du wirst es später lange nicht mehr fertig bringen, so still zu liegen.
Am nächsten Tag kommt der junge Mann wieder. Und weil der Regen ihm keine Tränen gibt, starrt er ins Leere und dreht die Mütze zwischen seinen Fingern. Erst bevor sie den Sarg wieder auf das Brett heben, schlägt er die Hände vor das Gesicht. Er weint. Du bleibst nicht länger in der Leichenhalle. Warum weint er? Der Sargdeckel liegt nur mehr lose, und es ist heller Morgen. Die Spatzen schreien fröhlich. Sie wissen nicht, daß es verboten ist, die Toten zu erwecken. Der junge Mann geht vor deinem Sarg her, als stünden Gläser zwischen seinen Schritten. Der Wind ist kühl und verspielt, ein unmündiges Kind.
Sie tragen dich ins Haus und die Stiegen hinauf. Du wirst aus dem Sarg gehoben. Dein Bett ist frisch gerichtet. Der junge Mann starrt durch das Fenster in den Hof hinunter, da paaren sich zwei Tauben und gurren laut, geekelt wendet er sich ab.
Und da haben sie dich schon in das Bett zurückgelegt. Und sie haben dir das Tuch wieder um den Mund gebunden, und

das Tuch macht dich so fremd. Der Mann beginnt zu schreien und wirft sich über dich. Sie führen ihn sachte weg. »Bewahret Ruhe!« steht an allen Wänden, die Krankenhäuser sind zur Zeit überfüllt, die Toten dürfen nicht zu früh erwachen.
Vom Hafen heulen die Schiffe. Zur Abfahrt oder zur Ankunft? Wer soll das wissen? Still! Bewahret Ruhe! Erweckt die Toten nicht, bevor es Zeit ist, die Toten haben einen leisen Schlaf. Doch die Schiffe heulen weiter. Und ein wenig später werden sie dir das Tuch vom Kopf nehmen müssen, ob sie es wollen oder nicht. Und sie werden dich waschen und deine Hemden wechseln, und einer von ihnen wird sich schnell über dein Herz beugen, schnell, solang du noch tot bist. Es ist nicht mehr viel Zeit, und daran sind die Schiffe schuld. Der Morgen wird schon dunkler. Sie öffnen deine Augen, und die funkeln weiß. Sie sagen jetzt auch nichts mehr davon, daß du friedlich aussiehst, dem Himmel sei Dank dafür, es erstirbt ihnen im Mund. Warte noch! Gleich sind sie gegangen. Keiner will Zeuge sein, denn dafür wird man heute noch verbrannt.
Sie lassen dich allein. So allein lassen sie dich, daß du die Augen aufschlägst und den grünen Himmel siehst, so allein lassen sie dich, daß du zu atmen beginnst, schwer und röchelnd und tief, rasselnd wie eine Ankerkette, wenn sie sich löst. Du bäumst dich auf und schreist nach deiner Mutter. Wie grün der Himmel ist!
»Die Fieberträume lassen nach«, sagt eine Stimme hinter dir, »der Todeskampf beginnt!«
Ach die! Was wissen die?
Geh jetzt! Jetzt ist der Augenblick! Alle sind weggerufen. Geh, eh sie wiederkommen und eh ihr Flüstern wieder laut wird, geh die Stiegen hinunter, an dem Pförtner vorbei, durch den Morgen, der Nacht wird. Die Vögel schreien in der Finsternis, als hätten deine Schmerzen zu jubeln begonnen. Geh nach Hause! Und leg dich in dein eigenes Bett zurück, auch wenn es in den Fugen kracht und noch zerwühlt ist. Da wirst du schneller gesund! Da tobst du nur drei Tage lang gegen dich und trinkst dich satt am grünen Himmel, da stößt du nur drei Tage lang die Suppe weg, die dir die Frau von oben bringt, am vierten nimmst du sie.
Und am siebenten, der der Tag der Ruhe ist, am siebenten gehst du weg. Die Schmerzen jagen dich, den Weg wirst du ja finden. Erst links, dann rechts und wieder links, quer durch die Hafengassen, die so elend sind, daß sie nicht anders können, als zum Meer zu führen. Wenn nur der junge Mann in deiner Nähe wäre, aber der junge Mann ist nicht bei dir, im Sarg warst du viel schöner. Doch jetzt ist dein Gesicht verzerrt von Schmerzen, die Schmerzen haben zu jubeln aufgehört. Und jetzt steht auch der Schweiß wieder auf deiner

Stirne, den ganzen Weg lang, nein, im Sarg, da warst du schöner!
Die Kinder spielen mit den Kugeln am Weg. Du läufst in sie hinein, du läufst, als liefst du mit dem Rücken nach vorn, und keines ist dein Kind. Wie soll denn auch eines davon dein Kind sein, wenn du zur Alten gehst, die bei der Kneipe wohnt? Das weiß der ganze Hafen, wovon die Alte ihren Schnaps bezahlt.
Sie steht schon an der Tür. Die Tür ist offen, und sie streckt dir ihre Hand entgegen, die ist schmutzig. Alles ist dort schmutzig. Am Kamin stehen die gelben Blumen, und das sind dieselben, die sie in die Kränze winden, das sind schon wieder dieselben. Und die Alte ist viel zu freundlich. Und die Treppen knarren auch hier. Und die Schiffe heulen, wohin du immer gehst, die heulen überall. Und die Schmerzen schütteln dich, aber du darfst nicht schreien. Die Schiffe dürfen heulen, aber du darfst nicht schreien. Gib der Alten das Geld für den Schnaps! Wenn du ihr erst das Geld gegeben hast, hält sie dir deinen Mund mit beiden Händen zu. Die ist ganz nüchtern von dem vielen Schnaps, die Alte. Die träumt nicht von den Ungeborenen. Die unschuldigen Kinder wagen's nicht, sie bei den Heiligen zu verklagen, und die schuldigen wagen's auch nicht. Aber du — du wagst es!
»Mach mir mein Kind wieder lebendig!«
Das hat noch keine von der Alten verlangt. Aber du verlangst es. Der Spiegel gibt dir Kraft. Der blinde Spiegel mit den Fliegenflecken läßt dich verlangen, was noch keine verlangt hat.
»Mach es lebendig, sonst stoß ich deine gelben Blumen um, sonst kratz ich dir die Augen aus, sonst reiß ich deine Fenster auf und schrei über die Gasse, damit sie hören müssen, was sie wissen, ich schrei — —«
Und da erschrickt die Alte. Und in dem großen Schrecken, in dem blinden Spiegel erfüllt sie deine Bitte. Sie weißt nicht, was sie tut, doch in dem blinden Spiegel gelingt es ihr. Die Angst wird fruchtbar, und die Schmerzen beginnen endlich wieder zu jubeln. Und eh du schreist, weißt du das Wiegenlied: Schlaf, Kindlein, schlaf! Und eh du schreist, stürzt dich der Spiegel die finsteren Treppen wieder hinab und läßt dich gehen, laufen läßt er dich. Lauf nicht zu schnell!
Heb lieber deinen Blick vom Boden auf, sonst könnt es sein, daß du da drunten an den Planken um den leeren Bauplatz in einen Mann hineinläufst, in einen jungen Mann, der seine Mütze dreht. Daran erkennst du ihn. Das ist derselbe, der zuletzt an deinem Sarg die Mütze gedreht hat, da ist er schon wieder! Da steht er, als wäre er nie weggewesen, da lehnt er an den Planken. Du fällst in seine Arme. Er hat schon

wieder keine Tränen, gib ihm von den deinen. Und nimm Abschied, ehe du dich an seinen Arm hängst. Nimm von ihm Abschied! Du wirst es nicht vergessen, wenn er es auch vergißt: Am Anfang nimmt man Abschied. Ehe man miteinander weitergeht, muß man sich an den Planken um den leeren Bauplatz für immer trennen.
Dann geht ihr weiter. Es gibt da einen Weg, der an den Kohlenlagern vorbei zur See führt. Ihr schweigt. Du wartest auf das erste Wort, du läßt es ihm, damit dir nicht das letzte bleibt. Was wird er sagen? Schnell, eh ihr an der See seid, die unvorsichtig macht! Was sagt er? Was ist das erste Wort? Kann es denn so schwer sein, daß es ihn stammeln läßt, daß es ihn zwingt, den Blick zu senken? Oder sind es die Kohlenberge, die über die Planken ragen und ihm Schatten unter die Augen werfen und ihn mit ihrer Schwärze blenden? Das erste Wort – jetzt hat er es gesagt: es ist der Name einer Gasse. So heißt die Gasse, in der die Alte wohnt. Kann denn das sein? Bevor er weiß, daß du das Kind erwartest, nennt er dir schon die Alte, bevor er sagt, daß er dich liebt, nennt er die Alte. Sei ruhig! Er weiß nicht, daß du bei der Alten schon gewesen bist, er kann es auch nicht wissen, er weiß nichts von dem Spiegel. Aber kaum hat er's gesagt, hat er es auch vergessen. Im Spiegel sagt man alles, daß es vergessen sei. Und kaum hast du gesagt, daß du das Kind erwartest, hast du es auch verschwiegen. Der Spiegel spiegelt alles. Die Kohlenberge weichen hinter euch zurück, da seid ihr an der See und seht die weißen Boote wie Fragen an der Grenze eures Blicks, seid still, die See nimmt euch die Antwort aus dem Mund, die See verschlingt, was ihr noch sagen wolltet. Von da ab geht ihr viele Male den Strand hinauf, als ob ihr ihn hinabgingt, nach Hause, als ob ihr weglieft, und weg, als gingt ihr heim.
Was flüstern die in ihren hellen Hauben? »Das ist der Todeskampf!« Die laßt nur reden.
Eines Tages wird der Himmel blaß genug sein, so blaß, daß seine Blässe glänzen wird.
An diesem Tag spiegelt der blinde Spiegel das verdammte Haus. Verdammt nennen die Leute ein Haus, das abgerissen wird, verdammt nennen sie das, sie wissen es nicht besser. Es soll euch nicht erschrecken. Der Himmel ist jetzt blaß genug. Und wie der Himmel in der Blässe erwartet auch das Haus am Ende der Verdammung die Seligkeit. Vom vielen Lachen kommen leicht die Tränen. Du hast genug geweint. Nimm deinen Kranz zurück. Jetzt wirst du auch die Zöpfe bald wieder lösen dürfen. Alles ist im Spiegel. Und hinter allem, was ihr tut, liegt grün die See. Wenn ihr das Haus verlaßt, liegt sie vor euch. Wenn ihr durch die eingesunkenen

Fenster wieder aussteigt, habt ihr vergessen. Von da ab drängt er dich, mit ihm hineinzugehen. Aber in dem Eifer entfernt ihr euch davon und biegt vom Strand ab. Ihr wendet euch nicht um. Und das verdammte Haus bleibt hinter euch zurück. Ihr geht den Fluß hinauf, und euer eigenes Fieber fließt euch entgegen, es fließt an euch vorbei. Gleich läßt sein Drängen nach. Und in demselben Augenblick bist du nicht mehr bereit, ihr werdet scheuer. Das ist die Ebbe, die die See von allen Küsten wegzieht. Sogar die Flüsse sinken zur Zeit der Ebbe. Und drüben auf der anderen Seite lösen die Wipfel endlich die Krane ab. Weiße Schindeldächer schlafen darunter.

Gib acht, jetzt beginnt er bald von der Zukunft zu reden, von den vielen Kindern und vom langen Leben, und seine Wangen brennen vor Eifer. Sie zünden auch die deinen an. Ihr werdet streiten, ob ihr Söhne oder Töchter wollt, und du willst lieber Söhne. Und er wollte sein Dach lieber mit Ziegeln decken, und du willst lieber — — — aber da seid ihr den Fluß schon viel zu weit hinaufgegangen. Der Schrecken packt euch. Die Schindeldächer auf der anderen Seite sind verschwunden, da drüben sind nur mehr Auen und feuchte Wiesen. Und hier? Gebt auf den Weg acht. Es dämmert — so nüchtern, wie es nur am Morgen dämmert. Die Zukunft ist vorbei. Die Zukunft ist ein Weg am Fluß, der in die Auen mündet. Geht zurück!

Was soll jetzt werden?

Drei Tage später wagt er nicht mehr, den Arm um deine Schultern zu legen. Wieder drei Tage später fragt er dich, wie du heißt, und du fragst ihn. Nun wißt ihr voneinander nicht einmal mehr die Namen. Und ihr fragt auch nicht mehr. Es ist schöner so. Seid ihr nicht zum Geheimnis geworden?

Jetzt geht ihr endlich wieder schweigsam nebeneinander her. Wenn er dich jetzt noch etwas fragt, so fragt er, ob es regnen wird. Wer kann das wissen? Ihr werdet immer fremder. Von der Zukunft habt ihr schon lange zu reden aufgehört. Ihr seht euch nur mehr selten, aber noch immer seid ihr einander nicht fremd genug. Wartet, seid geduldig. Eines Tages wird es soweit sein. Eines Tages ist er dir so fremd, daß du ihn auf einer finsteren Gasse vor einem offenen Tor zu lieben beginnst. Alles will seine Zeit. Jetzt ist sie da.

»Es dauert nicht mehr lang«, sagen die hinter dir, »es geht zu Ende!«

Was wissen die? Beginnt nicht jetzt erst alles?

Ein Tag wird kommen, da siehst du ihn zum erstenmal. Und er sieht dich. Zum erstenmal, das heißt: nie wieder. Aber erschreckt nicht! Ihr müßt nicht voneinander Abschied nehmen,

das habt ihr längst getan. Wie gut es ist, daß ihr es schon getan habt!
Es wird ein Herbsttag sein, voller Erwartung darauf, daß alle Früchte wieder Blüten werden, wie er schön ist, der Herbst, mit diesem hellen Rauch und mit den Schatten, die wie Splitter zwischen den Schritten liegen, daß du die Füße daran zerschneiden könntest, daß du darüberfällst, wenn du um Äpfel auf den Markt geschickt bist, du fällst vor Hoffnung und vor Fröhlichkeit. Ein junger Mann kommt dir zu Hilfe. Er hat die Jacke nur lose umgeworfen und lächelt und dreht die Mütze und weiß kein Wort zu sagen. Aber ihr seid sehr fröhlich in diesem letzten Licht. Du dankst ihm und wirfst ein wenig den Kopf zurück, und da lösen sich die aufgesteckten Zöpfe und fallen herab. »Ach«, sagt er, »gehst du nicht noch zur Schule?« Er dreht sich um und geht und pfeift ein Lied. So trennt ihr euch, ohne einander nur noch einmal anzuschauen, ganz ohne Schmerz und ohne es zu wissen, daß ihr euch trennt.
Jetzt darfst du wieder mit deinen kleinen Brüdern spielen, und du darfst mit ihnen den Fluß entlanggehen, den Weg am Fluß unter den Erlen, und drüben sind die weißen Schindeldächer wie immer zwischen den Wipfeln. Was bringt die Zukunft? Keine Söhne. Brüder hat sie dir gebracht, Zöpfe, um sie tanzen zu lassen, Bälle, um zu fliegen. Sei ihr nicht böse, es ist das Beste, was sie hat. Die Schule kann beginnen.
Noch bist du ein wenig zu groß, noch mußt du auf dem Schulhof während der großen Pause in Reihen gehen und flüstern und erröten und durch die Finger lachen. Aber warte noch ein Jahr, und du darfst wieder über die Schnüre springen und nach den Zweigen haschen, die über die Mauern hängen. Die fremden Sprachen hast du schon gelernt, doch so leicht bleibt es nicht. Deine eigene Sprache ist viel schwerer. Noch schwerer wird es sein, lesen und schreiben zu lernen, doch am schwersten ist es, alles zu vergessen. Und wenn du bei der ersten Prüfung alles wissen mußtest, so darfst du doch am Ende nichts mehr wissen. Wirst du das bestehen? Wirst du still genug sein? Wenn du genug Furcht hast, um den Mund nicht aufzutun, wird alles gut.
Du hängst den blauen Hut, den alle Schulkinder tragen, wieder an den Nagel und verläßt die Schule. Es ist wieder Herbst. Die Blüten sind lange schon zu Knospen geworden, die Knospen zu nichts und nichts wieder zu Früchten. Überall gehen kleine Kinder nach Hause, die ihre Prüfung bestanden haben, wie du. Ihr alle wißt nichts mehr. Du gehst nach Hause, dein Vater erwartet dich, und die kleinen Brüder schreien so laut sie können und zerren an deinem Haar. Du bringst sie zur Ruhe und tröstest deinen Vater.

Bald kommt der Sommer mit den langen Tagen. Bald stirbt deine Mutter. Du und dein Vater, ihr beide holt sie vom Friedhof ab. Drei Tage liegt sie noch zwischen den knisternden Kerzen, wie damals du. Blast alle Kerzen aus, eh sie erwacht! Aber sie riecht das Wachs und hebt sich auf die Arme und klagt leise über die Verschwendung. Dann steht sie auf und wechselt ihre Kleider.
Es ist gut, daß deine Mutter gestorben ist, denn länger hättest du es mit den kleinen Brüdern allein nicht machen können. Doch jetzt ist sie da. Jetzt besorgt sie alles und lehrt dich auch das Spielen noch viel besser, man kann es nie genug gut können. Es ist keine leichte Kunst. Aber das schwerste ist es noch immer nicht.
Das schwerste bleibt es doch, das Sprechen zu vergessen und das Gehen zu verlernen, hilflos zu stammeln und auf dem Boden zu kriechen, um zuletzt in Windeln gewickelt zu werden. Das schwerste bleibt es, alle Zärtlichkeiten zu ertragen und nur mehr zu schauen. Sei geduldig! Bald ist alles gut. Gott weiß den Tag, an dem du schwach genug bist.
Es ist der Tag deiner Geburt. Du kommst zur Welt und schlägst die Augen auf und schließt sie wieder vor dem starken Licht. Das Licht wärmt dir die Glieder, du regst dich in der Sonne, du bist da, du lebst. Dein Vater beugt sich über dich.
»Es ist zu Ende –« sagen die hinter dir, »sie ist tot!«
Still! Laß sie reden!

Mondgeschichte

Niemand wußte, ob sie die Schönste in ihrem Heimatort war. Man kannte sie dort schon zu lange, um ein Urteil zu wagen. Aber sie war jedenfalls die Schönste ihres Landes, sie war Miß Finnland oder Miß England – wie das Land eben hieß –, und daran zweifelte keiner. Dem Einwand, daß nicht alle Schönen zur Wahl erschienen seien, konnte man entgegenhalten, daß nicht alle Schönen schön genug wären. Wer die Entscheidung fürchtet, fürchtet sie meistens mit Recht, und alle hatten das Recht zu kommen.
Bei der Wahl zur Schönsten des Erdteils fiel dieses Recht weg, hier kamen nur die Schönsten der Länder zusammen. Es fehlte eine einzige, die auf dem Flug dahin abgestürzt war, vielleicht wäre diese eine schöner gewesen, aber die Toten schieden aus, schon deshalb, weil sie kurz nach dem Tode zumeist schöner waren als die Lebendigen. In diesem Augenblick hätten sie ihnen gefährlich werden können. Aber von den Lebendigen war keine schöner als sie, und deshalb wurde sie auch zur Schönsten ihres Erdteils gewählt, sie war jetzt Miß Europa oder Miß Amerika, und die Idee, eine Schönheitskonkurrenz der Erdteile zu veranstalten, lag sehr nahe.
Mit einem Sonderzug und einem Dampfer, den drei Geleitboote begleiteten, wurde sie an den Ort der letzten Wahl gebracht. Jetzt hatten nicht einmal mehr die Schönsten der Länder das Recht zu kommen, sie mußten wie alle anderen Schönen zurückstehen. Die Salutschüsse und der Jubel der Menge auf dem Pier wurden über alle Rundfunkstationen gesendet.
Als sie zur Schönsten der Erde gewählt war, trat eine feierliche Stille ein. Dann sagte die bewegte Stimme des Sprechers: »Wir stellen Ihnen Miß Erde vor!« Und dann lachte jemand in der Nähe des Mikrophons. In demselben Augenblick sagte der erste Sprecher wieder: »Wir sehen uns gezwungen, die Sendung wegen technischer Störungen zu unterbrechen!«
Die Hörer aller Länder machten sich ihren Reim darauf. Die Schönste der Erde wollte nicht Miß Erde heißen. Sie erklärte, daß sie alle Mühe nicht um einer so lächerlichen Bezeichnung willen auf sich genommen hätte. Denn Miß Erde klang degradierend, es ließ sie an den Garten um ihr Elternhaus denken, an Kraut und Regenwürmer und an die runden, roten Wangen, die sie als Kind gehabt hatte. Wenn es nicht überhaupt an Friedhöfe erinnerte! Sie gab noch an diesem Abend eine Erklärung durch den Rundfunk, die sie nicht weiter begrün-

dete. Es schien ihr, daß allen Bewohnern der Erde ohne weiteres klar sein müsse, daß Miß Erde keine Schmeichelei war. Und den meisten war es auch ohne weiteres klar. Das Preisrichterkollegium einigte sich deshalb auf ›Miß Universum‹.
Dagegen machte ein einziger Preisrichter den Einwand geltend, daß man zur Welt auch Sonne, Mond und Sterne zählen müsse und daß niemand sicher wisse, ob nicht doch ein Stern bewohnt sei. Man könne nicht einen Menschen zur ›Miß Universum‹ erklären, ehe er sich nicht mit den Sternenmenschen gemessen habe.
Der Versuch, diesen Einwand als unsinnig abzutun, mißlang. Er erregte zuerst Gelächter, später Unwillen und stürzte zuletzt das Preisrichterkollegium in große Verwirrung. Man konnte schließlich nicht die Milchstraße absuchen. Es ging im Grunde nur um eine Geste, darüber waren sich alle einig – eine Geste an das Weltall –, und man fand diese Geste.
Die Preisrichter beschlossen, die Schönste der Erde der Form halber auf den Mond zu schießen. Dort sollte sie eine Nacht lang bleiben. Wenn diese Nacht vorüber war und sich niemand gezeigt hatte, war der Form Genüge getan, und sie hieß Miß Universum.
Als es dämmerte, mußte die Polizei Kordons bilden, um dem Auto, worin die Schönste saß, sicheres Geleit zu geben. Auf dem großen Platz, im halben Wind, unter dem hellroten Abendhimmel, auf dem schon der Mond stand, ergriff sie etwas Angst, aber sie gab nicht nach.
Die Mondflüge waren damals noch in ihren Anfangsstadien, und die Techniker und Arbeiter, die vorausgeschickt worden waren, um die ersten Landungsplätze zu bauen, beobachteten gespannt das Landen der Rakete. Sie überschlug sich, um den Sturz zu mildern, kam auf und stand still. Sie hoben die Schönste der Erde auf den Mond, und die Preisrichter sprangen nach. Sie schlugen mit den Armen um sich, sagten einige laute und fröhliche Dinge, fragten, wo die Erde sei, und verstummten endlich. Wie große fremde Vögel lehnten sie an einem Gerüst aus leichtem Holz und wunderten sich, daß es in den Fugen sang.
Der Aufenthalt auf dem Mond rief in der Schönsten der Erde die Empfindung großer Einsamkeit hervor. Sie war schon auf Erden zur Zeit des Neumondes Anfällen von Traurigkeit unterworfen gewesen, aber da unten machte der Mondenschein von Nacht zu Nacht alles besser. Sie überdachte, daß es ein einziger Umstand war, der die Einsamkeit hier unerträglich werden ließ; es gab keine Hoffnung, vom Mond den Mond zu sehen. Und das Heer der Steine tröstete darüber nicht hinweg.
Um sich die Zeit zu vertreiben, ließ sie sich ein wenig auf den Wegen zwischen den Felsen umherführen, aber die Landschaft

war eintönig. Die Preisrichter, ihre Begleiter, erbitterten sie im geheimen. Sie gingen an den Rändern der Krater dahin und ereiferten sich, weil hier nirgends Geländer angebracht waren. Oder sie sprachen von Plänen, die sie für morgen hatten, von Wiedersehensfesten, die sie auf der Erde feiern würden, aber ihre Reden klangen der Schönsten hier nur wie Gestammel sehr alter Männer, wie Erinnerungen, die allen Bemühungen zum Trotz nicht mehr deutlich wurden, wie die Sucht, es hinter sich zu bringen. Sie waren hier überflüssig. Denn, wenn der Mond wirklich unbewohnt ist – und keiner wagt, etwas anderes zu hoffen –, was haben sie dann hier noch zu entscheiden? dachte das Mädchen. Wer ist die Schönste? Ich oder ich? Und wenn ich die Schönste wäre, könnte doch ich sie nicht mehr sein. Plötzlich wechselte ihre Angst in den tiefsten Wunsch hinüber, der Mond möchte bewohnt sein.

Aber je länger sie schwieg, desto eifriger bemühten sich die Preisrichter, sie zu erheitern. Nur der eine, der den Rat gegeben hatte, sie auf den Mond zu schießen, ging voraus und sprach so wenig wie sie. Er erbitterte sie mehr als alle andern, und sie verdächtigte ihn längst, nur seinen Spott mit ihr getrieben zu haben. Er war es auch, der als erster das Unglaubliche bemerkte:

Als sie eben wieder in der Nähe des Landungsplatzes ankamen, kurz nachdem alle Uhren neun Uhr Erdzeit zeigten, eine Zeit, zu der man auf Erden die Abendgesellschaften ansetzte, erschien hinter einem Felsblock in einiger Entfernung ein schwacher Schatten, der sich zögernd fortpflanzte und schon ganz sichtbar noch einmal stillstand.

Die Herren von der Jury hofften, nur wenige Augenblicke lang, daß es vielleicht der Schatten einer Mondgrille sei, eines Frosches oder eines Arbeiters auf dem Mond, aber es war deutlich der Schatten eines Mädchens mit gelöstem Haar in einem langen Kleid.

Ophelia bog um den Felsen. Sie trug ein weißes Hemd, wie es Kinder zu Weihnachtsvorstellungen über ihre heilen Glieder ziehen, und die Preisrichter sahen auf die Entfernung hin nicht deutlich, ob ihr das helle Mondlicht oder noch immer abströmendes Flußwasser die Linie gab. Vorsichtig wie von Uferstein zu Uferstein setzte sie einen Fuß vor den anderen, und bei jedem Schritt sprühten Tropfen von ihr. Algen und glänzende Wasserlilien schlangen sich um sie und schleiften hinter ihr her – haftende Jugend, Trauer. Wie hohe Bäume Mistelbüsche tragen, Nester ohne Vögel. Aber kommen nicht einmal im Jahr die Pflücker und holen sie von den Bäumen, damit unter Lampen und Türrahmen die Jugend hinüberwechselt?

Ophelia ging, den Kopf leicht gesenkt, die lange Bahn hinauf, beschrieb, ohne aufzuschauen, kleine Bogen um die Raketen und streichelte sie im Vorbeigehen, als ob es Lämmer wären. Sie wäre auch an den Preisrichtern und Arbeitern so vorübergegangen, aber die umringten sie, boten ihr Tee an, der noch von der Erde heiß war, und wollten mit ihr zu Musik aus den Erdsendern tanzen. Sie fragten sie, woher sie käme und wo sie die letzte Zeit verbracht hätte, wie es denn möglich sei, daß ein Mädchen wie sie hier so verlassen lebe — und ähnliche sinnlose Fragen. Und der eine, der geraten hatte, die Schönste der Erde auf den Mond zu schießen, sagte, das hätte er gleich gewußt.
Von Angst ergriffen, rief die Schönste der Erde, daß man nicht einmal Ophelia ohne richtige Wahl zur Schönsten der Welt erklären könne. Aber damit verriet sie sich. Als sie neben ihr stand, sahen alle, um wieviel schöner Ophelia war. Es wäre sinnlos gewesen, ihre Maße nachzumessen, sie erschienen ja von Atemzug zu Atemzug selbst als das Maß, nach dem die Schönste der Erde nur mühsam gemessen war — allein ihre bloßen Füße unter dem Hemdsaum!
Ophelia selbst war die einzige, die keinen Blick von der Schönsten der Erde abwandte. Und als der erste Preisrichter sich vor ihr verneigte und sie bat, ihren verräterischen Namen abzulegen — sie hieße von heute nacht an Miß Universum —, erwiderte sie ängstlich, sie könne ihren Namen nicht ablegen, wenn ihn nicht eine andere annehme, ihr nasses Hemd und die Wasserlilien, die daran hafteten, und für sie in der Verbannung bliebe.
Das hieße — rief die Schönste der Erde zornig und schon im Einsteigen begriffen —, sie solle noch als Geschlagene in einem nassen Hemd, mit Wasserpflanzen, die sich bei jedem Schritt um ihre Füße schlängen, allein auf dem Mond bleiben?
Nein — sagte Ophelia und nahm sie bei den Händen —, das hieße — und dann lächelten beide über die ahnungslosen Preisrichter, die nicht wußten, daß der Titel der Miß Universum für immer mit dem Namen Ophelia verknüpft war, mit der Einsamkeit des Gestirns und mit dem Mondlicht, das wie fließendes Wasser über ihrem Gesicht lag. Aber — flüsterte Ophelia der Schönsten der Erde zu — sie würde ihr gerne ihren Namen lassen, wenn sie die Schönste des Weltalls sein wolle, die Algen und das Hemd!
Sie zog sie aus dem Kreis der Preisrichter, und ehe sie Zeit zu überlegen hatte, flogen der Schönsten der Erde die Ranken um Haar und Hals, schon roch sie den süßen Tang, sie ging einige Schritte auf dem brüchigen Stein und hörte das Schleifen der Algen hinter sich, sie ging der kalten, offenen Landschaft entgegen, die ihr Ruhe verhieß — da hörte sie Ophelia

hinter sich rufen: »Das Hemd, das Hemd hast du vergessen!« Sie wandte sich um, griff seine Kühle und seine milde Feuchtigkeit, aber jetzt sah sie das Gesicht des Preisrichters, von dem alles abhing, über dem ihren. Er sagte: »Du bist schön!« Und er sah sie an.
Sie wunderte sich, wie gleichmütig sie blieb. Das Urteil eines Preisrichters, der nicht wußte, worüber er zu Gericht saß, bewegte sie nicht mehr. Sie warf die Algen ab und bat Ophelia, das Hemd zu behalten, sie schüttelte das Flußwasser, das über sie gesprüht war, aus ihren Kleidern.
Sie war entschlossen, sich auf die Erde zurückschießen zu lassen. Sie wollte noch in dieser Nacht im Rundfunk verkünden, daß sie auf den Titel der Miß Universum unter dieser Bedingung verzichte.
Aber Ophelia begleitete sie an die Rakete. Und als sie, schon im Einsteigen, ihr trauriges Gesicht sah, sprang sie noch einmal ab, umarmte sie und riß dabei eine lange Ranke von ihren Schultern, die an ihr haftenblieb. So nahm sie, ehe sie den Schlag zuklappte und die Abschußvorrichtung löste, eine geringe Last ihrer Verlassenheit mit.
Auf dem Flugplatz umringten sie fremde Gestalten, Blitzlichter flammten auf, ihr Blick suchte den Mond, aber den hatte niemand an die Decke des Krankensaales gemalt.
»Weshalb haben Sie es getan?« fragte die Frau im nächsten Bett und neigte sich zu ihr. »Die haben lange gebraucht, ehe sie das Wasser aus Ihren Lungen brachten!« Und als sie sich daraufhin schlafend stellte, hörte sie eine andere Stimme sagen: »Still! Und nehmen Sie ihr das Zeug aus den Fingern, daß sie nicht gleich erinnert wird!« Aber sie hielt die Ranke so fest, daß sie aus Furcht, sie zu wecken, nicht daran rührten.
Als sie wieder aufsah, waren die Läden schon geöffnet.
»Warum sind Sie ins Wasser gegangen?« fragte die Neugierige wieder. Das Mädchen dachte an die vielen Preisrichter und an den einen, sie sah sein Gesicht noch einmal, von Flußwasser übersprüht, sie streckte die Arme aus, aber die Tropfen flossen ab. Zurück blieb nur mehr der Mond, der sich zart und deutlich von den Morgenwolken abhob.
»Warum –« begann die Frau ein drittes Mal.
»Weil ich häßlich bin. Ich war für einen nicht schön genug!«
»Ach –« sagte die Frau mitleidig.
Das Mädchen schloß die Augen wieder. Wie sollte sie es ihr erklären, daß es mit der Algenranke ein wenig von der Verlassenheit der Ophelia und ein wenig von der Schönheit besaß, die sich Preisrichtern nicht unterwirft?

Das Fenster-Theater

Die Frau lehnte am Fenster und sah hinüber. Der Wind trieb in leichten Stößen vom Fluß herauf und brachte nichts Neues. Die Frau hatte den starren Blick neugieriger Leute, die unersättlich sind. Es hatte ihr noch niemand den Gefallen getan, vor ihrem Haus niedergefahren zu werden. Außerdem wohnte sie im vorletzten Stock, die Straße lag zu tief unten. Der Lärm rauschte nur mehr leicht herauf. Alles lag zu tief unten. Als sie sich eben vom Fenster abwenden wollte, bemerkte sie, daß der Alte gegenüber Licht angedreht hatte. Da es noch ganz hell war, blieb dieses Licht für sich und machte den merkwürdigen Eindruck, den aufflammende Straßenlaternen unter der Sonne machen. Als hätte einer an seinen Fenstern die Kerzen angesteckt, noch ehe die Prozession die Kirche verlassen hat. Die Frau blieb am Fenster.

Der Alte öffnete und nickte herüber. Meint er mich? dachte die Frau. Die Wohnung über ihr stand leer, und unterhalb lag eine Werkstatt, die um diese Zeit schon geschlossen war. Sie bewegte leicht den Kopf. Der Alte nickte wieder. Er griff sich an die Stirne, entdeckte, daß er keinen Hut aufhatte, und verschwand im Innern des Zimmers.

Gleich darauf kam er in Hut und Mantel wieder. Er zog den Hut und lächelte. Dann nahm er ein weißes Tuch aus der Tasche und begann zu winken. Erst leicht und dann immer eifriger. Er hing über die Brüstung, daß man Angst bekam, er würde vornüberfallen. Die Frau trat einen Schritt zurück, aber das schien ihn nur zu bestärken. Er ließ das Tuch fallen, löste seinen Schal vom Hals — einen großen bunten Schal — und ließ ihn aus dem Fenster wehen. Dazu lächelte er. Und als sie noch einen weiteren Schritt zurücktrat, warf er den Hut mit einer heftigen Bewegung ab und wand den Schal wie einen Turban um seinen Kopf. Dann kreuzte er die Arme über der Brust und verneigte sich. Sooft er aufsah, kniff er das linke Auge zu, als herrsche zwischen ihnen ein geheimes Einverständnis. Das bereitete ihr so lange Vergnügen, bis sie plötzlich nur mehr seine Beine in dünnen, geflickten Samthosen in die Luft ragen sah. Er stand auf dem Kopf. Als sein Gesicht gerötet, erhitzt und freundlich wieder auftauchte, hatte sie schon die Polizei verständigt.

Und während er, in ein Leintuch gehüllt, abwechselnd an beiden Fenstern erschien, unterschied sie schon drei Gassen weiter über dem Geklingel der Straßenbahnen und dem gedämpften Lärm der Stadt das Hupen des Überfallautos. Denn

ihre Erklärung hatte nicht sehr klar und ihre Stimme erregt geklungen. Der alte Mann lachte jetzt, so daß sich sein Gesicht in tiefe Falten legte, streifte dann mit einer vagen Gebärde darüber, wurde ernst, schien das Lachen eine Sekunde lang in der hohlen Hand zu halten und warf es dann hinüber. Erst als der Wagen schon um die Ecke bog, gelang es der Frau, sich von seinem Anblick loszureißen.
Sie kam atemlos unten an. Eine Menschenmenge hatte sich um den Polizeiwagen gesammelt. Die Polizisten waren abgesprungen, und die Menge kam hinter ihnen und der Frau her. Sobald man die Leute zu verscheuchen suchte, erklärten sie einstimmig, in diesem Hause zu wohnen. Einige davon kamen bis zum letzten Stock mit. Von den Stufen beobachteten sie, wie die Männer, nachdem ihr Klopfen vergeblich blieb und die Glocke allem Anschein nach nicht funktionierte, die Tür aufbrachen. Sie arbeiteten schnell und mit einer Sicherheit, von der jeder Einbrecher lernen konnte. Auch in dem Vorraum, dessen Fenster auf den Hof sahen, zögerten sie nicht eine Sekunde. Zwei von ihnen zogen die Stiefel aus und schlichen um die Ecke. Es war inzwischen finster geworden. Sie stießen an einen Kleiderständer, gewahrten den Lichtschein am Ende des schmalen Ganges und gingen ihm nach. Die Frau schlich hinter ihnen her.
Als die Tür aufflog, stand der alte Mann, mit dem Rücken zu ihnen gewandt, noch immer am Fenster. Er hielt ein großes weißes Kissen auf dem Kopf, das er immer wieder abnahm, als bedeutete er jemandem, daß er schlafen wolle. Den Teppich, den er vom Boden genommen hatte, trug er um die Schultern. Da er schwerhörig war, wandte er sich auch nicht um, als die Männer schon knapp hinter ihm standen und die Frau über ihn hinweg in ihr eigenes finsteres Fenster sah.
Die Werkstatt unterhalb war, wie sie angenommen hatte, geschlossen. Aber in die Wohnung oberhalb mußte eine neue Partei eingezogen sein. An eines der erleuchteten Fenster war ein Gitterbett geschoben, in dem aufrecht ein kleiner Knabe stand. Auch er trug sein Kissen auf dem Kopf und die Bettdecke um die Schultern. Er sprang und winkte herüber und krähte vor Jubel. Er lachte, strich mit der Hand über das Gesicht, wurde ernst und schien das Lachen eine Sekunde lang in der hohlen Hand zu halten. Dann warf er es mit aller Kraft den Wachleuten ins Gesicht.

Seegeister

Den Sommer über beachtet man sie wenig oder hält sie für seinesgleichen, und wer den See mit dem Sommer verläßt, wird sie nie erkennen. Erst gegen den Herbst zu beginnen sie, sich deutlicher abzuheben. Wer später kommt oder länger bleibt, wer zuletzt selbst nicht mehr weiß, ob er noch zu den Gästen oder schon zu den Geistern gehört, wird sie unterscheiden. Denn es gibt gerade im frühen Herbst Tage, an denen die Grenzen im Hinüberwechseln noch einmal sehr scharf werden.

Da ist der Mann, der den Motor seines Bootes, kurz bevor er landen wollte, nicht mehr abstellen konnte. Er dachte zunächst, das sei weiter kein Unglück und zum Glück sei der See groß, machte kehrt und fuhr vom Ostufer gegen das Westufer zurück, wo die Berge steil aufsteigen und die großen Hotels stehen. Es war ein schöner Abend, und seine Kinder winkten ihm vom Landungssteg, aber er konnte den Motor noch immer nicht abstellen, tat auch, als wollte er nicht landen, und fuhr wieder gegen das flache Ufer zurück. Hier – zwischen entfernten Segelbooten, Ufern und Schwänen, die sich weit vorgewagt hatten – brach ihm angesichts der Röte, die die untergehende Sonne auf das östliche Ufer warf, zum erstenmal der Schweiß aus den Poren, denn er konnte seinen Motor noch immer nicht abstellen. Er rief seinen Freunden, die auf der Terrasse des Gasthofes beim Kaffee saßen, fröhlich zu, er wolle noch ein wenig weiterfahren, und sie riefen fröhlich zurück, das solle er nur. Als er zum drittenmal kam, rief er, er wolle nur seine Kinder holen, und seinen Kindern rief er zu, er wolle nur seine Freunde holen. Bald darauf waren Freunde und Kinder von beiden Ufern verschwunden, und als er zum viertenmal kam, rief er nichts mehr.

Er hatte entdeckt, daß sein Benzintank leck war, das Benzin war längst ausgelaufen, aber das Seewasser trieb seinen Motor weiter. Er dachte jetzt nicht mehr, das sei weiter kein Unglück und zum Glück sei der See groß. Der letzte Dampfer kam vorbei, und die Leute riefen ihm übermütig zu, aber er antwortete nicht, er dachte jetzt: »Wenn nur kein Boot mehr käme!« Und dann kam auch keins mehr. Die Jachten lagen mit eingezogenen Segeln in den Buchten, und der See spiegelte die Lichter der Hotels. Dichter Nebel begann aufzusteigen, der Mann fuhr kreuz und quer und dann die Ufer entlang, irgendwo schwamm noch ein Mädchen und warf sich

den Wellen nach, die sein Boot warf, und ging auch an Land.
Aber er konnte, während er fuhr, den lecken Tank nicht abdichten und fuhr immer weiter. Jetzt erleichterte ihn nur mehr der Gedanke, daß sein Tank doch eines Tages den See ausgeschöpft haben müsse, und er dachte, es sei eine merkwürdige Art des Sinkens, den See aufzusaugen und zuletzt mit seinem Boot auf dem Trockenen zu sitzen. Kurz darauf begann es zu regnen, und er dachte auch das nicht mehr. Als er wieder an dem Haus vorbeikam, vor dem das Mädchen gebadet hatte, sah er, daß hinter einem Fenster noch Licht war, aber uferaufwärts, in den Fenstern, hinter denen seine Kinder schliefen, war es schon dunkel, und als er kurz danach wieder zurückfuhr, hatte auch das Mädchen sein Licht gelöscht. Der Regen ließ nach, aber das tröstete ihn nun nicht mehr.
Am nächsten Morgen wunderten sich seine Freunde, die beim Frühstück auf der Terrasse saßen, daß er schon so früh auf dem Wasser sei. Er rief ihnen fröhlich zu, der Sommer ginge zu Ende, man müsse ihn nützen, und seinen Kindern, die schon am frühen Morgen auf dem Landungssteg standen, sagte er dasselbe. Und als sie am nächsten Morgen eine Rettungsexpedition nach ihm ausschicken wollten, winkte er ab, denn er konnte doch jetzt, nachdem er sich zwei Tage lang auf die Fröhlichkeit hinausgeredet hatte, eine Rettungsexpedition nicht mehr zulassen; vor allem nicht angesichts des Mädchens, das täglich gegen Abend die Wellen erwartete, die sein Boot warf. Am vierten Tag begann er zu fürchten, daß man sich über ihn lustig machen könne, tröstete sich aber bei dem Gedanken, daß auch dies vorübergehe. Und es ging vorüber.
Seine Freunde verließen, als es kühler wurde, den See, und auch die Kinder kehrten zur Stadt zurück, die Schule begann. Das Motorengeräusch von der Uferstraße ließ nach, jetzt lärmte nur noch sein Boot auf dem Wasser. Der Nebel zwischen Wald und Gebirge wurde täglich dichter, und der Rauch aus den Kaminen blieb in den Wipfeln hängen.
Als letztes verließ das Mädchen den See. Vom Wasser her sah er sie ihre Koffer auf den Wagen laden. Sie warf ihm eine Kußhand zu und dachte: »Wäre er ein Verwunschener, ich wäre länger geblieben, aber er ist mir zu genußsüchtig!«
Bald darauf fuhr er an dieser Stelle mit seinem Boot aus Verzweiflung auf den Schotter. Das Boot wurde längsseits aufgerissen und tankt von nun an Luft. In den Herbstnächten hören es die Einheimischen über ihre Köpfe dahinbrausen.

Oder die Frau, die vergeht, sobald sie ihre Sonnenbrille abnimmt.

Das war nicht immer so. Es gab Zeiten, zu denen sie mitten in der hellen Sonne im Sand spielte, und damals trug sie keine Sonnenbrille. Und es gab Zeiten, zu denen sie die Sonnenbrille trug, sobald ihr die Sonne ins Gesicht schien, und sie abnahm, sobald sie verging – und doch selbst nicht verging. Aber das ist lange vorbei, sie würde, wenn man sie fragte, selbst nicht sagen können, wie lange, und sie würde sich eine solche Frage auch verbitten.
Wahrscheinlich rührt all das Unglück von dem Tag her, an dem sie begann, die Sonnenbrille auch im Schatten nicht abzunehmen, von dieser Autofahrt im Frühsommer, als es plötzlich trüb wurde und jedermann die dunklen Gläser von den Augen nahm, nur sie nicht. Aber man sollte Sonnenbrillen niemals im Schatten tragen, sie rächen sich.
Als sie wenig später während einer Segelfahrt auf der Jacht eines Freundes die Sonnenbrille für einen Augenblick abnahm, fühlte sie sich plötzlich zu nichts werden, Arme und Beine lösten sich im Ostwind auf. Und dieser Ostwind, der die weißen Schaumkämme über den See trieb, hätte sie sicher wie nichts über Bord geweht, wäre sie nicht geistesgegenwärtig genug gewesen, ihre Sonnenbrille sofort wieder aufzusetzen. Derselbe Ostwind brachte aber zum Glück gutes Wetter, Sonne und große Hitze, und so fiel sie während der nächsten Wochen weiter nicht auf. Wenn sie abends tanzte, erklärte sie jedem, der es wissen wolle, sie trüge die Sonnenbrille gegen das starke Licht der Bogenlampen, und bald begannen viele sie nachzuahmen. Freilich wußte niemand, daß sie die Sonnenbrille auch nachts trug, denn sie schlief bei offenem Fenster und hatte keine Lust, hinausgeweht zu werden oder am nächsten Morgen aufzuwachen und einfach nicht mehr da zu sein.
Als für kurze Zeit trübes Wetter und Regen einsetzte, versuchte sie noch einmal, ihre Sonnenbrille abzunehmen, geriet aber sofort in denselben Zustand der Auflösung, wie das erste Mal, und bemerkte, daß auch der Westwind bereit war, sie davonzutragen. Sie versuchte es daraufhin nie wieder, sondern hielt sich solange abseits und wartete, bis die Sonne wiederkam. Und die Sonne kam wieder. Sie kam den ganzen Sommer über immer wieder. Dann segelte sie auf den Jachten ihrer Freunde, spielte Tennis oder schwamm auch, mit der Sonnenbrille im Gesicht, ein Stück weit in den See hinaus. Und sie küßte auch den einen oder den anderen und nahm die Sonnenbrille dazu nicht ab. Sie entdeckte, daß sich das meiste auf der Welt auch mit Sonnenbrillen vor den Augen tun ließ. Solange es Sommer war.
Aber nun wird es langsam Herbst. Die meisten ihrer Freunde sind in die Stadt zurückgekehrt, nur einige wenige sind noch

geblieben. Und sie selbst – was sollte sie jetzt mit Sonnenbrillen in der Stadt? Hier legt man ihre Not noch als persönliche Note aus, und solange es sonnige Tage gibt und die letzten ihrer Freunde um sie sind, wird sich nichts ändern. Aber der Wind bläst mit jedem Tag stärker, Freunde und sonnige Tage werden mit jedem Tag weniger. Und es ist keine Rede davon, daß sie die Sonnenbrille jemals wieder abnehmen könnte.
Was soll geschehen, wenn es Winter wird?

Da waren auch noch drei Mädchen, die am Heck des Dampfers standen und sich über den einzigen Matrosen lustig machten, den es auf dem Dampfer gab. Sie stiegen am flachen Ufer ein, fuhren an das bergige Ufer hinüber, um dort Kaffee zu trinken, und dann wieder an das flache zurück.
Der Matrose beobachtete vom ersten Augenblick an, wie sie lachten und sich hinter der vorgehaltenen Hand Dinge zuriefen, die er wegen des großen Lärms, den der kleine Dampfer verursachte, nicht verstehen konnte. Aber er hatte den bestimmten Argwohn, daß es ihn und den Dampfer betraf; und als er von seinem Sitz neben dem Kapitän herunterkletterte, um die Fahrkarten zu markieren, und dabei in die Nähe der Mädchen kam, wuchs ihre Heiterkeit, so daß er seinen Argwohn bestätigt fand. Er fuhr sie an und fragte sie nach ihren Karten, aber die hatten sie leider schon genommen, und so blieb ihm nichts anderes übrig, als die Karten zu markieren. Dabei fragte ihn eines der Mädchen, ob er auch den Winter über keine andere Beschäftigung hätte, und er antwortete: »Nein.« Gleich darauf begannen sie wieder zu lachen.
Aber von da ab hatte er die Empfindung, seine Mütze hätte das Schild verloren, und es fiel ihm schwer, den Rest der Karten zu markieren. Er kletterte zum Kapitän zurück, nahm aber diesmal nicht die Kinder der Ausflügler vom Verdeck mit hinauf, wie er es sonst tat. Und er sah den See grün und ruhig unten liegen, und er sah den scharfen Einschnitt des Bugs – schärfer konnte auch ein Ozeandampfer nicht die See durchschneiden –, aber das beruhigte ihn heute nicht. Vielmehr erbitterte ihn die Tafel mit der Aufschrift »Achtung auf den Kopf!«, die über dem Eingang zu den Kabinen angebracht war, und der schwarze Rauch, der aus dem Kamin bis zum Heck wehte und die flatternde Fahne schwärzte, als hätte er die Schuld daran.
Nein, er tat auch im Winter nichts anderes. Weshalb denn der Dampfer auch im Winter verkehre, fragten sie ihn, als er wieder in ihre Nähe kam. »Wegen der Post!« sagte er. In einem lichten Augenblick sah er sie dann ruhig miteinander

sprechen, und das tröstete ihn für eine Weile; aber als der Dampfer anlegte und er die Seilschlinge über den Pflock auf dem kleinen Steg warf, begannen sie, obwohl er den Pflock haargenau getroffen hatte, wieder zu lachen, und konnten sich, solange er sie sah, nicht mehr beruhigen.
Eine Stunde später stiegen sie wieder ein, aber der Himmel hatte sich inzwischen verdüstert, und als sie in der Mitte des Sees waren, brach das Gewitter los. Das Boot begann zu schaukeln, und der Matrose ergriff die Gelegenheit beim Schopf, um den Mädchen zu zeigen, was er wert war. Er kletterte in seiner Ölhaut öfter als nötig über das Geländer und außen herum und wieder zurück. Dabei glitt er, da es inzwischen immer stärker regnete, auf dem nassen Holz aus und fiel in den See. Und weil er mit den Matrosen der Ozeandampfer gemeinsam hatte, daß er nicht schwimmen konnte, und der See mit der See, daß es sich darin ertrinken ließ, ertrank er auch.
Er ruht in Frieden, wie es auf seinem Grabstein steht, denn man zog ihn heraus. Aber die drei Mädchen fahren immer noch auf dem Dampfer und stehen am Heck und lachen hinter der vorgehaltenen Hand. Wer sie sieht, sollte sich von ihnen nicht beirren lassen. Es sind immer dieselben.

Rede unter dem Galgen

Geh weg! Was soll die Eile, wie viele hängst du heute? Bin ich nicht der letzte? Und dann? Was hast du vor, daß du so eilen mußt – legst du dich nieder? Ich auch, Bruder, ich auch, wir legen uns beide nieder. Daß du mir nachher nicht in meinem Traum erscheinst, du siehst so ängstlich aus, ich könnt' erschrecken und wäre früher wach als du. Geh weg mit deinem Strick!
Und ihr da unten? Um welche Ecken hat euch der sanfte Morgenwind geblasen? Ihr solltet auch nicht um die Milch gehen, wenn es so windig ist, die Sanftmut täuscht. Bin ich nicht auch nur um die Milch gegangen, als mich die Mutter schickte? Aber ich bin zufrieden, ihr nicht?
Ihr steht zu sehr im Schatten, da unten in dem Hof ist es so finster. Kommt doch zu mir herauf, damit ihr seht, wie farbig eure eigenen Röcke sind, wie grell das Weiß von euren Blusen leuchtet – wie Feuer – soviel Unschuld erträgt der Himmel nicht! Kommt doch zu mir, daß eure Wangen röter brennen, und wartet nicht, bis erst die Sonne, vom Schweiß erstickt, in alle eure Winkel kriecht. Hier oben ist sie früher. Hier ist ihr Lachen ehrlich und ihre Glut noch kühl, hier spielt sie mit dem Wind, bevor sie ihn erstickt, hier ist er noch ihr Bruder, und ich sage euch: Hier weht die Sonne noch, hier glänzt die Luft. Und ist es auch der letzte Tag, so ist's die erste Stunde!
Laßt eure Kinder schreien, kommt herauf! Steht nicht so still da unten, starrt nicht so gierig her zu mir, Höfe und Scheunen hab' ich angezündet, damit ich hier auf diese Bretter darf, und viele Nächte lang bin ich allein gewesen, in jeder so allein wie auf dem Grund der See, auf den kein Funken mehr von meinem eigenen Feuer fällt. Und ihr? Habt ihr gemordet? Nein! Habt ihr gebrannt, gestohlen? Nichts? Das glaub' ich nicht, weshalb müßt ihr dann sterben, wenn ihr sterben müßt? Ich weiß, warum ich sterben muß, kommt doch herauf zu mir!
Ihr wollt noch immer nicht? Aber ich sage euch, die Bretter biegen sich, wenn ihr nur tanzen wollt, und alle Stricke geben nach, wenn man erst eure Leiber von den Galgen schneidet. Und früh am Abend schreien schon die Krähen eure Träume über alle Höfe, habt ihr keine Lust? Will keiner von euch wissen, weshalb er stirbt? Habt ihr gebrannt vor der Geburt, daß ihr zum Tod geboren seid? Gebt ihr's dann zu, daß eure Mütter euch schon in den Wehen das Ende leichter machen?

Ihr gebt mir keine Antwort. Ihr steht so still da unten, als wärt ihr schon gehängt, als wärt ihr nur so viele, daß ihr enger steht und eure eigenen Leichen sich nicht zu Tode fallen. Bewegt euch doch!
Habt ihr die Milch vergessen? Eure Kinder schreien, geht nach Hause, sonst könnt' es sein, daß eins ein Feuer macht, bevor's noch alt genug ist, um gehängt zu werden. Weint alle Lüsternheit aus euren Augen, damit sie nicht erschrecken. Seid ihr so gierig nach dem Schweigen, das mich erwartet? Versucht es doch, an eurem eigenen Hunger satt zu werden, geht heim, zerrt eure Schatten weiter!
Wie viele Jahre habt ihr noch zu leben? Wie viele Tage und wie viele Stunden? Viele, viele – wie viele noch? Ich will euch helfen. Darf ich euch aus den Fäusten lesen, darf ich die Kreuze auf euren Stirnen zählen? Ihr Mörder, die ihr nie gemordet habt, ihr Brandstifter, die ihr nicht brennt, ihr Diebe, die ihr es nicht wagt, zu stehlen – still! Wie lange lebst du noch, da unten, du, der links von dir, dich mein' ich – wie viele Jahre hast du noch zu leben? Du weißt es nicht, soll ich dir's sagen? Eins! Und jetzt der rechts, wie viele Stunden? Eine! Und der daneben – wie viele Augenblicke? Einen sag' ich dir! Ihr glaubt mir's nicht? So schwör' ich's bei dem Boden, der mir unter den Füßen weggezogen wird, und bei der Luft, die viel zu hell ist, als daß ich sie noch lang in meine finsteren Lungen saugen will, und bei dem Himmel, der sich unter meine Sohlen legt, wenn erst die Bretter weichen: Keiner von euch lebt nur um einen halben Vogelschrei länger als ich, keiner von euch lebt länger als noch einen Augenblick.
Versucht es doch, geht heim, setzt eure Füße voreinander, so oft ihr wollt – es bleibt doch jeder Schritt der letzte, den ihr eben tut, und jede Handvoll Luft die letzte, die ihr atmet, und jedes Mal, wenn ihr die heißen Köpfe von den Polstern hebt, ist es das letzte Mal. Zählt, zählt, es wird nicht mehr, macht, was ihr wollt, es bleibt doch eins in diesem hellen Licht, das nur der Abschied schenkt, in diesem Licht, das euch erst sichtbar macht und euch in eure Grenzen hebt wie in ein Maß und immer neu erschafft.
Ist's nicht ein Henkersmahl vor jeder Nacht, wenn ihr zu Abend eßt? Und zeugt ihr nicht das Ende in euren Söhnen? Darum liebt ihr sie: Weil sie verurteilt sind wie ich, weil nur aus ihren Schatten der feste Boden wird.
Wo wäret ihr denn, wenn ihr kein Ende hättet? Wo? Nirgends wärt ihr, denn euer eigenes Ende hat euch geschaffen, wie mich der Strick um meinen Hals – wart Bruder, warte noch! Laß mich zu Ende reden, laß mich das Ende preisen in dieser hellen Früh! Laß mich dich lieben, Bruder mit dem ängst-

lichen Gesicht, die Angst ist's, die dein Grinsen Ehrfurcht werden läßt, das Licht vor allem Abschied, denn, bevor du warst, war schon dein Ende, Bruder. Und hat dich wachsen lassen, hat dich geborgen und gehütet und genährt, hat dich geliebt und deine Lügen wahrgemacht und macht sie heut noch wahr und liebt dich immer noch und birgt dich, hütet dich, und fiel es ab von dir, so wärst du nicht! So aber bist du, bist, weil du vergehst, weil du gewesen bist, drum wirst du sein, und weil das Ende nie ein Ende hat, so hast du auch kein Ende. Drum häng noch viele, Bruder, näh Flicken auf zerrissene Sohlen oder schreibe Verse — wie vergeblich wärst du, wenn nicht alles, was du tust, vergeblich wäre! Ging denn die Sonne auf, wenn sie nicht unterging? Laß mich dich lieben, Bruder, laß mich mein Ende lieben, das mich lebendig macht, das erst die weißen Tauben weiß sein läßt — seht ihr die weißen Tauben? Auch ihr da unten, eh ihr eure Köpfe dreht, sind sie vorbei. Mein Kopf ist schneller, meiner dreht sich leichter, nehmt doch den Strick um eure Hälse, daß ihr die weißen Tauben fliegen seht, den Wind, der sichtbar wird! Daß euch die roten Rosen röter leuchten, die grünen Blätter grüner — daß ihr die Früchte allemal für einmal sät und daß ihr erntet ein für allemal. Laßt mich jetzt ernten, Brüder, laßt mich den Himmel ernten, der nirgends höher ist als über Galgenhöfen. Die Tauben steigen, sobald die Krähen niederstürzen, die Nacht erlischt, mir bleibt der blanke Morgen, so blank wie ein Stück Gold, das ich nicht tauschen will. Ich will kein Haus dafür und keine Felder, nicht einen Abend will ich für diese Früh.

Es eilt. Schon kriecht die Sonne das Gebälk hinunter und drängt sich zwischen euch und macht sich billig, fällt tief und tiefer, steigt, fällt und will sich wehren, steigt höher und fällt durch ihr eigenes Steigen nur immer tiefer über euch, bis sie am hohen Mittag erst erkennt, daß nur ihr eigener Fall sie wieder aus dem Staub reißt, daß sie erst sinken muß, um über ihre eigenen Schatten den Himmel wieder zu erreichen — doch solang wart ich nicht. Mich soll das Licht nicht brennen, mir soll es nie mehr den Schweiß aus allen Poren treiben. Stoßt jetzt die Bretter unter meinen Füßen weg und geht! Was steht ihr noch und reißt mir meine Lippen mit eurem Gaffen wund? Verbrannt hab ich, was nicht das meine war, ein Lied hab ich gesungen, das nicht von mir ist, drum vergeßt mich, hört ihr — ich will in eurer Erinnerung nicht bleiben, sie langt mir nicht, sie fließt nicht über, läßt mich nicht auferstehen, im Lallen eurer Enkel will ich nicht leben — nein — und will doch leben, drum vergeßt, laßt mir das Fleisch von meinen Knochen faulen, damit sie leuchten können, leben will ich!

Schnell, zieh den Strick noch enger, damit's mich nie mehr nach dem Schweiß gelüstet und nach dem Schrecken in der halben Nacht. Daß es mich nicht verlangt, noch einmal durch das Tor zu gehen, mit euch zu gehen, nein, das Land ist hier! Die hellsten Felder wachsen aus dem Abschied, die tiefsten Wälder treiben aus dem Galgenholz.

So glaubt mir doch, kommt her zu mir, laßt euch nur lieben, Brüder, von einem, den ihr nicht mehr täuschen könnt, von einem, der es wagt, euch, wie ihr seid, in seinen Schlaf zu nehmen. Kommt, kommt, bewegt euch endlich und reißt die Gasse für euch selber auf, Platz für den Boten, den der König schickt!

Platz für den Boten — still, äfft mich nicht nach —, Platz, Platz — für wen? Was willst du, Bruder? Willst du mich höhnen, daß du tust, worum ich bitte? Was bringst du mir, was hältst du in den leeren Händen? Sprich — nein, sag nichts, laß mein Gelächter nie zu Tränen werden und meine Tränen nie mehr zum Gelächter. Laß deinen eigenen Atem das Wort erdrosseln, das du sagen willst. An deinen irren Augen seh ich, was du bringst: Heißt nicht dein Urteil Gnade? Ich soll leben?

Geh zurück! Sag dem, der dich zu mir schickt, ich will's nicht wissen. Ich hab's verlernt, dem Land die Furcht zu glauben, dem Mond sein Licht, dem Frieden seine Ruh. Sag ihm, ich ließ mich nicht zu seinem Narren machen, Burgen aus nassem Sand will ich nicht für ihn bauen, die Flut an seinen Küsten ist mir zu stark geworden. Und auf der Ebbe, die sie gnädig schenkt, pflanz ich den Hafer nicht. Sag ihm, sein Land läg da, wo seine Flut für einen Augenblick zurückgewichen wär, und wenn ich alle Scheunen verbrennen würde, so könnt das Licht nicht reichen, wenn sie erst wiederkommt. Sag ihm, ich wollte lieber mit offenen Augen schlafen gehen als mit geschlossenen wachen, ich wär den König suchen gegangen, der keine Narren braucht. Die Engel lachen nicht, drum geh, steh nicht, als wolltest du mich spiegeln!

Wer bist du? Bist du Verlassenheit, aus der die Gier sich immer wieder zeugt? Zu dürftig bist du, als daß du mir noch einmal schenken könntest, was ich nicht verlange, die Gier aus der Verlassenheit will ich nicht sein! Heb nicht so lässig deine Schultern, sag meinem Henker lieber, daß er mich hängen soll, damit ich hier verschwinde, damit du endlich wieder zu dir selber reden kannst, sag ihm — wo ist er hin? Wo ist mein Henker?

Mein Henker ist gegangen, wie ein Dieb ist er gegangen und hat den Strick von meinem Hals gestohlen, ruft ihn zurück! Den Strick soll er mir wiedergeben, den roten Striemen darf er mir nicht nehmen, bevor ich ihn noch habe, die bloße Armut darf mir keiner aus den Händen winden!

Bleibt, bleibt, schleicht euch nicht weg! Laßt mich jetzt nicht allein in der geschenkten Trauer, im Schein der Gnade, die kein Erbarmen hat. Zum zweitenmal bin ich zurückgestoßen in das Verlangen, das ich nicht verlangte, noch immer hat der Himmel mich nicht für leicht genug befunden, daß ich den Boden unter meinen Füßen verlieren darf, weiter muß ich auf Steinen gehen, auf dieser Erde, die mich nicht fest genug an sich zieht, als daß ich in ihr ruhen könnte, und mich doch nicht zu anderen Sternen läßt! Zum zweitenmal bin ich zur Welt gekommen, wer säugt mich jetzt, wer sagt mir noch einmal, der Mond wäre eine Lampe, der Himmel wäre ein Zelt? Wer lehrt mich, der ich nur das Meer um alle Felsen kenne, dem Fels im Meer zu trauen?
Laßt mich jetzt nicht allein, nehmt mich mit euch! Sagte ich nicht, als noch die Schlinge um meinen Hals gelegt war, daß euer Leben nicht länger als das meine sei? Sagte ich nicht, daß jeder eurer Schritte der letzte bliebe?
So bleiben es auch die meinen, wenn ich mit euch gehe. So hebt die Gnade nicht das Urteil auf, das Urteil nicht die Gnade, so ragt das Holz nicht nutzlos, so wirft es seinen Schatten über uns alle und teilt den Schein der Lichter, wo er ruht.
Flieht nicht vor mir, habt keine Angst, daß ich noch einmal Feuer an eure Ernte lege – sie wird zu Licht und Asche auch ohne mich! Ich will es ruhig erwarten.
Ich will den Hafer im Sand der Ebbe säen und in verbrannte Scheunen ernten, und ich will Burgen bauen, der Flut zum Fraß. Ich will ein Narr für meinen König sein, ich will in seinen traurigen Gärten lustwandeln, ich will geborgen sein in seiner Flucht. Ich will die Segel spannen in der stillen Luft, will meinen Pflug durch alle Sümpfe treiben. Ich will auf morgen warten, das heute ist, und meine Söhne dürfen mich verlassen. Ich will die Mütze ziehen, wenn die gefangenen Klöppel in den Glocken toben, und meiner Wege gehen, als ging ich heim.
Ob er das Zelt oder das Feuer ist, an dem das Zelt verbrennt, ich will den Himmel ernten, der verheißen ist.

Wo ich wohne

Ich wohne seit gestern einen Stock tiefer. Ich will es nicht laut sagen, aber ich wohne tiefer. Ich will es deshalb nicht laut sagen, weil ich nicht übersiedelt bin. Ich kam gestern abends aus dem Konzert nach Hause, wie gewöhnlich Samstag abends, und ging die Treppe hinauf, nachdem ich vorher das Tor aufgesperrt und auf den Lichtknopf gedrückt hatte. Ich ging ahnungslos die Treppe hinauf – der Lift ist seit dem Krieg nicht in Betrieb –, und als ich im dritten Stock angelangt war, dachte ich: »Ich wollte, ich wäre schon hier!« und lehnte mich für einen Augenblick an die Wand neben der Lifttür. Gewöhnlich überfällt mich im dritten Stock eine Art von Erschöpfung, die manchmal so weit führt, daß ich denke, ich müßte schon vier Treppen gegangen sein. Aber das dachte ich diesmal nicht, ich wußte, daß ich noch ein Stockwerk über mir hatte. Ich öffnete deshalb die Augen wieder, um die letzte Treppe hinaufzugehen, und sah in demselben Augenblick mein Namensschild an der Tür links vom Lift. Hatte ich mich doch geirrt und war schon vier Treppen gegangen? Ich wollte auf die Tafel schauen, die das Stockwerk bezeichnete, aber gerade da ging das Licht aus.

Da der Lichtknopf auf der anderen Seite des Flurs ist, ging ich die zwei Schritte bis zu meiner Tür im Dunkeln und sperrte auf. Bis zu meiner Tür? Aber welche Tür sollte es denn sein, wenn mein Name daran stand? Ich mußte eben doch schon vier Treppen gegangen sein.

Die Tür öffnete sich auch gleich ohne Widerstand, ich fand den Schalter und stand in dem erleuchteten Vorzimmer, in meinem Vorzimmer, und alles war wie sonst: die roten Tapeten, die ich längst hatte wechseln wollen, und die Bank, die daran gerückt war, und links der Gang zur Küche. Alles war wie sonst. In der Küche lag das Brot, das ich zum Abendessen nicht mehr gegessen hatte, noch in der Brotdose. Es war alles unverändert. Ich schnitt ein Stück Brot ab und begann zu essen, erinnerte mich aber plötzlich, daß ich die Tür zum Flur nicht geschlossen hatte, als ich hereingekommen war, und ging ins Vorzimmer zurück, um sie zu schließen.

Dabei sah ich in dem Licht, das aus dem Vorzimmer auf den Flur fiel, die Tafel, die das Stockwerk bezeichnete. Dort stand: Dritter Stock. Ich lief hinaus, drückte auf den Lichtknopf und las es noch einmal. Dann las ich die Namensschilder auf den übrigen Türen. Es waren die Namen der Leute, die bisher unter mir gewohnt hatten. Ich wollte dann die Stiegen hinaufgehen, um mich zu überzeugen, wer nun neben den Leuten wohnte, die bisher neben mir gewohnt hatten, ob nun wirklich der Arzt, der bisher unter mir gewohnt hatte, über mir wohnte, fühlte mich aber plötzlich so schwach, daß ich zu Bett gehen mußte.

Seither liege ich wach und denke darüber nach, was morgen werden soll. Von Zeit zu Zeit bin ich immer noch verlockt, aufzustehen und hinaufzugehen und mir Gewißheit zu verschaffen. Aber ich fühle mich zu schwach, und es könnte auch sein, daß von dem Licht im Flur da oben einer erwachte und herauskäme und mich fragte: »Was suchen Sie hier?« Und diese Frage, von einem meiner bisherigen Nachbarn gestellt, fürchte ich so sehr, daß ich lieber liegen bleibe, obwohl ich weiß, daß es bei Tageslicht noch schwerer sein wird, hinaufzugehen.

Nebenan höre ich die Atemzüge des Studenten, der bei mir wohnt; er ist Schiffsbaustudent, und er atmet tief und gleichmäßig. Er hat keine Ahnung von dem, was geschehen ist. Er hat keine Ahnung, und ich liege hier wach. Ich frage mich, ob ich ihn morgen fragen werde. Er geht wenig aus, und wahrscheinlich ist er zu Hause gewesen, während ich im Konzert war. Er müßte es wissen. Vielleicht frage ich auch die Aufräumefrau.

Nein. Ich werde es nicht tun. Wie sollte ich denn jemanden fragen, der mich nicht fragt? Wie sollte ich auf ihn zugehen und ihm sagen: »Wissen Sie vielleicht, ob ich nicht gestern noch eine Treppe höher wohnte?« Und was soll er darauf sagen? Meine Hoffnung bleibt, daß mich jemand fragen wird, daß mich morgen jemand fragen wird: »Verzeihen Sie, aber wohnten Sie nicht gestern noch einen Stock höher?« Aber wie ich meine Aufräumefrau kenne, wird sie nicht fragen. Oder einer meiner früheren Nachbarn: »Wohnten Sie nicht gestern noch neben uns?« Oder einer meiner neuen Nachbarn. Aber wie ich sie kenne, werden sie alle nicht fragen. Und dann bleibt mir nichts übrig, als so zu tun, als hätte ich mein Leben lang schon einen Stock tiefer gewohnt.

Ich frage mich, was geschehen wäre, wenn ich das Konzert gelassen hätte. Aber diese Frage ist von heute an ebenso müßig geworden wie alle anderen Fragen. Ich will einzuschlafen versuchen.

Ich wohne jetzt im Keller. Es hat den Vorteil, daß meine Aufräumefrau sich nicht mehr um die Kohlen hinunterbemühen muß, wir haben sie nebenan, und sie scheint ganz zufrieden damit. Ich habe sie im Verdacht, daß sie deshalb nicht fragt, weil es ihr so angenehmer ist. Mit dem Aufräumen hat sie es niemals allzu genau genommen; hier erst recht nicht. Es

wäre lächerlich, von ihr zu verlangen, daß sie den Kohlenstaub stündlich von den Möbeln fegt. Sie ist zufrieden, ich sehe es ihr an. Und der Student läuft täglich pfeifend die Kellertreppe hinauf und kommt abends wieder. Nachts höre ich ihn tief und regelmäßig atmen. Ich wollte, er brächte eines Tages ein Mädchen mit, dem es auffällig erschiene, daß er im Keller wohnt, aber er bringt kein Mädchen mit.
Und auch sonst fragt niemand. Die Kohlenmänner, die ihre Lasten mit lautem Gepolter links und rechts in den Kellern abladen, ziehen die Mützen und grüßen, wenn ich ihnen auf der Treppe begegne. Oft nehmen sie die Säcke ab und bleiben stehen, bis ich an ihnen vorbei bin. Auch der Hausbesorger grüßt freundlich, wenn er mich sieht, ehe ich zum Tor hinausgehe. Ich dachte zuerst einen Augenblick lang, daß er freundlicher grüße als bisher, aber es war eine Einbildung. Es erscheint einem manches freundlicher, wenn man aus dem Keller steigt.
Auf der Straße bleibe ich stehen und reinige meinen Mantel vom Kohlenstaub, aber es bleibt nur wenig daran haften. Es ist auch mein Wintermantel, und er ist dunkel. In der Straßenbahn überrascht es mich, daß der Schaffner mich behandelt wie die übrigen Fahrgäste und niemand von mir abrückt. Ich frage mich, wie es sein soll, wenn ich im Kanal wohnen werde. Denn ich mache mich langsam mit diesem Gedanken vertraut.
Seit ich im Keller wohne, geh ich auch an manchen Abenden wieder ins Konzert. Meist samstags, aber auch öfter unter der Woche. Ich konnte es schließlich auch dadurch, daß ich nicht ging, nicht hindern, daß ich eines Tages im Keller war. Ich wundere mich jetzt manchmal über meine Selbstvorwürfe, über all die Dinge, mit denen ich diesen Abstieg zu Beginn in Beziehung brachte. Zu Beginn dachte ich immer: »Wäre ich nur nicht ins Konzert gegangen oder hinüber auf ein Glas Wein!« Das denke ich jetzt nicht mehr. Seit ich im Keller bin, bin ich ganz beruhigt und gehe um Wein, sobald ich danach Lust habe. Es wäre sinnlos, die Dämpfe im Kanal zu fürchten, denn dann müßte ich ja ebenso das Feuer im Innern der Erde zu fürchten beginnen – es gibt zu vieles, wovor ich Furcht haben müßte. Und selbst wenn ich immer zu Hause bliebe und keinen Schritt mehr auf die Gasse täte, würde ich eines Tages im Kanal sein.
Ich frage mich nur, was meine Aufräumefrau dazu sagen wird. Es würde sie jedenfalls auch des Lüftens entheben. Und der Student stiege pfeifend durch die Kanalluken hinauf und wieder hinunter. Ich frage mich auch, wie es dann mit dem Konzert sein soll und mit dem Glas Wein. Und wenn es dem Studenten gerade dann einfiele, ein Mädchen mitzubringen? Ich

frage mich, ob meine Zimmer auch im Kanal noch dieselben sein werden. Bisher sind sie es, aber im Kanal hört das Haus auf. Und ich kann mir nicht denken, daß die Einteilung in Zimmer und Küche und Salon und Zimmer des Studenten bis ins Erdinnere geht.
Aber bisher ist alles unverändert. Die rote Wandbespannung und die Truhe davor, der Gang zur Küche, jedes Bild an der Wand, die alten Klubsessel und die Bücherregale – jedes Buch darinnen. Draußen die Brotdose und die Vorhänge an den Fenstern.
Die Fenster allerdings, die Fenster sind verändert. Aber um diese Zeit hielt ich mich meistens in der Küche auf, und das Küchenfenster ging seit jeher auf den Flur. Es war immer vergittert. Ich habe keinen Grund, deshalb zum Hausbesorger zu gehen, und noch weniger wegen des veränderten Blicks. Er könnte mir mit Recht sagen, daß ein Blick nicht zur Wohnung gehöre, die Miete beziehe sich auf die Größe, aber nicht auf den Blick. Er könnte mir sagen, daß mein Blick meine Sache sei.
Und ich gehe auch nicht zu ihm, ich bin froh, solange er freundlich ist. Das einzige, was ich einwenden könnte, wäre vielleicht, daß die Fenster um die Hälfte kleiner sind. Aber da könnte er mir wiederum entgegnen, daß es im Keller nicht anders möglich sei. Und darauf wüßte ich keine Antwort. Ich könnte ja nicht sagen, daß ich es nicht gewohnt bin, weil ich noch vor kurzem im vierten Stock gewohnt habe. Da hätte ich mich schon im dritten Stock beschweren müssen. Jetzt ist es zu spät.

Das Bauen von Dörfern

Wir fanden es gut, Dörfer zu bauen, die an den Wald grenzten. Sie liefen alle mit zwei bis drei Straßen dahin aus. Gegen den Wald zu wurden die Häuser seltener, und es kostete Mühe, das letzte Haus das letzte sein zu lassen. Dahinter kam noch ein Garten mit Runkelrüben und flatternder Wäsche, dann kam nichts mehr. Eine gelbbraune Wiese, eben und hart, ein Stück Moor, Herbstzeitlosen; der Wald begann. Jedes Mal bedrängte mich Julia, noch ein oder zwei Hütten in den Wald zu setzen, eine wenigstens. Aber ich war dagegen, denn ich wußte: aus Hütten werden Häuser. Wer gab uns die Gewähr, daß aus unsern keine wurden? Scheunen, Unterstände für Holzarbeiter, Seilbahnhütten: alles Vorwände für Häuser. Wir ließen es also. Ich kann nicht sagen, daß sie mich nicht verlockt hätte, diese Idee mit den Hütten, aber ich tat sie ab. Ich sagte immer: »Das sind Julias Ideen.« Denn Julia wäre wohl auch auf die Idee gekommen, Pappelalleen zu bauen, und noch viel absurdere Dinge. So fiel es mir leichter.

Immer wieder ging der Blick zum Lagerhaus, das am andern Ende des Dorfes stand: parallel zu einem letzten, weniger tiefen Waldstreifen, der vorsprang und dem es seinen breiten Rücken zukehrte. Nahe dem schmalen Waldstreifen erinnerte es doch an die ganze Tiefe des Waldes, Morgen- und Abendspaziergänge konnte man hierher richten und wie zufällig wieder zurückkommen; ein tröstlicher Punkt für das Auge, wenn es über das Dorf streifte, ein Punkt am Rande, aber ein guter Punkt. Von hier aus war alles vorstellbar: aufgestapelte Moose am frühen Morgen, Lichtdrähte und Postämter, von hier aus war alles leicht zu entwerfen und zu umarmen, von hier aus war es gut. Das Lagerhaus bauten wir meistens zuerst. Und hierin war ich auch mit Julia einig.

Die Verladerampe schaute zur Straße, so konnte der Mittagswind immer gut darauf fallen. Er unterbrach das Rollen der Fässer und Jutesäcke zur rechten Zeit; dann verstummte auch die Sägemühle. Die Sägemühle war unvermeidbar, aber es freute uns, sie da sein zu lassen, sie bezeichnete den Bach. Und der Bach führte in kleinen Windungen weit weg, zum Dachsteinblick oder wer weiß wohin. Das ließen wir offen. Selbst Julia war sich darüber im klaren, daß man einiges offen lassen mußte. »Aber nicht alles!« sagte sie manchmal und schaute hilflos auf die kurzen, armseligen Straßen. Sie wagte es niemals zu sagen, daß sie sich einen Platz wünschte,

aber ich erriet es fast immer. Und dann bauten wir den Platz, Julia zuliebe und schräg gegen den Wald zu.
Von hier ergab sich ohne weiteres die Lage des zweiten Krämerladens, eines wie durch ein Wunder noch nicht windschiefen Gebäudes, zur linken von Enten und roten Herbstblumen flankiert Julias Ideen, obwohl ich fand, daß der Wind zu beiden Seiten genügt hätte. Der zweite Krämerladen hatte nur ein Fenster, das mit Schachteln und Kartons aller Art angefüllt war, mit Seifenkartons im Frühjahr, mit Dattelschachteln im Herbst. Aber es hatte den Vorteil, daß ein Bauer, wenn es ihm am Heimweg schlecht wurde oder wenn es gar zum Sterben mit ihm kam, sein Gesicht daranlehnen konnte, ehe er auf die harten, gelben Wiesen hinausging. Und daß er mit der Krämerin reden konnte, die neugierig heraustrat. Was machte es ihm aus, daß wir sie nicht mochten? Die Worte der Sterbenden sind kostbar, und es liegt an ihnen, woran sie sie verschwenden. Unserem Dorf gereichten sie zur Ehre. Die Büsche rauschten milder an dem Bach, der Wind blies stärker, und das Sägemehl bäumte sich zu Figuren. »Der Müller und sein Kind«, sagte Julia. Tatsächlich war es so: Gegen Süden zu wurde der Himmel streifig, das Licht saß vogelähnlich auf den Scheunen, ein barfüßiger Junge lief vorbei, dessen Namen wir vergessen hatten. Hinter ihm glänzte der Wald.
Waren wir so weit, so überkam uns angesichts des nachmittäglichen, erst halbgebauten Dorfes öfter ein Rauschzustand. die Freude an einem Augenblick, der vorbeigehen mußte. »Warte!« sagte ich zu Julia. Denn noch konnten Hänsel und Gretel hier sackhüpfen, konnte Rotkäppchen sich in ein leeres Bierfaß legen und die Rampe herunterrollen, ehe ihre Geschichten begannen. Aber sie nützten den Augenblick nicht. Unverzüglich wuchs das Dorf zusammen, und Julia steuerte ängstlich auf die Dorflinde zu. Sie spielte alle ungepflanzten Pappelallen, alle unaufgeschichteten Hügel gegen mich aus, sie sprach vom Trost der Alten und der Freude der Jungen, von Tanz und Gesang, und manchmal war ich hart daran aufzugeben. Aber »Tanz und Gesang«, das kräftigte meinen Zorn so sehr, daß die Dorflinde für gewöhnlich unterblieb. Oder doch an den Rand gesetzt wurde, gegen die Ebene hin, um eine Linde zu werden und nichts als das.
Eine andere Frage, die selbst ich ernster nahm, war, ob man eine Straße durch unseren Wald legen sollte. »Für Holzarbeiter!« sagte Julia, die meine Einwände kannte. Und sie sagte: »Durch alle Wälder führen Wege.« Daß aber auf diese Art aus einem Wald zwei würden, bedachte sie nicht und war auch nicht bereit, es zu bedenken. Sie hielt mir ihre ängstliche Stimme entgegen, als wäre diese Stimme Beweis genug.

»Wir haben keine andere Wahl.« Dieses letzte Argument war das einzige, das mich überzeugte und manchmal dazu bewegte, einen Weg für Holzarbeiter quer durch das Ende unserer Welt zu legen, aus einem Wald zwei Wälder zu machen; einen Weg, der doch zu nichts anderem führen konnte als zu »dem breiten, gewundenen Band der Straße«, das wir zur Genüge kannten, zu Spielzeugdörfern und Seen. »Aber wer weiß!« sagte Julia.

Die Wolkenspiele festzulegen, weigerte sich selbst Julia. Die mußten kommen, wie sie wollten, feurig oder bleich, vom Gebirgsrand oder von der Ebene, uns zu Häupten oder nicht. Auch über die Entfernung zum Gebirge gab es keinerlei Disput, sie war gegeben. Wenn es Julia langweilig wurde, warf sie Worte in die Debatte wie »Der Badeplatz des Briefträgers« oder »Das Floß mit den Jodlern« und kicherte vor sich hin. Dann lachten wir beide, hörten aber bald wieder auf. Julia, die allmählich ermüdete, begann, sich über einen prunkvollen Balkon an einem kleinen Haus zu ereifern, das außerhalb des Dorfes stand. Sie scheute auch nicht davor zurück, mit der Besitzerin des Hauses einen Streit zu beginnen. Die Stimmen hallten in der Dämmerung, die Lichtleitungen sprühten Funken. Ich haßte diese Dispute zwischen Julia und der Frau, sie erinnerten mich regelmäßig daran, daß das Dorf zu dreiviertel gebaut war, daß die Dämmerung kam, ach Gott, an wievieles erinnerten sie mich.

Wären die Bergränder glühend hervorgesprungen, um uns zu helfen! Aber sie hüllten sich in Schweigen und Finsternis, jemand bewegte mit dem Fuße den Wald, und jenseits davon begann tatsächlich der kleine Dampfer zu tuckern, der an der stillsten Stelle den See durchquerte. »Hörst du?« sagte Julia. Ich sah ihr an, daß sie Lust hatte, von den Kindern in der Laube zu sprechen, die jetzt um den Abendtisch saßen, von den Mädchen im Eissalon, und vieles mehr. Ihr langes rotblondes Haar hing still über dem Wald.

Und solang war es gut. Aber mit der Dunkelheit, die es auslöschte, die den Moos- und Beerengeruch, der immer dichter aufgestiegen war, in den von Moder verwandelte, und die Rufe der Försterkinder, die sich spät genug heimtrollten, das Klirren der Dachfenster und Schlagen der Haustore abdeckte, kamen die Fragen wieder, die naheliegenden Verlockungen des Sees, des Mondesglanzes, der gespiegelten Lichter. Was hatte uns bewogen, unser Dorf auf diesen schwachen Hügel zu bauen, auf dem es soviel wie wenig Platz gab, von dem aus man Lichtleitungen und Bergränder gleichmäßig übersah, der nicht einmal für sich hatte, dem See fern genug zu sein? Ja, was hatte er überhaupt für sich? (Den Wald vergaßen wir in diesem Augenblick immer.)

Der Wunsch nach dem Wasser entschied, das uns seine Ufer schenkte, nach den Pflaumengärten, die daran lagen, nach den weißen Pfosten und den erntenden Frauen, nach Schulhäusern, Stegen und Booten, die sich wiegten, nach den Lichtern der Sommerfrischler in den Bauernhäusern, das Verlangen nach einem Platz, der unserem Dorfe entgegenkam, der seine feuchten und herrlichen Wiesen uns entgegenstreckte: Kommt! – Warum hatten wir hier gebaut? »Warum?« sagte Julia.
Ich wußte es nicht, und darum gaben wir auf. Wir stellten das Dorf vom Walde weg, aus dem mit der Feuchtigkeit die Dunkelheit ungespiegelt strömte, und bauten es an den See. Wie von selbst stand nun die Gerberei an dem schmalen Bach, der die Wiesen herunterströmte, wie der bunte Garten vor dem Krämerladen ergab sich der Landeplatz, und die Konditorei konnte nirgends anders mehr stehen als dort, wo sie stand. Bald konnten die Mädchen da einkehren, nur ein Mittag war abzuwarten, und auf den grünen Bänken vor den Häusern an der Straße rekelten sich die Dorfjungen. Und wie sich auf den abfallenden Wiesen die Bäume zu prächtigen Gruppen sammelten, vom Mondlicht leicht zu umfließen, sammelten sich die Leute in der Wartehütte am Steg, und einer von ihnen, ein alter Mann, sagte, das letzte Boot wäre noch lange nicht gegangen. »Hörst du?« sagte Julia. »Weshalb haben wir dann das Dorf vom Walde weggebaut, wir hätten warten sollen!« Aber nun war es geschehen, in einiger Entfernung entstand schon das Haus des Lehrers, ein Arzt baute sich den Hügel hinauf, und das Wasser klatschte gegen die Stegpfosten. Manche von den Leuten, die da warteten, gingen ungeduldig von der Hütte auf den Steg und wieder zurück, auf dem Seeweg lachte ein Mädchen so laut, daß man's hören konnte.
Auf dem Friedhof schien der Mond auch auf ein Grab an dem seewärts gelegenen Teil der Mauer. Auf dem schwarzen, geschwungenen Kreuz stand mit goldener Schrift, daß darinnen ein Fräulein Juliane lag, die im Alter von zweiundsiebzig Jahren vor langem verstorben war. Aber das war nicht Julia.

Mein grüner Esel

Ich sehe täglich einen grünen Esel über die Eisenbahnbrücke gehen, seine Hufe klappern auf den Bohlen, sein Kopf ragt über das Geländer. Ich weiß nicht, woher er kommt, ich konnte es noch nie beobachten. Ich vermute aber, aus dem aufgelassenen Elektrizitätswerk jenseits der Brücke, von wo die Straße pfeilgerade nach Nordwesten geht (einer Weltrichtung, mit der ich ohnehin nie etwas anfangen konnte) und in dessen verfallener Einfahrt abends manchmal Soldaten stehen, um ihre Mädchen zu umarmen, sobald es finster geworden ist und nur mehr ein schwacher Fetzen Licht über dem rostigen Dach liegt. Aber mein Esel kommt früher. Nicht daß er schon zu Mittag käme oder kurz danach, wenn die Sonne noch grell in jeden einzelnen der verlassenen Höfe drüben sticht und zwischen die Ritzen der vernagelten Fenster. Nein, er kommt mit dem ersten unmerklichen Nachlassen des Lichtes, da sehe ich ihn, meistens schon oben auf dem Steg oder während er die Stegtreppen hinaufsteigt. Nur ein einziges Mal sah ich ihn schon auf der andern Bahnseite über das Pflaster klappern, aber er sah eilig aus, als hätte er sich verspätet. Damals schien es mir übrigens, als käme er geradewegs aus dem halboffenen und in der Hitze stillstehenden Tor des alten Elektrizitätswerks.

Um Bahnbedienstete oder sonst Leute, die die Brücke passieren, kümmert er sich nicht, er weicht ihnen höflich aus, und auch das Stampfen und Pfeifen der Züge, die zuweilen, während er darüber geht, unter der Brücke durchfahren, läßt ihn gleichgültig. Oft wendet er den Kopf seitwärts und schaut hinunter, auch zumeist dann, wenn kein Zug kommt, und nie für sehr lange. Mir scheint es, als wechselte er dann einige Worte mit den Geleisen, aber das ist wohl nicht möglich. Und zu welchem Zweck auch? Ist er jenseits der Mitte der Brücke angelangt, so verschwindet er nach einigem Zögern, ohne umzukehren. Darüber, nämlich über die Art seines Verschwindens, täusche ich mich nicht. Ich verstehe das auch ganz gut, weshalb sollte er sich die Mühe nehmen und umkehren, da er den Weg doch kennt?

Aber wie kommt er, von wo kommt er, wo entsteht er? Hat er eine Mutter oder ein Lager von Heu in einem der stillen Höfe da drüben? Oder bewohnt er eines der ehemaligen Büros und hat darin eine Ecke, die ihm vertraut ist, ein Stück Wand? Oder entsteht er, wie Blitze entstehen, zwischen den ehemaligen Hochspannungsmasten und den herabhängenden Leitungen? Ich weiß freilich nicht genau, wie Blitze entstehen, ich will es auch nicht wissen, außer mein Esel entstünde wie sie. Mein Esel? Das ist ein großes Wort. Aber ich möchte es nicht zurücknehmen. Sicher ist es möglich, daß auch andere ihn sehen, aber ich werde sie nicht fragen. Mein Esel, den ich nicht füttere, nicht tränke, dessen Fell ich nicht glatt reibe und den ich nicht tröste. Dessen Umrisse sich aber gegen die fernen Gebirge so unzweifelhaft abheben wie die Gebirge selbst gegen den Nachmittag. Für meine Augen, mein Esel also. Weshalb soll ich nicht bekennen, daß ich von dem Augenblick lebe, in dem er kommt? Daß seine Erscheinung mir die Luft zum Atem schafft, gerade er, sein Umriß, die Schattierung seines Grüns und seine Art, den Kopf zu senken und auf die Geleise hinunterzuschauen? Ich dachte schon, daß er vielleicht hungrig wäre und nach den Gräsern und spärlichen Kräutern ausschaute, die zwischen den Bahnschwellen wachsen. Aber man soll sein Mitleid bezähmen. Ich bin alt genug dazu, ich werde ihm kein Bündel Heu auf die Brücke legen. Er sieht auch nicht schlecht aus, nicht verhungert und nicht gepeinigt — auch nicht besonders gut. Aber es gibt sicher wenige Esel, die besonders gut aussehen. Ich möchte nicht in die alten Fehler verfallen, ich möchte nicht zuviel von ihm verlangen. Ich will mich damit begnügen, ihn zu erwarten, oder vielmehr: ihn nicht zu erwarten. Denn er kommt nicht regelmäßig. Vergaß ich es zu sagen? Er blieb schon zweimal aus. Ich schreibe es zögernd nieder, denn vielleicht ist das sein Rhythmus, vielleicht gibt es so etwas wie zweimal für ihn gar nicht, und er kam immer, er kam regelmäßig und wäre verwundert über diese Klage. Wie er auch sonst über vieles verwundert zu sein scheint. Verwunderung, ja, das ist es, was ihn am besten bezeichnet, was ihn auszeichnet, glaube ich. Ich will lernen, mich auf Vermutungen zu beschränken, was ihn betrifft, später auch auf weniger. Aber bis dahin gibt es noch vieles, was mich beunruhigt. Mehr als sein möglicher Hunger zum Beispiel, daß ich den Ort seines Schlafes nicht kenne, seiner Ruhe und damit vielleicht seiner Geburt. Denn er benötigt die Ruhe. Es könnte sogar sein, daß er jedesmal den Tod benötigt, ich weiß es nicht. Ich halte es für anstrengend, jeden Abend so grün wie er über die Brücke zu gehen, so zu schauen wie er und im rechten Moment zu verschwinden.

Ein solcher Esel braucht Ruhe, viel Ruhe. Und ob ein altes Elektrizitätswerk dazu der richtige Ort ist, ob es genügt? Ob die herabhängenden Leitungsdrähte ihn sanft genug streicheln, sobald er nicht da ist, während seiner Nacht? Denn seine Nacht ist länger als die unsere. Und ob die Umrisse der Berge ihm ihre Freundschaft genügend bezeigen während seines Tages? Denn sein Tag ist kürzer. Wie immer, ich weiß es nicht. Ich werde es auch nicht erfahren, denn mein Ziel kann nur sein, immer weniger von ihm zu wissen, so viel habe ich während des halben Jahres, das er nun kommt, schon gelernt. Von ihm gelernt. Und so werde ich es vielleicht auch ertragen lernen, wenn er eines Tages nicht mehr kommt, denn das befürchte ich. Er könnte vielleicht mit der Kälte ausbleiben, und das könnte ebenso zu seinem Kommen gehören wie sein Kommen selbst. Bis dahin will ich es lernen, so wenig von ihm zu wissen, daß ich auch sein Ausbleiben ertrage, daß ich dann meine Augen nicht mehr auf die Brücke richte.

Aber bis ich soweit bin, träume ich manchmal davon, daß er einen grünen Vater und eine grüne Mutter haben könnte, ein Bündel Heu in einem der Höfe da drüben und in den Ohren das Gelächter der jungen Leute, die sich in die Einfahrt drükken. Daß er manchmal schläft, anstatt zu sterben.

Die Puppe

Mit den Kleidern zu Bett und niemand, der mein wächsernes Gesicht gewärmt hätte, Spuren des Morgens, der durch die Vorhänge streicht, die Augen halb offen. Solche Stunden oder halbe Stunden gab es schon immer, fremde Stimmen und von der Sonne gefleckte ganz fremde Wände.

Aber ich bin doch gestern noch durch diese Stadt getragen worden, auf zarten Armen, bedeckt mit Spitzen und einen von Spitzen gesäumten Hut auf meinem Kopf. Wir kamen sogar an Palästen vorbei, säulenbestandenen Höfen, aus den Vorplätzen brachen die Gräser mit ihren leichten Köpfen, dann Caféhäuser, wieder Säulen und meine Freundinnen auf den Armen der andern, die von vergessenen Revolutionen lispelten, und ich bekam von einem Glas Himbeerwasser zu kosten, von einem Stück trockenen Kuchen, und wurde getröstet: Am Abend bekommst du Täubchen, meine Liebe!

Und schon ging es weiter, in Kirchen, wo die Kühle von den Kanzelböden auf uns herunterbrach, die verschiedenen Laute von Schritten auf Holz und Stein, ich saß in schwarzen Bänken und meine Blicke waren geradeaus gerichtet, von den rosigen Lichtern durch die Fenster nicht beirrt. Und dann in Käsegeschäfte, bei künstlichem Licht und auf einem Fasse sitzend und ein kleiner Fächer, der mir neue Luft machte, das Gelächter der Händlerin. Ich wurde im Abendschein vorsichtig über die Brücke laviert und über Teiche gehalten, über künstliche Gewässer, die Rasenplätze umsprangen, an alten Stallungen vorbei, ja, ich befand mich in der Mitte eines Gesprächs über die Frage alter Stallungen, ihrer Wiedererrichtung oder anderen Verwendung, und niemand verbarg etwas vor mir, dunkle und hohe Stimmen über diese Frage waren mir zugetan und kreuzten bedenkenlos mir zu Häupten. Und ich schwankte weiter unter den Abendhimmeln weg und wurde bewundert oder mit Wein getröstet, mit dem Widerschein der Lichter auf den Kuppelfenstern beruhigt.

So konnte ich friedlich die Tore auf- und zuschlagen und die Singvögel verstummen hören und wurde mitten darin auf die Arme gelegt und gewiegt wie jemand nach einem schweren Kummer oder wie ein ganz kleines Kind: und mit Tränen geherzt, als ich einmal nahe daran war, ins Wasser zu fallen, aber doch nicht fiel. Und wurde nur, wenn andere meiner Art sich näherten, gerade aufgesetzt, der Schleier wurde mir dann leicht vom Hut gezogen und meine runden Arme, da wo sie aus den Spitzen kamen, gestreichelt, mein Gesicht, wenn die andern meiner Art vorüber waren, mit Küssen bedeckt, meine Wimpern, die Ohren, meine geröteten Wangen. Und noch lange ehe wir zu Hause waren, das heißt den Gasthof wieder vor uns sahen, wurde ich zur Ruhe gesungen. Mit den schönsten Liedern, ein spanisches soll auch darunter gewesen sein.

Ich weiß, daß man mich auf diese wie auch auf viele andere unserer Reisen beinahe nicht mitgenommen hätte, aber nach langen flehenden Bitten (nicht den meinen) wurde ich zuletzt doch rasch wieder aus meiner Wiege geholt, meine Kleider und mir sonst notwendigen Dinge wurden in aller Eile in dem weißgrünen Korb verstaut, da schwankte ich schon die Treppe hinunter, zwischen diesem Luftzug von Stimmen vor einer glücklichen Reise, von Neid und Wohlgesinntheit im Treppenhaus, und die leichte Luft unter dem Tor weg bewegte mein Haar, so lange, bis mir ein Seidentuch über den Hut gebunden wurde.

Zug, Wagen oder Kutsche, ich schlief viel, und die Ankunftsorte teilten sich mir von selbst mit, mit ihren Vormittags- und Abendlichtern oder Tauben und dem vielen Gestein auf den Ankunftsplätzen. Und Leute, die sich zu Diensten stellten; aber anderen Armen wurde ich nie übergeben.

Ich erinnere mich schwach, daß einmal auf einer Reise ins Gebirge sogar Notarstöchter an mir Gefallen fanden, ihre Rufe durch das rötliche Gestein habe ich noch in den Ohren, und ich wurde aufrecht rückwärts gehalten, um ihren Gruß zu erwidern, da winkten sie mir und winkten, ihre frischen Arme bewegten sich gegen den Schnee, der dort noch lag, und die jüngste von ihnen weinte, ehe sie zu den Häusern und hölzernen Terrassen zurückkehrten, wenig später soll sie zum Unterricht weiter nach Süden gekommen sein, gerade die. Aber diese Reise war nur eine von vielen, für gewöhnlich lassen wir die Gebirge rasch hinter uns, es wäre denn, daß wir entfernte Verwandte besuchten.

Ich habe auch diesmal eher den Fisch- und Meeresgeruch in den Kleidern und helle, vor dem Abblättern noch behütete Wandgemälde im Sinn, und die Kirchen der Ebenen, ihre Vögel- und Strauchreihen, die Wege dazwischen, die die Betenden nehmen, zarte Seufzer, Segnungen, die Hände, die mich berühren. Abends waren wir auch wieder in einem der Cafés, und ich bekam Nußcreme zu kosten, mit den Tauben wurde ich auf den heutigen Tag vertröstet und dann durch Märkte und Judenviertel rasch heimgetragen, wir kamen auch an einem Kloster der heiligen Dorothee vorüber, die Sprechstunde war dort beendet und alle zu Bett. Auch wir selbst legten uns rasch, als wir das Zimmer im Hotel erreichten.

Und nun ist niemand mehr hier, und von selbst kann ich mich nicht umwenden, um zu sehen, ob Hut und Schal noch

am Bettknauf hängen. Ich dachte immer, wir würden später miteinander eine dieser Schulen besuchen, wo man die freien Stunden unter Akazien oder wilden Kastanien verbringt, ich würde, wenn das Springen über die Schnüre beginnt, mit im Arm gehalten und in hölzerne Klosterbetten zur Ruhe gelegt, einige Gefährtinnen zum Vergleich, und die vergangenen Revolutionen lispelten mich weiter zur Ruhe, so wüchsen wir, selbst wenn ich meine Größe nicht veränderte, den alten Lichtern entgegen.
So aber liege ich halb aufrecht, die seidenen Kleider verknüllt unter dem grauen Tuch, und bei offenen Schränken, die Koffer sind fort.
Ich überlege jetzt, ob nicht das Kloster dieser Heiligen an allem schuld ist. Sollte ich dort nicht aufgenommen werden? Waren der Pförtnerin vielleicht meine Arme zu rosig, meine Füße zu zart und der Ausdruck meiner Augen unter den goldblonden Wimpern, für die ich nichts kann, zu gelassen? Oder erzählte er auch zuviel von Vögeln und Treppenhäusern, von Stallungen und Kuchen, von den Himbeerwässern, an denen ich genippt habe? Und selbst von denen, die ich nur im Glase schimmern sah, von den glänzenden Fronten der Paläste, von den Marktständen unter den roten Windlichtern, an denen ich nur vorbeigetragen wurde? War ihr mein Mantel zu kunstvoll verschnürt, mein Schleier zu sanft durchbrochen? Und fände ich es ungerecht oder fände ichs nicht?
Aber wie weit führen mich meine Gedanken, was weiß ich von den Klöstern, was weiß ich überhaupt? Gäbe es nicht leichtere und schwerwiegendere Gründe im Überfluß und Richtungen, so viele Gott schuf und die Seefahrer den Windrosen in den steinernen Höfen der Kastelle andichteten? Gäbe es nicht niedrige Mauern genug, um sich darüber von mir wegzuschwingen, höhere, um sie still zu übersteigen? Söhne und Brüder oder nur eilige Aufbrüche, um derentwillen ich vergessen werden könnte? Was gab mir ein, ich wäre um meinetwillen im Stich gelassen worden, man hätte sich gleichsam von mir selbst zu mir selbst begeben und suchte mich nun überall, wo ich nicht bin? Und wüßte dann doch einen Ort, an dem ich nicht sein könnte, mich selber? Was brachte mich auf diese Pförtnerin mit ihrer Jugend und ihrem strengen Gesicht, das ich nie sah? Mit dem Kranz von Liedern um Kopf und Schultern?
Wie viele Gelöbnisse brauche ich jetzt noch, wer soll mich wecken, wer mich wieder holen? Denn ich liege nicht im Schlaf, ich bin so warm wie kalt, ich bin den Schmerzen entwendet, den Gefahren, den Liedern der Heiligen. Keine Pförtnerstube wird mich aufnehmen, und es wird kein Gespräch darüber geben, ob ich erlaubt sei oder nicht, ich werde auch

nicht blindlings in der Früh die Schatten der Glockentürme über den groben Vorhängen wahrnehmen, um bald erhoben zu werden, nein, nichts von alledem. Es scheint mir jetzt, daß nur mehr die Richtungen, die hinter mich führen, offen sind, mit ihren Luftzügen, ihrem Unbekannten, ihren unverlockenden Farben. Mit den aufbrechenden Gärten, von denen ich so wenig wissen möchte. Ich kann jetzt nicht mehr enden, keine Gosse im Frühlicht, kein Graben, über den die Erlen streifen, und das Brausen der Wagen zur Seite, nichts wird mich verhüllen, kein Sumpf, der meine hellen Füße bewahrt. Nur diese Truhen, leeren Fächer, Lavendelgerüche, und bald vergesse ich, wem ich gehöre, vergesse das Vergessen und das Vergessen vergißt mich. Von da an wird mich holen können, wer mich möchte, Mädchen oder Marktfrau oder die Schwester, die meine Spitzen flickt und am Zerfallen hindert. Ein heiliger Georg, ein verlassener Stall und Bohnenschoten, ich will nicht mehr viel träumen. Mit meinen Locken kann man noch die Engelsköpfe schmücken, mit meinen Spitzen noch die grünsamtenen Mäntel, aber mit mir selber? Wachs und Schnüre. Und nicht einmal mehr ferne sind die Notarstöchter und die Sprechstunden in den Klöstern der Heiligen.
Merkwürdig, daß mir die Gebirge noch erscheinen und Karawanen über alle Pässe und wie die großen Tiere ihre Köpfe nach den alten Kapellen wenden. Und nur den winkenden Händen vor dem roten Gestein will ich im Schlaf noch begegnen.

Die Maus

Ich stoße überall an, aber ich möchte nicht anstoßen. Ich bin über Fallen informiert. Aber das hier ist keine Falle, hier herrscht ein angenehmes rötliches Licht und es ist mild. Ich höre überall Schritte: Menschenschritte, Entenschritte, die Schritte der Traumwandler, Söhne und Töchter, da gibt es viele, die Schritte der Gerechten, ich unterscheide sie leicht. Dann und wann dringt helleres Licht durch die Ritzen, das mich vermuten läßt, ich könnte hier hinaus, aber ich gebe mich dieser Vermutung nicht hin, ich hege sie nicht. Ich hege die Angst, das ist besser, sie verlangt nicht mehr von mir als mich selbst. Ich wäge sie und lasse sie über mich fort, von einer Seite zur andern, so unterscheide ich bald die Richtungen. Hier ist wenig Raum, aber Richtungen gibt es und sie sind unbegrenzt. Sie sind auch mild, sie kommen nicht über mich. Wenn ich die Ohren bewege, streife ich das Holz, es ist rauh und ich rieche es gut. Aber die Angst ist besser, sie ist dankbar, und ich stelle sie mir immer als eine große weiße Blüte vor, die im Morgenwind schwankt (sicher auf einem Stengel), die Ängstlichen pflücken sie nicht. Aber die Nachbarskinder jauchzen ihr zu, und ich bekomme ihren Geruch in alle Nüstern. Man leuchtet mir heim, soviel sehe ich, und der Weg ist nicht zu verfehlen, auch wenn es kein Weg ist. Es ist doch einer. Mir geht es wie Leuten, die abends in einer Laube sitzen, weshalb weiß ich nicht. Ich gehe nicht ins Haus wie sie, ich habe auch das Geflecht der Schatten auf mir. Ich gehe nicht ins Haus, weil ich es nicht mehr kann, aber soll man denn immer betonen, was uns trennt? Und weshalb kann ich es nicht? Weil die Haustüren geschlossen und die größeren Tiere ums Haus sind, aus solchen und ähnlichen äußeren Gründen? Oder weil ich hier nicht herauskann? Aber wer weiß, ob sie es können? Oder ob ich es nicht kann? Lassen wir die Leute in der Laube lieber, ich hätte nicht von ihnen beginnen sollen. Die Nachbarskinder sind viel besser mit ihren Pferden (es ist wahr, einer hat ein Pferd, wenn er auch weit wohnt und sonst nicht viel hat) oder der Hund im Baum. Den haben sie gefunden, als er schon lange darinnen hing, sie erzählten es laut. Oder die Pilzsammler, deren Reden und Schritte ich oft höre, wenn auch ohne Freude. Und die Wallfahrer, das ganze Volk! Fast alles führt zu weit. Bleiben wir deshalb lieber in dem Ort, an dem ich bin, wie es in einem Lied heißt. Kein Lied, das unsereinem sonst zugänglich ist. Und deshalb ist mir auch der Ort verdächtig.

Weil er vielleicht eine Falle ist? Oder weil er keine Falle ist? Soviel frage ich mich. Ich möchte kein Mitgefühl beanspruchen. Niemand soll sich meinetwegen in Eile stürzen oder auch nur eine Gittertür schärfer zuschlagen (das triebe mich in Verlegenheit). Niemand soll mit Drähten und Eisen über mich kommen und mich zu retten versuchen, es brächte nur Unruhe, die Reden und Gerüche draußen gingen ungehört vorbei. Und das wäre ein Jammer, selbst um die Reden der Pilzsammler. Die Pilzsammler hören sich gegenseitig selten an, und so steigen ihre Worte in den Wald über der Luft, in die alten, elenden Verstecke, Worte, Silben und noch viel weniger, für immer allein und unauffindbar. Weil sie dann leicht und niemals zueinander passen, leicht und niemals, daran liegt es, und ich will es ihnen nicht antun, nicht den Worten, nicht den Silben und dem, was noch daraus wird, Brocken, Gerüchten und nicht einmal der Luft, die mich verläßt. So bin ich doch hier und horche, meine Ohren sind scharf und tasten mit dem Holz zugleich die Eisfelder ab, ich kontrolliere nichts, ich bin zugegen. Das ist auch ein Vorteil meiner Lage. Alle andern kommen leicht in den Verdacht, sie möchten etwas kontrollieren, in die Hand bekommen, sich über etwas setzen. Aber ich nicht. Ich höre das Eis so beteiligt wie unbeteiligt brechen, diese Waage halte ich, solange ich hier bin. Und ich bevorzuge nichts, keine Tummelplätze, keine höhenumstandenen Bäche, keine Schwärmer, ich bin allem gleich gut. Was einen Schritt nachgibt, ist mir so wichtig, wie die doppelt- und dreibödigen Blöcke, die man zuletzt sprengen muß. Ich trage es ihnen nicht nach, ich kann meine Vorliebe bezähmen, aber ich kann es nur hier. Wer weiß, ob ich mich nicht als Richter über die gefrorenen Löwen setzte, wenn ich draußen wäre, ob ich nicht begänne, Brücken zu beriechen, Werte zu bestimmen oder nur Maße zu nehmen, das ist auch schon verdächtig. Der Holzgeruch zöge mich an, Schleifspuren, alte Lichter oder das Röhren der Hirsche. Aber hier nicht. Die Maße sind hier so eng, daß man sie schlecht als Maße bezeichnen kann, und über allen Verdacht erhaben. Das ist hier kein Haus und kein Stall, keine freundliche und keine traurige Überraschung und braucht keine Lorbeer- und Nelkenbüschel an der Mauer. Keine Felle, kein Krähengefieder draußen an die Wand, auch nicht einen Nagel. So bin ich zufrieden. Kein Vogel muß meinetwegen daran glauben, keine Flut erhebt sich, keine Sonne geht mir auf, das ist gut. Alles Gelächter vollzieht sich ohne mich. Wie wäre es aber, wenn ich versuchen wollte, hier heraus zu kommen, wenn ich auch nur einen Schritt nach einer Richtung täte? Alles veränderte sich. Sei es, daß ich einen Ausgang fände, oder sei es, daß ich fände, es gibt keinen: es wäre nichts mehr wie vorher. Ein

Ausgang oder kein Ausgang, das ist für mich fast dasselbe, sobald ich es weiß. Ich könnte nicht mehr jubilieren, mein Herz bliebe stumm, selbst auf dem freiesten Hügel eine fernliegende Vermutung, eine armselige Sache. Nein, Ausgänge soll man in meiner Lage nicht an sich heranlassen, sie nicht bedenken, sich ihnen nicht zu nähern versuchen, auch nicht mit der kleinsten Bewegung. Kein Brett soll sich heben, keine Wärme von außen, keine Süßigkeit mich verletzen, kein frischer Hauch. Erst dann wird das Schattennetz auf meinem Rücken selbst wechselnd zu meiner Zeichnung, meine Lage zu meiner Gestalt, die Erstarrung aber, in der ich vermeintlich verharre, die feuchte Kälte, die sich um mich schließt? Man soll sich nicht jede Hoffnung vorsprechen. Man soll es den Brücken gleichtun, die noch eingebrochen jeden Schritt denen überlassen, die sie nur streifen, die bei ihrem Anblick zurückzucken und sie nicht begehen, ich kenne da einige. Es ist nicht zu glauben, wieviel eingebrochene Brücken es gibt und immer noch genügend Möglichkeiten, anders über das Eis zu kommen, Schleifen, Umwege, Rückwege, Wege durch das Dickicht, durch den Schnee, an Holzlagern vorbei, kein Mangel. Ein Eisblumengarten und sogar gefundenes Zeug auf seinen Rändern, Fäustlinge, Taschentücher, freundlich auf Stöcke gespießt. Pilzsammler und Schneelichter, alle meine Freunde, so weit schaut und weiter nicht! Behaltet im Auge, was ihr darinnen habt! Geht weiter, geht weiter, laßt das Mondläuten sein, eilt nur nicht zu mir! Und auch ihr Nachbarskinder, hebt ruhig die Blüten an und werdet groß. Verleugnet eure Kühnheit, befreit mich nicht! Denn ich will keinen Spiegel, keine Glasscheibe und nicht einmal eine finstere Handvoll Wasser, die mir mein Bild zurückwirft. Wer weiß, vielleicht besteht mein Jubel darin, daß ich unauffindbar bin.

Die Ankunft

Man schlug mir vor, noch einen Gang durch die Weingärten zu machen, aber ich lehnte es ab. Es sei ohnehin schon dunkel. Gerade in der Dunkelheit, erwiderte man mir, wäre es am schönsten, die weißen Ochsen zu beobachten, wie sie ihre letzten Lasten heimwärts ziehen (um diese Zeit wirkten sie wie den Göttersagen entstiegen), das Holz der Fässer zu riechen und die hellen niedrigen Mauern, die sich da und dort zwischen den Weinbergen hinstrecken, in der Dämmerung schimmern zu sehen, die Kirchtürme der benachbarten Städte und Dörfer. Was schützt du jetzt vor? sagte mein Bruder. Die Müdigkeit, erwiderte ich, denn es gibt ja Vorwände, die sich decken, die undurchschaubaren Vorwände, man kann sie nicht ernst genug nehmen. Er lachte und ging hinunter und ich hörte seine Schritte auf der Treppe knarren, ich horchte genau auf dieses Knarren, es war besser als eine Antwort, besser als die weißen Ochsen und nicht den Göttersagen entstiegen. Dann hörte ich die Stimme seiner Frau, die Stimme seines Knechtes (denn sie haben hier einen Knecht und sind stolz auf ihn, das verstehe ich gut: ein Knecht, unser Knecht, vielleicht: nur ein Knecht, Giuliano oder sonstwie und keine Rosenbeete im armseligen Garten vor dem armseligen Haus, kein Räucherwerk im Flur, der Stube und Küche trennt, aber einen Knecht, Giuliano) und das Gelächter seiner Kinder, einen langen Sturm von Gelächter. Machte nicht ein Sinn die Häuser deutlicher als zwei, drei oder sieben Sinne, besonders an fremden Orten?
Ich lehnte mich an die Wand und betrachtete das Zimmer, das mir zugefallen war, die schwarzen Fensterrahmen und die Kerze im eisernen Ständer auf dem Nachttisch, ein unerleuchteter Raum, ein stummer Raum, wenig Jugend und wenig Alter, ich nahm ihn an mein Herz. Ich begriff sein bescheidenes und strenges Maß an Zugänglichkeit, den Geruch des Gebotenen, der die anderen Gerüche in sich schließt, wie lange begriff ich ihn? War es nicht ein Raum, um seine Koffer uneröffnet an der Wand stehen zu lassen, wenn auch für immer? Ich versuchte mich des Augenblicks zu erinnern, in dem ich ihn betreten hatte, da es besser ist, sich der Dinge zu erinnern, wenn sie geschehen oder doch kurz darauf. Ich mußte die Augen nicht schließen, die Wände über dem Bett, die gelblichen Kissen hatten viel von dem Licht, das geschlossene Augen am besten aufnehmen, die Erinnerung fiel mir leicht. Nur die ärmlichen Bäume zu beiden Seiten der Straße

vom Bahnhof her mengten sich hinein, ihr Knistern, und wessen Erinnerung käme ohne solche Bäume aus, ohne die hölzernen, vom Einsturz bedrohten Gerüste im Innern seines Traums? Ich beugte mich nieder und rückte die Koffer gegen das Fenster.

Noch lag alles vor mir. Die langen und die kurzen Abendessen, die Gläser Wein, die Fahrten zur Kirche im schütternden Wagen meines Bruders, die kichernden und schwätzenden Kinder zu vielen Stunden. Und ich konnte sie in eine Nacht zusammenfassen, in einen Blick auf die weißen Wände, die doch finster waren, in einige rasche Schritte zwischen Bett und Schrank. Ich konnte mit den vier Bettpfosten alle umarmen, die mir hier begegnen würden, ohne daß sie es entdeckten, ich konnte in den Schatten, die vor dem Fenster wechselten, die Bilder der Heiligen betrachten, bei denen ich vielleicht Schutz suchen mußte in diesem Haus. Und mit der hereinströmenden Nachtluft konnte ich den lauen, verzweifelten und von Sonne durchsiebten Wind begrüßen, mit dem später die Ausflüge zu den Ruinen und entfernteren Seen einsetzen würden, jede Heimkehr davon. Wie bestürzend, hier zu Hause zu sein, an diesem unbekannten Ort, und hier das Obst schon lange geerntet zu haben und es weiterzuernten, mit Kindern und Kinderskindern, mit Leitern und Körben. Wie seltsam, sonntags hier zur Kirche und wieder heim zu fahren und beim Essen vielleicht noch einmal Worte zu formen wie *den Göttersagen entstiegen* (das bringt mich zum Lachen, wird mich immer zum Lachen bringen) und später vor Erschöpfung einzuschlafen, vor dem weißen Vorhang und dem Mittaglicht, und ärgerlich zu erwachen. Und zwischen den Schleiern von Ärger seine vielen Söhne nicht heranwachsen zu sehen, wie es der Frau meines Bruders möglicherweise geschieht, ein Schicksal, nicht weniger bewegend als das der Märtyrer weiter unten im Süden, wenn man die süßen todesmutigen Gesichter in den Obstgärten bedenkt, dazu bestimmt, Mienenspiele auf sich zu nehmen, denen sie gewachsen sind, Rollen, die sie ertragen.

Die Liedersänger auf den Terrassen haben nur wenig Ahnung davon, sie sollen sie auch nicht haben. Mögen sie, von den Klausen, von den feuchten häßlichen Dörfern gnädig entlassen, für immer bei ihrer Schönheit bleiben, bei den gedrechselten Himmeln, beim Jubel ihrer Harfen, das ist besser für sie, ich weiß es heute nacht. Die blechernen Krüge auf dem Waschtisch weisen mir heute nacht mein Leben zu, den Türangeln und den fernen Stimmen zwei Treppen tiefer gehört mein Schmerz, und meine ganze Lust dem Stroh, das ich unter den Bettüchern fühle. Wie viele Himmel senken sich heute zu mir herab und nehmen mir noch einmal den Atem,

ehe sie ihn mir lassen, wie viele Trockenheit netzt mir heute die Lippen, ehe sich die Flüsse zu mir aufmachen, in Fässern und von weißen Ochsen gezogen, zwischen den niedrigen Mauern, von denen die Rede schon war, und in der Ferne beschirmt von Märkten und Dörfern Amtsgebäuden und Kirchen.
Ach, eine Nacht, genügt sie, um Hunger und Durst zu erwerben? Schon höre ich auf den nahen Geleisen andere Züge sich nähern, wie kurz werden sie hier halten? Die nächsten Reisenden sind unterwegs, zu den Denkmälern der Märtyrer, viel weiter nach Süden. Aber vielleicht auch der nächste, der hier aus seinem Schlaf erwacht und sich benommen Koffer und Tasche herunterreichen läßt, um zu bleiben, vom Bruder und seiner Frau erwartet, vielleicht auch von den Kindern, und in Ermangelung anderer Orte. Denn es gibt, wo es Orte gibt, keine anderen Orte. Für ihn möchte ich im Gezweige der jungen Bäume sein, an der Straße, die von der Bahn hierher führt, für ihn möchte ich in die unhörbaren Chöre tauchen, die der Erinnerung dienen, mich hinter den dürren Gräsern verbergen, die sich aneinander reiben, und ihm zuflüstern: Gönn dir eine Nacht, ehe du bleibst.

Holzfahrscheine

Ich habe meinen Holzfahrschein verloren, wie ich weiterkommen soll, weiß ich nicht. Hier in der Gegend sind Holzfahrscheine üblich. Für Glas, für Porzellan, für alle Arten von Ladungen. Wer Holz allein führt, kommt am ehesten ohne durch. Aber es ist doch besser, wenn er ihn hat. Wer Glas führt, muß ihn unbedingt haben, das sagte ich schon. Und Glas ist oft daran. Bei Honig und Kleie wiederum — nein, ich kann nicht jeden Gegenstand einzeln aufführen. Oder sollte ich es für alle, die lernen wollen? Beginnen wir so: es gibt wenig Gegenstände, die sich nicht laden lassen, von Weidenkätzchen bis zu Rüttelmaschinen oder auch Gewehren. Man kann alles, sei es durch Fingerfertigkeit oder Kraft, auf ein oder mehrere Fahrzeuge bringen, auch die Fahrzeuge selbst wieder auf andere, man gibt Losungen aus, Prämien, man baut die Wagen um, wenn es nötig ist, man kann alles befördern, fast alles. In meinem Berufszweig nennt man das: alles. Diese Erkenntnis hat die Einwohner der Gegend erschreckt — es ist eine arme windige Gegend, zum Schrecken fähig, aber zu sonst nicht viel — und sie brachten den Holzfahrschein auf. Damals waren die Wälder hier noch kaum gelichtet, die Friedhöfe schwammen noch nicht allein auf den Hügeln, die Wolken ließen sich Zeit. Wenn ein Huhn spazierenging, sah man ihm nach. Es war die Zeit, zu der die Kaiser starben und geboren wurden, man folgte ihnen leicht. Man vergröberte höchstens die Zäune zwischendurch oder setzte seinen Häusern Windräder auf. Das Holz für die Windräder mußte gefahren werden, Kinder taten das an ihren Nachmittagen, sie ließen die Deichseln in die Marktplätze stehen, wurden verwarnt, ließen sie wieder, zwei Marktgänger stürzten darüber, da hatten wir's, der Holzfahrschein war da. Die Windräder hörten auf und kamen ins ländliche Museum, die Kaiser verblaßten, gingen aus der Gegend, aber die Holzfahrscheine blieben, ob man Blech, Landesherren oder Kaffeetassen beförderte. Ob in den nächsten Wirtsdurchgang, drei oder vier Hügelzüge weiter oder an die ferneren Meeresstrände, in welche Himmelsrichtung auch immer, ob in eine eindeutige oder in eine von den gemischten Richtungen.
Ihr Holzfahrschein? Das fragen sie immer höflich, lüften die Jacken, reiben sich die Finger und reden über die Sonnenflecken, während man den Tränen nahe seine Taschen absucht, die Ladung durchstöbert oder das zurückliegende Stück Weg sinnlos hinaufstarrt. Wenn einem bei dieser Suche Uhren

oder Zement, Fässer oder Latten stürzen, so bücken sie sich rasch, als wollten sie helfen, erstarren aber in der Bewegung, ehe sie die Ladung berühren, und man hat selbst die Mühe. Haben sie den Holzfahrschein aber gesehen, so verlangen sie niemals mehr, sondern entfernen sich rasch, quer durch den Wald oder über die Äcker, pfeifend, schlenkernd, und verschwinden aus dem Blick. Sie unterstehen den Gemeinden, aber ich habe gehört, daß auch die Gemeindevorsteher sie fürchten und mitten in ihren Amtsräumen ohne Ladung und ohne Weg in Schweiß und Angst geraten, wenn sie zum Bericht auftauchen. Unsereinen aber lassen sie zurück, das Herz nur mehr halb den Stränden zugewandt, nach denen er unterwegs war. Und das auch bei ungestürzter Ladung, bei einem, der rasch abspringt und, an einen trockenen Stamm gelehnt, den Ausweis ruhig aus der Tasche zieht und ihn lächelnd vorweist.

Sie treten niemals Schwämme nieder, schaffen die Kröten aus ihrem Weg und streicheln die Kinder, die doch vorzeiten schuld an allem waren. So einer werde ich auch, denkt dann ein Kleiner und schaut rasch an dem hinauf, der ihn gestreichelt hat. Er begegnet einem milden Blick. Ja, es muß wohl solche geben, die es werden, obwohl ich selbst nur solche kenne, die es sind. Mancher von den Jungen wacht vielleicht eines Morgens in seinem krachenden Holzbett auf und weiß es für sein Leben: er wird auch so einer. Er wird auch so leicht über die Äcker gehen, den Pilzen ausweichen und den Rest in Schrecken versetzen. Ob er das schon weiß? Sicher ist, daß er jubelnd erwacht und von da ab den Älteren mit einem stummen Triumph begegnet: Ich bins, ich werde es, ich will es sein! So kommt eines aus dem andern und niemand erklärt es, niemand hindert ihn auch daran. Furcht und Ehrfurcht ziehen gemeinsam in das Haus und machen auch vor den schäbigsten Zäunen nicht halt. Wollte er einmal Scherenschleifer oder Krankenpfleger werden? Davon spricht heute niemand mehr, diese Pläne sind für immer dahin, er wird nicht mehr daran erinnert und lacht höchstens noch einmal laut auf, wenn es ihm einfällt. Und ich muß sagen: so unbegreiflich mirs ist, daß es einer wird, so unbegreiflich ist es mir auch, daß es nicht alle werden. Und das nicht nur, wenn ich ihre Rübenäcker betrachte, ihre Porzellanfelder, ihre grauen kindischen Häuser.

Denn ich selbst bin nicht aus der Gegend. Wenn ich das hier sehe, so möchte ich sagen: ich bin auch aus keiner anderen. Und was ich hier in die warme Luft rede, rede ich vielleicht für alle, die auch nicht von hier sind. Die eines Tages wie ich mit ihrer Fuhre hier durchkamen (sie hätten durchaus auch anders fahren können) und vom ersten freundlichen

Wirt freundlich auf die Schulter geklopft wurden: Haben Sie sich schon einen Holzfahrschein besorgt? Einen Holzfahrschein? Nichts leichter, mein Lieber. Aber ich fahre doch nur Hohlziegel! Sie bekommen ihn deshalb doch. Ich bekomme ihn doch, ich bekomme ihn doch?
Und dann hat er ihn schon. Er hat wirklich nicht mehr als ein Zwölftel seines Vormittags in den Amtsräumen verbracht, es wurde ihm nicht einmal ein Blick geschenkt, sein Wagen wurde nicht gewogen, was daran hing, nicht gezählt. Im Stiegenhaus roch es nach Kunstwerken, vornehmlich Perspektivkarten, und erinnerte ihn an seine Großmutter. Ärgerlich und erleichtert verläßt er das Haus, geht um die Ecke und steigt auf sein Fuhrwerk. Zum Lachen, denkt er und ist schon aus dem Ort, was die hier alles wollen. Und die Rüben schichten sie auch anders als bei uns.
Gegen Mittag greift er erschrocken in seine Tasche, ja, er hat ihn noch. Vor ihm bäumen sich die Hügel auf, alte Maibäume knarren in der Sonne, ein verschossener Heuschober überrascht ihn. Nichts sonst. An den Straßenrändern bröckeln die Mahnmale ab. Gegen Abend wollte er eigentlich aus der Gegend sein und am übernächsten Morgen das Wasser riechen. Die dünneren Wälder. Und jedenfalls mehr riechen als das Kartenwerk und die lila Blüten in den Amtsfluren. Aber gegen Abend überrascht ihn die Müdigkeit. Er nimmt Quartier in einem von diesen Gasthöfen, rechts an der Straße, die man, solange man wach ist, oft als freundlich empfindet, sie haben dort auch freie trockene Remisen und der nächste Morgen ist immer noch hell.
Gott sei Dank, denkt er. Nun kann es geschehen, daß er mit seinen neuen Kräften wie über nichts über die letzten Hügel jagt, nur einmal einige Geier auf einem alten Wegweiser sieht, an den erwünschten Stränden angelangt, achtlos in seine Tasche greift, Himmel das Zeug, denkt und heimwärts einen knappen Umweg nimmt, wenn er überhaupt heimkehrt. Oder es tritt ihm beim Aufwärtsfahren zum letzten Hügel einer, von denen wir sprachen, aus den Büschen entgegen, nimmt ihm das Zeug, das er übrigens leicht findet, ab (auch das kann sein) und läßt ihn nachdenklicher als sonst die Ebenen überqueren, denen er zuneigt, immer noch manchmal einen Blick hinter sich werfend. Oder es geht ihm wie mir. Ich habe meinen Holzfahrschein verloren.
Plötzlich fallen mir ihre Porzellanfabriken alle auf einmal ein, die rosa Windhunde auf den Regalen und die vielen Landesanstalten, oft genug Beweise verleugneter Gewalt, ihre Marktplätze, die mich zum Niesen bringen. Werde ich hier bleiben müssen? Soll ich nie den Winterkönig und sein verfemtes Land sehen, See und Salz auf den Buchenblättern?

Soll ich mich mit Porzellan zur Ruhe setzen? Oder was werden sie mit mir tun, wenn sie mich finden? Mich mit ihren Zweiäugigen verloben, um mir Ruhe und Schlaf zu bewahren? Diese großmütigen Treiber, die ihre Finger nirgends anders lassen können als auf fremden Schultern, ihre lachende Großmütigkeit nur in fremden Gesichtern. Aber sie müssen mich nicht finden, wenn ich ruhig weitergehe, jeden Schritt nach der alten Methode vor den nächsten setze, dann und wann meine Ladung prüfe und dann wieder meine Stiefel, als wüßte ich nichts anderes, voreinandergebe, wenn ich mir Brot und Käse am Wegrand schmecken lasse, als benützte ich Kopf und Hals nicht zur Angst, und den aufsteigenden Neumond wie den jüngeren Pflegesohn der Nachbarn betrachte, den ich nur aus Freundlichkeit nicht bitte, mit anzuschieben, selbst wenn es bergauf geht. Denn die Ebenen täuschen hier, das ist ein Zeichen der Gegend, sagte ich das nicht schon?
Die Angst spielt mir mit, ich sitze fahrig auf meinem Bock, niemand glaubt mir, daß ich hier sitze, ich muß es anders machen. Ich muß abspringen und meine Angst fliegen lassen, ich muß spielen, was ich habe. Ich muß mich zu den Rädern beugen, die Planken abtasten, die Ladung sinnlos anheben, ins Rutschen bringen, wieder auffangen, ordnen, zuletzt mich selbst abgreifen und über die Felder starren. Und auf teilnehmende Fragen, wonach ich denn her wäre, abgewandt erwidern: Ich hatte es eben noch, will es gleich wieder haben, vielen Dank für die Freundlichkeit! Und muß mich murmelnd und hustend wieder unter meine eigenen Räder legen. Dann werden sie, die Häupter erhoben, in ihrer Schnelligkeit denken: er sucht ihn nicht, sonst suchte er ihn nicht. Aber das ist schwer. Es ist schwer, die reine Wahrheit zu spielen, ohne ihr an den Kragen zu kommen, es verlangt ein ganzes Herz. Und bin ich derjenige, habe ichs, habe ich dieses Herz? Werde ich mich nicht verraten, nicht aus dem stummen Raum ausbrechen, den dieses Spiel verlangt, nicht einen Blick auf den grasigen Himmel werfen, der ihnen sagt: er ist verloren, er ist verloren, er sucht ihn doch. Denn was suchte er sonst? Zwei von seinen Hohlziegeln vielleicht oder eine Handvoll Blumenerde, o nein. Und was suchte ich wirklich? Ich suchte zu suchen, das verlangt die längste Übung, Deckung hinter Torfwagen und Dornbüschen, hinter Gläsern aus Luft, hinter den unbeliebigsten Folgen. Derjenige bin ich nicht. Ich habe nur meinen Holzfahrschein verloren und das nahe dem Ende der Gegend, in der er erfunden wurde. Ich hätte gleichsam nur noch zwei Hügel zu überspringen, ein hölzernes Wegkreuz zu passieren und ein Rebhuhnpaar zu belauern gehabt, mit dem Hochgefühl der Sanftmut, des Lebenlassens, und von den Ebenen her hätte ich den Kopf noch einmal zurückge-

wandt, um sie gegen die halben Wälder, gegen diese blaue Menge, die mich nichts mehr anging, einstreichen zu sehen. Und wäre den Fischteichen und den blankeren Kapellen entgegengefahren als meiner künftigen Ahnenreihe, das ist jetzt alles dahin. Unbegreiflich, werden manche sagen. Hätte er ihn nicht leicht in seinen Schuh legen, in seinen Fäustling stecken, unter seiner Mütze bewahren können? Hatte er in Rock und Hosen nicht Plätze genug, bei seiner Ladung keine Kiste, die sich eignete, unauffällig bezeichnet zu werden und ihn oben einzuschieben, seinen Holzfahrschein, gleichgültig um Mittag erworben und nun doch Einlaß zu den alten Theatern, den Bädern am Kirchstrand, zu Gewohnheiten, die sich anbieten, ihm lieb und wert zu werden? Konnte er es wirklich wagen, ihn plötzlich nicht mehr zu haben, ihn wie die Angst fliegen zu lassen oder in die veralteten Straßengräben der Hügelgegend zu versenken? (Wir wollen sie in Hinkunft nur noch Gegend nennen.)
Bei solchen freilich noch eingebildeten Fragen beginnt der Stolz sich zu rühren: Ja, es kam mir nicht darauf an, nein, ich hatte wirklich nicht Taschen genug, der Schneider hat sich versehen, es war nur ein Hügelschneider, mit wenigen Worten: ich werde nicht am Kirchstrand baden. Nichts wird mir lieb und wert werden, nicht einmal eine Gewohnheit, kein Spiel wird für mich spielen. Mein Verlust wird sich als etwas Unerfindliches herausstellen: als etwas, das Findigkeit mir niemals gewährt hätte, als eine Begabung, die mich den Brüdern Josefs zur Seite stellt. Ja, wollte Gott, es käme jetzt einer von ihnen (Brüder Josefs, das wäre ein guter, unpassender Name für sie), verlangte, was ich nicht hätte, forderte mich auf, mit ihm zurückzugehen, wieder in die Gemeinde, die nun der Nacht näher läge, verlobte mich auch mit einer seiner zweiäugigen Verwandten und ließe mich Glas schneiden bis ans Ende meiner Tage. Ich wüßte – und auch noch von meiner freundlichen Frau nach Öl und Schnupftabak befragt – ich wüßte doch, ich wurde ausersehen, ich bin es, der verlor.
Aber während ich so denke, bewege ich mich mit meiner Fuhre weiter, die Hügel auf und ab, ich komme an dem Holzkreuz vorbei, ich tue nichts von alledem, das ich mir vorschlage. Ja, ich habe mich im Verdacht, daß meine Vorschläge nur ausschalten sollen, was zu tun ist. Haben sie auch die Macht, die abzuhalten, von denen ich sprach? (Brüder Josefs? Nein, doch nicht.) Keiner kommt. Keiner taucht aus dem nahen Geäst, aus den Abflußgräben, den Kieshütten und bietet mir seine höfliche Maske, die unausweichlichen Debatten, die Rückfahrt. Immerhin, bei den Rebhühnern war ich noch nicht. Habe ich sie aber passiert, so besteht leicht die Möglichkeit, daß ich

ungeschoren aus der Gegend komme. Und was dann? Wohin mit meinem Stolz? Wie bringe ich ihn jetzt am Kirchstrand an, bei den Fischteichen und weiter, was tue ich jetzt dort, wie zwinge ich mich, die Könige ernst zu nehmen, selbst die Winterkönige?

Schauen wir voran. Oder wie ein alter Porzellanschleifer, der sich vor allem mit den Ohren von Windhunden in ihren verschiedenen Stellungen befaßte, mir in seiner hiesigen Werkstatt sagte: Sehen wir weiter.

Nach mir

Heute lief mir ein Kleiner nach und sagte: Wiedersehen, Herr Pfarrer. Ich gab ihm die Hand und schüttelte ihn ab. Er hatte eine graue Pelerine und glänzende Stiefel und das Wasser spritzte um ihn, so schien es mir wenigstens, um mich stand es. Er blitzte mich freundlich an, aber in meinen Augengläsern fing sich nichts, ich ging rasch weiter und manche werden gedacht haben: Wie rasch er noch geht, der Alte. Manche auch nichts, die meisten. Es ist auch so, daß man ihnen zu viele Gedanken zuschreibt, solange sich die schwache Sonne noch zu einem verirrt. Ich und du, Müllers Kuh, Müllers Esel, der bist du — das hörte ich unlängst aus einem Garten und viel mehr denken sie nicht. Ein neuer Herbst beginnt, die Sonne jagt hinunter, wer erwartet es auch? Keiner weiß meine runden Gitter zu schätzen, Baumgruppen, die Gedanken, die ich nicht denke. Einmal zu Beginn meiner Amtszeit oder doch gleich danach sah ich eine Wespe auf einem Apfelbaum, die war handtellergroß, wer glaubt es mir heute? Gefächert und gebündelt ruhen die ungehaltenen Predigten in den Chören, während die Träumer sich zu rasch besinnen und den Täuflingen jeder Regen recht ist. Wie viele Regenmuster habe ich gesehen, die Zäune entlang, Schneemuster vor den Poststationen, Botengänger, Straßenwärter und schwache Lastträger vor den Karren, die älteren unter ihnen grüßten mich freundlich.

Legen wir alles zusammen, wir wissen, daß die letzten Nachmittage immer schon angebrochen waren, das Mückenzeug fing sich darin, Schritte der Neunjährigen auf fremden Terrassen, Eisschieberstöße, Stöße von Holz, Holz fuhr aneinander, mir stand alles offen. Manchmal ein Geflüster, das mein Kopf durchbrach, rasch dahin und ich segnete es ein. An Regennachmittagen die Berichte von Papierfabriken und Steinbrüchen, Bilanzen früherer Jahre (die späten haben mich nie verlockt), zu essen und zu trinken genug. Dann noch die Heimwege, Abkürzungen zwischen den Dornensträuchern, Labsal, flüchtige Grüße, Erwartung der Nacht. Die Gewöhnungen an den Tod sind verschieden.

Unter stilleren und bewegteren Himmeln haben die Bäcker der Reihe nach für mich gebacken, Dachdecker waren da, Kinder, die Schlittschuhe trugen, Wirtsleute, Lebensmittelhändler, Spediteure, was man will. Als ich herkam, war kein Faden gesponnen, blank und kalt starrte mir alles entgegen, aber nun liegt er um mich, um Mantel und Gesicht, und vom

Schuh bis zum Hut reichen die Träume, sie reichen mir auch. Ich will jetzt gehen. Der Flintenhändler putzt noch einmal die Läufe und zieht die Hand mit dem Lappen rasch ins Dunkel zurück, die Glocken schlagen, es ist mir heute, als schlügen sie aneinander und nicht an ihre Klöppel, die neuen Schuppen stehen auf und starren ungestüm über die Dächer, soweit halten wir. Schulranzen, Mißverständnisse, Kohlenlager, ich habe mehr Bücher verborgt als ich zählen möchte und immer genau nach den Wünschen gefragt, jetzt sind die Wünsche groß geworden und die Kapellen altern, von steinernen Kränzen, Gelächter und dem Klingen der Monduhren bewacht. Die Teiche waren die vielen Winter hindurch weich und hart gefroren, aber keine Schleifspur blieb. Einmal habe ich in einer Wirtschaft heißen Holundersaft getrunken, von den Holzbalkonen herab stärkten die Blumen meine Blicke und stützten sie ab.

Es ist ein regnerischer Tag heute und die Wolken bewegen sich über die Almen fort, sterben wird keiner mehr, meine Arbeit ist getan. Die Taufkleider knistern in den Zimmern und Schränken, über den Schuhläden sind Schritte zu hören, die sich verlieren, über See, übern Berg, den Riesen nach, den Zwergen nach, gut gesohlt und genagelt, auf und davon. Meinen Nachfolger wird die Unruhe packen, den rosa Rauch kennt er noch nicht und das Kannenklirren von Norden und vom Westen, er geht jetzt auf harten Böden, auf dunklen, glänzenden zwischen Gummibäumen, Kissen, Willkommensgedichten und läßt sich den Tee neu aufgießen, aber ich komme ja bald. Auf die Fragen werde ich überall Antwort wissen, Holunder auf die Wiesen, der blüht leicht, wird leicht dunkel, Vögel und Menschen haben ihn gern, auch vor der Zeit. Und von den Amtsbrüdern kann ich rasch Abschied nehmen, habe es schon getan und will es wieder tun, von den Schwestern und Instrumentenverkäufern, Oberinnen in Armenhäusern und Spitälern, Klavierausleihern und so fort. Den feierlichen Umzügen trauere ich nach und den langen Wintern, zweimal verträglich in der hellen Sonne und bei Nacht.

Mein Grabkreuz wird verrosten und der Name darauf vergilben, und ich weiß den Weg schon, den Weg fort und hinauf, und kenne die Wolken über dem Schulhaus einen Tag nach dem Abschied, die Gespräche, Worte, die aufflackern und im Hellen vergehen, zwischen den unreifen Äpfeln, den Hühnerställen und Mauern. Ein Stein durch mein Fenster, der kam nie, ist draußen geblieben und hat mir gefehlt die Jahre hindurch und mit jedem Jahr mehr. Aber man muß sich abfinden mit den Himmeln, die man halten kann, mit den Verlusten von Nägeln und Knöpfen, Trauer und Gewinn.

Vielleicht, daß meinen Nachfolger der Stein erreichen wird, der mir gefehlt hat, die Birnbaumzweige werden vielleicht an seine Läden schlagen und die Geister ihn bald besuchen: Wegmüller und Sägemüller, die ihre Häupter seufzend an seine Mauern legen, Schneegeister, die Ruhe der Jagd und die Engel der Schneider und der Schüler am hellen Tag. Wir wollen uns in dieser Hoffnung trennen, mein Bruder, und dessen mächtig bleiben, was uns nicht umgibt.

Mein Vater aus Stroh

In der alten Remise wohnt mein Vater, mein Vater hält sich auf dem Eis. Wer es nicht glaubt, kann ihn mit mir besuchen, er kann durchs Schiff schlüpfen und im Winter durch den Teer, er sieht ihn gleich von nahe, auf die Ferne geben wir nichts mehr. Mein Vater sitzt auf dem alten Sessel und ist ganz aus Stroh, er wärmt sich die linke Hand an einem Stück Mauer, die rechte an einem Eisenstück, das dort noch steht. Mein Vater ist mit Amundsen gefahren, und er kennt die unteren Meere. Er trägt die alte Uniform, er ist von der alten Bahn, und die Leute von der alten Bahn sind fleißig, sie haben die Heubündel immer gerecht verteilt. Sie sind zwischen den Schienen auf und ab gelaufen und man hat ihre Schreie gegen den Schnee gehört und oft hat einer, der weit entfernt von ihnen wohnte, seinem Enkel die Hand auf die Mütze gelegt und gesagt: Hörst du? Hörst du sie? Damals haben sie die Krähenschwärme von den Schienen gehalten, niemand weiß, was das heißt. Krähenschwärme? sagen sie jetzt und lachen. Sie lachen viel zu viel. Man hat damals noch Strohmodelle gehabt und alles mit Stroh probiert: den Schienenbau, die Anlage, die Signale. Davon ist man heute schon weit entfernt, keine Krähen, kein Stroh, aber meinem Vater macht es nichts, er hält sich in der Remise, er hält sich auf dem Eis und ist von der Welt nicht abzubringen. Er hebt die Strohhand und schaut durch das gesprungene Fenster in die weiße Luft. Neben dem Eisenstück steht eine Kiste mit Holz, dazu bückt er sich manchmal und stöbert darin herum. Die Leute von der alten Bahn sind mit allem vertraut gewesen, sie haben die Mühlen und Eulen auf den Strecken gekannt und genau gekannt. Nicht wie einer heute beiläufig sagt, daß die Eulenhorste links sind. Davon hielten sie damals nichts. Links oder rechts, darauf kam es nicht an, aber die Abstände von den Schienen und die Bodenwellen, die Senken dazwischen, die gespannten und ungespannten Drähte, die kleinen Tonnen, die in den Regenlachen eingefroren sind, alles genau. Wege hat es damals auch schon gegeben, aber deshalb? Es ist alles in Stroh gemessen worden, in einfachen und doppelten Schienenbreiten. Und die Leute haben das Stroh gerne geliefert, sie haben es in Säcken zur Remise herunter gebracht, oft weit durch den Regen. Stroh, das war es damals und mein Vater ist heute noch daraus. Er hat keine Wahl, aber er will auch aus nichts anderem sein. Wachs lockt ihn längst nicht mehr. Vielleicht früher manchmal, als Kleinen, wenn er die

Bienenhäuser sah und wie künstlich sie die Waben bauen, aber darüber ist er hinaus, er möchte mit niemandem tauschen. Und er beneidet keinen. Manchmal kommt der Heizer und geht in seinen Dienstraum nebenan, er wirft sich auf sein Bett und beginnt zu stöhnen. Einmal ist er aufgestanden und herausgegangen und wollte im Traum mit meinem Vater streiten, aber da war nichts zu machen, mein Vater hat sich mit ihm nicht eingelassen. Es wird einem immer falsch ausgelegt, wenn man sich mit Leuten einläßt, die träumen. Dabei ist es ein mittlerer Heizer, nicht zu stark gebaut. Aber er kam herausgestürzt, mit erhobenen Armen, und schüttelte meinen Vater, daß das Stroh flog. Viel früher war das auch anders. Nicht, daß die Leute von der alten Bahn alle dasselbe geträumt hätten, aber so viele Träume es auch gab: ein Streit war möglich. Dann hat man ihre Stimmen oft weit gehört, wie bei der Arbeit, dieselben einsilbigen Schreie, die Enkel haben gezittert und sonst hat es niemanden beunruhigt.

Manchmal besucht meinen Vater ein Müller aus dem Altersheim, er trägt immer noch die weiße Mütze und den weißen Anzug und man sieht ihn oft lange nicht, wenn er durch den Schnee kommt. Er erzählt dann von seinem Weihnachtsfest und von seiner Glasterrasse und mein Vater hört ihm begierig zu, den Kopf gebeugt. Der Müller stellt zur Weihnachtszeit immer Pflanzen und Farngewächse in die Glasterrasse, das zieht Lichter an, Funken, wie bei den alten Zügen. Mein Vater freut sich, wenn der Müller zu ihm kommt, aber der Müller ist nicht der einzige, der ihn besucht. Esel, Rinder, kleine wilde Tiere kommen oft über die Schienen gesprungen und reiben sich schnuppernd und zitternd an seiner alten Uniform. Auch gehörnte und gestreifte Tiere, Hyänen sogar und Gazellen, und die Hirten hinterher. Das ist ein Bild. Die Hirten klagen und schreien und jagen die Tiere aus der Remise wieder hinaus. Einmal hat einer von ihnen meinem Vater im Eifer die Mütze vom Kopf geworfen, aber meinem Vater hat das nichts gemacht, mein Vater ist von der alten Bahn alles gewohnt. Und derselbe Hirte hat auch die Mütze wieder aufgehoben. Wenn das Hirtengeschrei nicht wäre, so wären meinem Vater die Tiere noch lieber als der Müller. Der Müller ist zu breit, er wirft ihn oft fast vom Stuhl und setzt sich nur selten zu seinen Füßen nieder.

Oft verspotten mich die andern und sagen, daß ich einen Strohmann zum Vater hätte. Mit einer Mütze aus Stroh, rufen sie, und wissen doch, wie unrecht sie damit haben, mit einem Anzug aus Stroh, und ihre Stimmen kippen dabei über, und mit Knöpfen aus Stroh! Sogar Knopflöcher aus Stroh, hat einmal ein Grober geschrien, als ob es das gäbe: Löcher aus Stroh. Aber sie schreien nur so, weil sie mich beneiden. Weil keiner von ihnen einen Vater hat, der tagaus, tagein in der Remise sitzt und nur manchmal den Kopf stärker hinunterbeugt und mit dem Finger schnippt oder im Holz rührt. Weil keiner von ihren Vätern mit dem Blick auf das helle Eis und durch ein einziges kleines gesprungenes Fenster genug hätte. Ihre Väter brauchen die Baggerwirtschaft und die langen Nächte, aber mein Vater braucht das alles nicht. Er ist aus Stroh, das ist wahr, aber die Leute von der alten Bahn sind alle aus Stroh und die Müller an der Strecke wissen ein Lied davon. Stroh brennt leicht und einmal ist einer brennend abgesprungen und noch lange brennend durch die Disteln gestreift. Der Fluß hat von ihm geleuchtet und die Eisstücke im Fluß, das wagt heute niemand mehr. Keiner ist aus Stroh und wenn ers ist, so gibt er es nicht zu, und schon gar nicht einer von der Bahn, es ist ihnen viel zu gefährlich. Dabei sind Strohköpfe schön, die Luft zieht leicht durch sie hindurch, auch die schwere Luft in der Remise, und mein Vater hat viele Gedanken. Das Eis gibt ihm zu denken, wenn es friert, die Glätte an den Scheiben, wenn es taut, und die Feuchtigkeit, wenn ihn die Glieder schmerzen. Die Hirten und die Tiere und der Müller, alles. Niemand denkt so viel wie er. Der Müller ist aus Fleisch und Bein, aber der Müller denkt nicht. Und die Hirten? Wer erwartet das schon? Einmal war eine kleine Hyäne dabei, die hatte Gedanken im Kopf und war von meinem Vater nicht wegzubringen. Aber das fiel niemandem auf und später ist die Hyäne bei der Sägemühle ertrunken, in demselben Teich, in dem sonst die Bretter schwimmen. Ich will es ihnen nicht als Böswilligkeit auslegen, aber heute weiß niemand mehr viel. Sie tun sich zusammen, sie ziehen mit Musik und Kränzen die Hügel hinauf und wieder hinunter, aber von meinem Vater wissen sie nichts, das liegt ihnen zu fern. Wenn wir uns noch mit dem Stroh abtun sollten, sagen sie, wo kämen wir da hin? Und selbst wenn das Stroh Mützen auf hat und Hosen an, es bleibt doch Stroh. Das sind ihre Reden, solche Sätze hört man, wenn man zufällig im Flur bei ihnen steht und sie von der Arbeit kommen und einen nicht sehen. Für mich sind das Lästerreden und ich bete, wenn ich sie höre. Dann gebe ich die frischgeschliffenen Sicheln ab, oder was sonst solche Leute brauchen, die immer hin und her gehen und wie Hölzer in ihre hellen Zimmer geschnitten sind, und mache mich wieder auf den Weg zur Remise. Ich schlüpfe unter ihren Drähten durch und gleite ihre glatten fruchtlosen Wiesen hinunter und höre ihre Pferde hinter mir wiehern, aber ich bin schon fort. Das Glück jagt mich über die Flußsteine zu meinem Vater aus Stroh. Über mir treiben Wolken oder Planeten oder die

laue Luft, aber ich weiß, wohin ich unterwegs bin, und nichts kann mich sonst entzücken.
Manche sagen freilich, ich liefe so schnell, weil ich Angst um meinen Vater hätte. Ich habe keine Angst wegen der Müller und der Heizer und auch nicht wegen der Hirten und ihrer Tiere. Daß Hirten mit Feuer zu tun haben, ist wahr und jedem bekannt, es heißt nicht umsonst Hirtenfeuer. Ein Heizer erst recht, das muß man nicht weiter erklären. Und die Gazellen und die anderen Tiere auch, es muß dann Buschfeuer heißen. Aber ich bin doch froh, wenn der Himmel grau und glasig ist und keine Abend- oder Morgenröte mir Schrecken und Unbehagen ins Herz jagt. Denn ich kann meinen Vater vor nichts schützen, nicht vor der unsinnigen und tatendurstigen Fröhlichkeit der andern und noch weniger vor seinen eigenen Wünschen. Meine Angst sind dabei die Sterne, weil mein Vater gern eine Reise zu den Sternen machen möchte, ich gebe es zu. Aber was ist das, eine Reise zu den Sternen, wie soll ich das verstehen? Mein Vater erklärt es mir nicht. Meint er das Samtige, die umgürteten Wiesen, Schilf und alte Jahre? Ich weiß es nicht. Ich merke nur, daß er mit einem Ruck den Kopf hebt, wenn einer von ihnen an seinem schrägen vereisten Fenster vorbeizieht, und das Stöbern in der Holzkiste sein läßt. Tatsächlich sehen die da oben auch weit entfernten brennenden und kreiselnden Heubündeln ähnlicher als allem anderen. Aber ich kann meinen Vater nicht fragen, ob er sie für seine Gefährten hält, und ich möchte ihn nicht einmal fragen können. Ich möchte nur, daß er noch eine Weile hier bleibt, hier auf seinem alten Sessel in der Remise, still und feucht, wie er ist, und selbst mit dem Modergeruch, der altem Stroh und alten Uniformen immer leicht anhaftet.

Habe ich vergessen, zu erwähnen, wie mein Vater zu den Eiszapfen neigt? Sie sind ihm lieber als alles Holz in seiner Kiste und ich bringe sie ihm, so oft ich kann. Ich breche sie von den Schuppendächern, wahllos, wie es kommt und die Hunde sind hinter mir. Da ist er wieder, der Eiszapfenbrecher, höre ich es von weitem rufen, aber das hilft ihnen nichts. Wenn mein Vater die Eiszapfen um sich hat, in Kreisen und Halbkreisen, hell wie Lanzenschäfte, aber klüger, ist er in seinem Glück. Er rückt dann den Kopf nicht mehr nach den Sternen und die Engel leuchten ihm.

Alte Liebe

Zwei kleine und etwas graue Leute bewegten sich mühsam die Straße hinauf. Vor ihnen hob die Sonne den Sand hoch, hinter ihnen blies der Wind in das Segeltuch. Von Zeit zu Zeit blieben sie stehen, wandten sich einander zu und jeder betrachtete den andern genau und vorsichtig. Es war keine Vertraulichkeit in ihren Blicken, auch kein Versprechen, und es schien ihnen gleichgültig zu sein, was vom Park her über die Schluchten trieb. »Das ist alles westliches Zeug«, sagte der Mann einmal, aber er lispelte stark und es konnte auch anders heißen. Die Frau nickte und zog den durchbrochenen Schal fester um den Hals. »War da nicht ein junger Mensch«, sagte sie, »der uns besuchen wollte? Den haben sie hinter Glas gesetzt.« »Und wann?« »Soviel ich glaube, gestern.« »Kristalle und ihre Bildung«, erwiderte der Mann bekümmert, »in diesem Lande dient man nichts anderem.« Zu ihrer Linken tat sich ein Kirchplatz auf und er mußte seinen Hut festhalten. »Und was geschieht damit?« fragte die Frau. Sie sprach deutlich und sanft, wenn auch etwas fremdländisch. »Wenn ich jemanden zum Kaffee bei mir sehen will, zum Beispiel nach einer Reiterschlacht, so erwarte ich, daß er kommt.« »Natürlich«, sagte der Mann. »Bedeckt mit rotem Staub vielleicht«, fuhr sie erregter fort und mußte niesen, »aber ich erwarte, daß er kommt. Was meinst du?« »Daß solche Erwartungen natürlich sind«, erwiderte er. Kinder mit blauen, roten und grünen Mützen rannten vorbei, sie trugen etwas an Fangschnüren über den Schultern, Schlittschuhe, aber vielleicht auch kleinere Boote, Jagdgewehre, jedes zwei und manche trugen vier. »Junge große Leute«, sagte der Mann, »künftige Walfänger, die besuchen uns auch nicht.« Wieder blieben sie stehen und musterten einander kurz. »Wo bist du aufgewacht?« fragte er. »Ich war in gelbliches Segeltuch gewickelt, lag unter einer eisigen Brise, Schluß, das war alles.« »Und ich erwachte bei den Rammböcken am Zooeingang.« »Die alten Geschichten helfen niemandem weiter. Es gibt manche, die waren in nichts anderes eingeschlagen als in festes Packpapier.« »Ich weiß«, sagte der Mann, »diese Sachen weiß ich.« »Wenn ich meine alten Schulhefte bedenke«, sagte die Frau, »meine Schrift wie gestochen und wie sie sich über mich beugten und riefen ›Gut Muriel, gut!‹ Und dann schläft man ein und findet sich bei Flußfischern wieder oder in Bahnhofsumgängen.« »So ist es«, sagte er, »uneingestanden oder nicht, übergenug davon.« »Ja«, erwiderte sie schüchtern. Und setzte, mit einem Windstoß um Atem kämpfend, hinzu: »Dabei ist es noch nicht mehr als einen halben Tag her, das ganze. Noch keinen halben Tag. Zu wenig, um Glauben zu finden.« »Glauben?« »Ich meine, die Regierungen zu bestürmen und all das. Wo dein Freund Morton jetzt sitzt.« »Nicht mehr.« »Nicht mehr? Aber dann ist es ja zu spät!« »Du wolltest den Jungen sehen«, sagte er und half ihr ohne aufzuschauen über den Bordstein. »Bei uns sehen.« »Bei uns sehen«, wiederholte er, »und dazu sind wir unterwegs. Hutschränke, Kleiderablagen, Wintervorhänge und Tabletts. Darum geht es uns jetzt. Um den entsprechenden Empfang. Wir wollen die vermeidbaren Zusammenhänge übergehen, wir wollen ihm leicht auf die Spur kommen!« »Das sagst du leicht.« »Ich meine«, setzte er geduldig fort, »ohne Gesprächigkeit und windige Kreuzungen, die haben wir bisher mit Glück vermieden.« »Ja, glaubst du?« erwiderte sie unsicher.

Sie blieben vor einem Fenster stehen. Dieses Fenster sah nicht aus wie ein Schaufenster, sondern wie die Fenster von Läden, die man in Parterrewohnungen verwandelt hat, gewöhnlich aussehen: kein Fensterkreuz, die einzige Scheibe mühevoll und schlecht gereinigt, so daß man die Spuren des Waschleders auf ihnen bemerkte. Und die strähnigen hellen Gardinen, deren Stickmuster wie Risse wirkten, waren nicht hinter den Scheiben, sondern hinter der etwas zu tiefen Fensternische zugezogen. Ja, es war ein ehemaliges Schaufenster und dieses wiederum konnte ein ehemaliges Fenster sein und wer weiß, wie oft es schon erfolglos von dem einen ins andere hinübergewechselt hatte. Noch immer war das Fensterbrett bis zum inneren Ende der Nische künstlich verlängert und mit Samt bezogen. Links und rechts waren die Wände entlang einige gelbliche Blattpflanzen in Tontöpfen aufgebaut, in der Mitte aber standen, von nichts anderem als der schwachen Vormittagssonne beschienen, alte Möbel in Daumengröße: ein Küchenschrank, ein Schreibtisch, ein Spinett, sogar Waschhölzer und Bottiche, drei gedrechselte Stühle um einen ovalen Tisch, ein Ohrensessel, ein Trugbild (so nannte man künstliche Staffeleien zuweilen), auf dem die Festung Finstermünz abgebildet war, von einem schwarzen Tuch halbbedeckt, eine Recamière und ein Schaukelstuhl. Eine der linken unteren Schreibtischladen war aufgezogen, ein Federhalter lag quer darüber. »Hier«, rief die Frau, »hier ist es, hier muß es gewesen sein!« »Wo wir ihn nicht empfangen haben?« »Wohin er nicht kam.« »Es ist tatsächlich Nummer achtundsiebzig«, sagte der Mann, der die alte schmale Haustür neben dem Fenster musterte, »vierundsiebzig, sechsundsiebzig, achtundsiebzig.« »Nehmen wir an, er wäre zu Pferde gewesen«, sagte sie, »er wäre hier unmöglich durch die Tür gekommen.« »Hattest du einen Brief zu schreiben begonnen?« fragte er vorsichtig und deutete auf den von der halboffenen Schublade aufgefangenen Federhalter. »Ich hatte immer Briefe zu schreiben begonnen«, erwiderte sie gereizt, »außer an einigen Mittwochen im Frühherbst, vier oder fünf, man kann sie abzählen!« »Und dann die Wäsche, deine alte Schwäche.« »Sie beweist nichts«, erwiderte sie, während Tränen in ihre Augen stiegen. Der Mann war an das Haustor gegangen und drückte die Klinke herunter, aber das Tor war versperrt. Er drückte auf den einzigen halbverrosteten Klingelknopf in der Mauer, nichts rührte sich. »Alles zu«, sagte er, »und ich bleibe dabei: wir hätten niemals mit den Schiffsanstrichen beginnen sollen, und überhaupt mit allen derartigen Versuchen, Federnauffüllungen, Spinettstunden und so fort.« »Spinettstunden«, rief sie erstickt, »die vier Schülerinnen und eine davon —« »Man hätte dann nichts zum Anlaß nehmen, uns aus nichts ein Urteil bilden können«, sagte er rasch, »und wir könnten jetzt Beschwerde führen wie alle übrigen, wie der Rest der Menschheit, mein Freund Morton«, er versuchte wieder zu läuten, »mein Freund Morton zum Beispiel —« »Laß ihn fort«, sagte sie, »laß endlich deinen Freund Morton aus dem Spiel. Alles ohne ihn von nun an.« Sie preßte die Stirne an das Glas. »Wie verlottert und verkommen es hier aussieht. Kein Ort, den man verlassen könnte, jedenfalls nicht so. Nein, nicht so!« Sie war immer noch den Tränen nahe. »Wo es so aussieht, da kann man nur bleiben.« Sie stampfte mit dem Fuß auf. »Bleiben, bleiben! Auch zwischen Waschhölzern und Wasserflecken.« »Ich glaube, jetzt kommt jemand«, sagte der Mann. »Und diese gelben Blumen —« Die Tür öffnete sich rasch und eine große, ziemlich kräftige Frau schaute heraus. Sie trug eine Küchenschürze, einen weißen Schal und eine Hornbrille, ihr graues kurzes Haar stand wirr um den Kopf. »Ich denke, wir kennen uns«, sagte der Mann entschlossen, »sind Sie nicht eine geborene Strauß? Meine Frau wiederum ist nahe dem Geburtshaus von Eduard — — haben Sie irgend etwas über sein Schicksal erfahren können?« »Kein Wort«, sagte die Frau an der Tür. »Offen gesagt geht es uns auch nicht um die Verwandten meiner Frau«, sagte der Mann rasch, als sie die Tür wieder schließen wollte. »Sondern?« Sie schaute hinter sich in den Flur, als stünde dort jemand und wandte sich wieder der Straße zu. »Sondern um einen jungen Menschen zu Pferde«, sagte der Mann hastig, »geboren in Erfurt, eigensinnig, unmusisch und liebenswert. Denken Sie, er sagte sich einmal bei uns an und er kam auch. Er sprengte herein wie zwischen steinerne Standbilder und interessierte sich für alles. Aber als er das zweite Mal kommen wollte, und darum geht es — kommen sollte«, unterbrach er sich mit einem Blick auf seine Begleiterin, »kommen sollte, da kam er nicht mehr. Wir hatten alles gerichtet, wir saßen da und warteten. Ich hatte noch die Möglichkeit, mich meinen beiden Hauptinteressen zuzuwenden, aber sie? Mit einem Wort: wissen Sie etwas? Man sagt, sie hätten ihn hinter Glas gesetzt, aber wir können es nicht glauben. Er hatte immer soviel von freier Luft um sich, Sand an den Fersen.« »Ich hätte eher an Seenöte im Zusammenhang mit ihm gedacht«, fügte er nach einer kürzeren Pause hinzu, »aber keineswegs an Nöte die Straße hinauf. Nein, keineswegs.« »Sie sind unverschämt«, sagte die Dame an der Tür mit ihrer klapprigen Stimme, während über ihrer linken Schulter der Kopf eines Pferdes auftauchte, den sie sanft berührte. »Ich finde, Sie gehen zu weit.« »Das hoffe ich«, entgegnete der Mann, »es lag selten genug im Bereich meiner Möglichkeiten. Nicht wahr, Belle?« Er wandte sich wieder an seine nun schweigende Begleiterin. »Und wer die Tageszeitungen liest, kommt auf die merkwürdigsten Gedanken. Ich könnte Ihnen zum Beispiel auf den Kopf zusagen, daß Sie hier Affen und Kiebitze im Fenster hielten. Und daß es noch nicht allzulange her ist. Freilich noch ehe sie Ihr Schürzchen trugen. Und das Haar hatten Sie damals auch hübscher!« »Sehr viele gingen sicher nie hinein«, setzte er rasch fort, »denn auf die Blattpflanzen legten Sie damals schon Wert. Und die armen Tiere litten an Vereinsamung, fandest du nicht, Belle?« Sie nickte. »Wie geht es Ihnen aber jetzt mit unserem Mobiliar? Haben Sie den Staub herausbekommen? Ich meine nicht den grauen, der von uns ist, das ging sicher leicht. Sondern den rötlichen, den unser junger Reiter auch aus den Waschhölzern fließen ließ. Und selbst, wenn er ausblieb. Wie erging es Ihnen in dieser Richtung? Haben Sie ein Instrument gefunden und welches oder mußten Sie zur Gewalt greifen? Die Erfindungskräfte sollen für das eine wie für das andere im Zunehmen sein. Ich hörte zum Beispiel von einer Bürste, einer Art Besenbürste —« »Hören Sie auf!« sagte die Frau an der Tür. »Nur weil es mich interessiert«, sagte der Mann. »Ich war immer schon von vielerlei Interessen geplagt, zum Unterschied von Belle«, er wandte sich lächelnd zur Seite, »der Interessengebiete immer fremd blieben. Ja, ich möchte sagen, sowie etwas interessant wurde, verlor sie es aus den Augen, auch in unserer glücklichsten Zeit. Das verschafft einem viel Ruhe, Gelegenheit, sich mit dem Hausrat abzugeben, die man sonst nicht hätte. Auf den Staub zu kommen, ich wäre sonst nie auf den Staub gekommen.« »Was Sie nicht sagen«, entgegnete die Frau an der Tür und versuchte vergeblich, das Pferd in den Flur zurückzudrängen. »Ich hätte auch niemals Gelegenheit gehabt, meine

Cousinen zu besuchen«, erklärte der Mann, »drei Cousinen, von denen zwei nur dahindämmerten!« »Voyager«, sagte Belle plötzlich und es gelang ihr zum ersten Mal, den Blick von den Pflanzen und Möbeln zu nehmen. Das Pferd zog die Luft ein. »Allerdings zwei verschiedene Arten von Dämmerungen«, murmelte er, »erstaunlich verschieden.« »Voyager«, sagte Belle noch einmal. »Ich warne Sie«, sagte die Frau an der Tür, während das Pferd an ihr vorbei auf die Straße drängte. Sie umklammerte mit einem ungeschickten und etwas groben Griff seinen Hals. »Ich gäbe Ihnen gerne zu verstehen, was Sie zu verlieren haben!« »Nicht nötig«, erwiderte der Mann und rückte an seinem Hut, »diese Sachen wurden uns schon verschiedene Male von anderer Seite her bekannt gegeben.« »Ja, die wissen wir!« rief Belle. »Wahrscheinlich nicht genau«, erwiderte die Frau keuchend. »Das liegt an unserer Genügsamkeit«, sagte der Mann, »Belle und ich —« »Kommen Sie herein!« rief die Frau und stemmte sich noch kräftiger gegen das Pferd. »Wir sind beide in Gegenden groß geworden, deren Namen zuviel versprachen.« »Das erzählen Sie mir, wenn wir drinnen sind. Wir können alles der Reihe nach betrachten!« »Unmöglich!« sagte der Mann. »Da kommt Henni«, rief Belle und zupfte ihn schüchtern am Ärmel, »der ich meinen Winterpelz borgte!« Sie zeigte, ohne sich umzuwenden, auf das Fenster, in dessen Scheibe sich von der anderen Straßenseite her eine dicke Bettlerin spiegelte. Es sah aus, als schlapfte sie zwischen Spinett und Küchenhölzern dahin. »Dieses grüne Fell, weißt du, von dem ich dir erzählt habe. Aber sie wußte nichts damit anzufangen. Gute Henni, ich hatte sie aus den Augen verloren. Damals war ich ihr auch böse.« Das Pferd schüttelte die Mähne und stand plötzlich auf der Straße. »Mein Gott, was es für Zufälle gibt«, sagte Belle glücklich. »Und immer, wenn man es am wenigsten erwartet.« Das Pferd ging auf sie zu und roch an ihrem Hut. »Ja, es ist noch derselbe«, sagte Belle, »ob du es glaubst oder nicht, ich habe nur den Schal gewechselt.« »Henni, sieh dir das an«, rief sie und sah über ihre Schulter. Die Bettlerin auf der andern Seite stutzte, legte erfreut die Hand über die Augen und versuchte eilig die Straße zu überqueren. »Wollen wir jetzt?« sagte der Mann ruhig. »Nur einen Augenblick«, erwiderte Belle. Die Bettlerin begann aufgeregt zu winken. »Hallo, ihr beiden«, rief sie, »wer hätte das gedacht? Als wir noch Federn spitzten, Belle, meine Liebe!« Belle lachte. »Verlaßt ihr das Nest?« »Diesmal freiwillig«, entgegnete der Mann und half Henni auf den Gehsteig, »das Spinett, die Erinnerungsblätter, die süße Muse!« »Dann könntet ihr mich ein Stück mitnehmen«, sagte Henni, die etwas außer Atem war, »die Gegend hier ist abgegrast.« Das Pferd stampfte.

»Bis zur drittnächsten Ecke, das genügt«, sagte sie, während er ihr und Belle vorsichtig hinaufhalf. Er nickte und schwang sich zwischen die beiden. »Und woran soll man sich halten?« Das Pferd fiel in Schritt. Es hatte den Gehsteig verlassen und strebte der Mitte der Straße zu. »Wir Reisenden«, murmelte Belle. »Sie werden es zu verantworten haben«, rief die Frau in der Tür. Sie machte eine Bewegung, als wollte sie auf die Straße, blieb aber in ihrer weißen Schürze auf der Schwelle stehen. »Sie werden sehen, wohin Sie geraten! Und Ihren jungen Helden, Ihren Reitersmann?« »Die Arme«, sagte Belle in die Wintersonne hinein, die vor ihnen am Himmel erschien. Das Pferd hatte die Höhe der Straße erreicht, es fiel jetzt in Trab.

Auf dem Fächer vor dem Haus hatte sich eine Familie niedergelassen. Die jüngere ihrer beiden Töchter saß am Rande des Fächers und ließ ihre Beine in die Luft hängen, während die ältere sich bemühte, über die Stäbe zu gehen, ohne die Seide zu verletzen. Von Zeit zu Zeit traten zwei Diener aus dem Haustor, beobachteten eine Weile schweigend, was geschah, und baten die vier Leute, den Fächer zu verlassen. »Eliza«, rief dann die Mutter vom Griff her, neben dem sie saß und ihn polierte, aber da keines der Mädchen den Kopf hob, wußte man nicht einmal, ob eine von ihnen so hieß. »Eliza«, rief die Mutter noch einmal. Die Diener gingen in das Haus zurück, kamen aber nach wenigen Augenblicken wieder heraus und begannen zu klagen. Der Vater der Familie hob abwehrend beide Arme und versenkte sich gleich darauf wieder in die kleine Schrift, die er auf den Knien hielt. Die Diener gingen noch einmal ins Haus und versuchten, als sie danach wieder herauskamen, mit Befehlen und Drohungen die Familie von dem Fächer zu jagen. Aber auch das war vergeblich. Vater und Mutter sahen nicht auf und eines der Mädchen, das ältere, sagte, indem es mit dem Kinn auf den Vater deutete: »Er hat mit dem Tausendmal-Lesen begonnen.« »Was ist das?« riefen die Diener, während sich ein leichter Wind erhob. »Das ist immer dasselbe«, rief das ältere Mädchen, »das ist immer ganz dasselbe!« Darauf gingen die Diener wieder ins Haus.

Die Dame, der sie dienten, stand solange an einem Fenster ihres Hauses im ersten Stockwerk und sah zu. Sie war eine dicke Person mit kohlschwarzem Haar, das sie nach der Mode eines früheren Jahrhunderts aufgesteckt trug. Eines Jahrhunderts? Nein, genauer: der zweiten Hälfte des siebenten. In ihrer Familie hatte sich eine Modezeitschrift aus diesem Jahrhundert beständig weitervererbt, bis sie eines Abends in ihren Händen zu Staub zerfallen war. Seither trug sie die Frisur, denn das war das einzige gewesen, was noch deutlich zu sehen blieb, ehe sie die Hände rührte und alles zerfiel: eine Dame, ihr sonst unähnlich, aber mit der gleichen Frisur. Nach diesem Bild im Staube richtete sie sich und unterzog sich dafür jeder Mühe. Es war auch unsicher, wofür sie sich sonst irgendeiner Mühe unterziehen sollte, denn sie hatte keinen Vater, kein Kind und nicht einmal eine Cousine. Den Göttern hatten die Ihren schon vor der Geburt ihres Großvaters abgeschworen. Sie war nie auf die Idee gekommen, es ihnen zu verübeln. Ihnen und den Ihren, schrieben fremde höfliche Leute manchmal und sie las es so ernst, wie sie es nahm. Ich und die Meinen, ich und keine Götter. Sie war immer höflich genug, im Gespräch mit sich selbst fremde Ahnungslosigkeit in die notwendige Ahnung zu verwandeln. Ihren Dienern gegenüber war sie schüchtern und hatte ihnen deshalb keine Weisung gegeben. Nun drohten sie und klagten ohne Weisung und der eine von ihnen ging rund um den Fächer und berührte das jüngere Mädchen am Knie. Aber das Mädchen sah nicht auf.

Der Fächer lag auf einem losen Gestell von schwarzem, glänzendem Holz, das man eigens für ihn vor längerer Zeit angefertigt hatte. Jeder seiner Rippen entsprach eine Kerbe in dem Gestell und der Griff hatte ein Bett. Er war nicht der schönste von allen Fächern seiner Dame, wenn auch einer der schönsten, aber er war der breiteste und am schwersten über die Hintertreppe in den Garten zu bringen. Er mußte, darauf deutete seine breite und etwas ungeschickte Form hin, kurz vor Beginn der dritten Periode entstanden sein (es gab bisher im ganzen vier), während der bei den Fächererzeugern der innere Sinn für das Maß der Rippen zu schwinden begonnen hatte. Aber gerade seine Maße, die jeder Kenner als leicht übertrieben und nur eben noch als edel empfand, gaben ihm bei den Kennern der Kenner seinen Wert, und deshalb liebte sie ihn auch etwas mehr als alle anderen Fächer, die sie besaß.

Weshalb sie an diesem Nachmittag auf die Idee gekommen war, den Fächer auf die Straße tragen zu lassen, wußte sie nicht. Es war ein stiller sandiger Tag, die Erwachsenen schliefen noch in den Häusern und die Kinder auf den Wiesen und da hatte sie bei sich gedacht »Sei es denn« oder »Die rühren sich nicht so bald!« Sie war auch noch stolz auf ihre Idee gewesen, soweit sie Stolz bei sich zuließ. Und sie hatte mit Freuden bemerkt, wie gut ihr goldener Fächer (ja, er war golden oder doch von einem sehr leuchtenden Gelb) sich auf der Straße ausnahm, zwischen den niedrigen Häusern, herabgelassenen Rollbalken, Gehsteigen, die seinem Maß nicht angeglichen waren. Er hatte es nicht nötig, wie die anderen Fächer zart zwischen die noch etwas kahlen Zweige der Apfelbäume gesteckt zu werden, sobald der März da war und mit ihm die Zeit, alle Fächer zu lüften. Hier ein Rot und dort ein Violett, hier ein naß gepinselter Ast dahinter und dort eine alte, leicht eingedrückte Gartenkugel, hatte sie spöttisch gedacht, nein, das brauchte der ihre da unten nicht, selbst wenn alle andern auch die ihren waren. Aber dieser war es mehr. Soweit war sie mit ihren Gedanken gekommen, als sie, wahrscheinlich von dem langwährenden Blick auf die seltsamen

und unverstellten Maße berauscht und in einem Anfall von innerem Übermut, beschloß, den Fächer von nun ab keinen März mehr in den Garten bringen zu lassen. Die Straße war sein Reich, hier sollte er blühen oder gelüftet werden oder wie immer man das nannte. Jeden März. Gab ihr nicht alles recht? Die schläfrigen Nachbarn, die schläfrigen Kinder, die noch bräunlichen Wiesenhügel am Ende und die kleinen Sandwolken, die sich von Zeit zu Zeit erhoben. War er nicht der einzige, der etwas Sand vertrug und sich von ihm reinigen ließ? Ihre Angst, er und sein Gestell könnten betastet, gestreift oder gar von Steinwürfen verletzt werden, war verflogen. Schläferte er nicht seine Feinde ein?
Plötzlich bemerkte sie die Familie auf dem Fächer. Sie konnte nicht sagen, wie sie da hinaufgekommen war, sie hatte den Blick keinen Augenblick von ihm abgewandt. Und es war alles gleich so gewesen, wie es nun war und wie es durch die allmählich in Schmähruufe übergehenden Drohungen und Klagen der Diener auch noch zu werden schien. Der Vater saß ungefähr, vielleicht auch genau auf der Mitte des Fächers und las, das jüngere Mädchen ließ seine Beine über den Rand hängen, das ältere tanzte auf den Stäben und die Mutter polierte den Griff. Während sie die ersten behutsameren und erstaunten Klagen und Bitten noch zu ungeduldigen Bewegungen und sogar zu Worten gebracht hatten, änderte sich jetzt nichts mehr. Der Vater schien die beiden Seiten, die er lesen wollte, gefunden zu haben und sein gelacktes Haar glänzte, von der Frühlingssonne getroffen, herauf. Die beiden Diener bemühten sich, den Fächer vom Griff her anzuheben. Von Zeit zu Zeit liefen sie ins Haus und stärkten sich mit dem heißen Wein, der in kleinen Krügen auf den Kacheln in der Rückwand des Flurs stand. Ihre Versuche wurden immer gröber und heftiger, Zorn und Schwäche hatten sie gepackt. Ihre Dame stand indessen immer noch still hinter dem Fenster und sah zu.
Die vier Leute auf dem Fächer waren um eine Spur kleiner und schwächer, als es Leute sonst sind, aber diese Spur war nur in Ahnungen meßbar, vielleicht vom Blickwinkel abhängig, vielleicht von der Beleuchtung und man konnte sich leicht darüber täuschen. Wenn auch nach einer Weile der Betrachtung nur schwer darüber hinwegtäuschen. Sah man genau hin, so gewann man bald den Eindruck, daß sie auch flacher waren und wieder um diese Spur. Ihre Arme hatten nicht ganz die Rundung, ihre Rücken nicht ganz die Breite, und es konnte sogar sein, daß sie aus Zeitungspapier zusammengefügt waren, vielleicht auch aus etwas festeren dürren Blättern, und bei jeder Bewegung knisterten. Wie hübsch, dachte die Dame, wie gut zusammengefügt! Und sie lächelte, als

sie in einem vermeintlichen Teegespräch einer vermeintlichen Freundin erklärte: »Was für geschickte Handwerker es gibt, sie können alles! Berge, Hügel, die See und das Licht, runde Schultern und alles aus Papier. Wenn auch leicht zu zerstören. Ich sah zu Beginn eines Herbstfestes —« Dann verlor sie den Faden des vermeintlichen Gesprächs, sie lächelte wieder. Ihre beiden Diener saßen an der linken Seite des Eingangs und kamen nicht mehr auf die Füße. Ab und zu streckte einer den Arm aus und bewegte den Fächer, aber nur mehr schwach und ohne deutliche Hoffnung. »Wäre er bemalt gewesen«, lallte der zweite, als spräche er von einem Toten, »hätte er ein Muster auf sich gehabt wie andere, Spaziergänger, Bälle, freundliche Personen, aber er war nur hell.« »Da lob ich mir die Muster, die stehen nicht auf.« »Es muß das Gold sein, die Tagesfarbe, diese gottverlassene Helligkeit.« Weiter gediehen ihre Gespräche nicht.
»Eliza«, sagte der Vater, »jetzt bauen wir das Schiff.« Das ältere Mädchen wandte sich um, sprang auf die Mitte des Fächers und blieb dicht vor seinem Vater stehen. Es breitete die Arme als Segel über den Kopf und legte die Hände ineinander. Die Mutter hörte zu polieren auf, ließ das Tuch über den Rand des schwarzen Gestells auf die Straße fallen und nahm den Griff des Fächers in ihre Hände. »Er dreht sich«, sagte sie glücklich, »er dreht sich.« »Eliza«, sagte der Vater und klappte sein Buch zu, »ich hole jetzt den Segen herab.« Er hob den Kopf und sah über sich das vorspringende Dach des Hauses und einige grelle Schnörkel darin. »Bekommst du ihn daher?« fragte seine Frau ängstlich. »Leicht«, erwiderte er und begann zu beten: »O verschwiegenes Holz, gerundeter Sparren, springender Lack, in dem die Wahrheit aufbewahrt ist wie überall, wirf auf dieses Schiff die Freuden der Schiffe herab, bewahre seine Fahrt vor dem Behagen und laß es im Feuer enden, wie es ihm zukommt.« »Ja«, sagte die Mutter. Das jüngere Mädchen hatte die Schultern etwas eingezogen und rührte mit den Zehen die sandige Luft. »Eliza, Schäfchen«, sagte der Vater zärtlich, »beteilige dich.« »Ja, Kindchen«, rief die Mutter, »koche uns Luftflocken, reinige die Stäbe vom Salz, nur tu etwas.« Das Mädchen wandte sich aber nicht um. Es zuckte bei dem Wort Luftflocken mit den Schultern und sein Haar teilte sich über dem Rücken. »Da wären wir wieder«, flüsterte die Mutter, »verhindert, verhindert.« Tränen traten ihr in die Augen. »So ist es immer. Erinnert ihr euch, als wir auf den Baumspitzen rasteten? Sie widerstrebt der Schiffahrt!« »Eliza«, rief der Vater klagend und das ältere Mädchen in seiner Nähe klatschte ungeduldig in die Hände und legte sie dann gleich wieder über dem Kopf ineinander.

Die Dame öffnete über ihnen das Fenster und sagte mit ihrer ruhigen Stimme: »Die Stäbe müssen von Salz nicht gereinigt werden. Wäre es Zucker und Ei, ich wäre Ihrer Meinung, aber nicht Salz, nichts, was den vielen Meeren zugehört und die Dörfer in Unruhe bringt.« »Beziehungsweise in Ruhe«, fügte sie nach einer Weile nachdenklich hinzu, und indem sie sich etwas aus dem Fenster beugte: »Ich stamme aus einem Salzdorf. Es liegt auf einem dürren Hügel und ist jetzt leer. Aber vorher gab es einen Tag fürchterlicher Unruhe. Selbst die Kühe wurden beladen, um dem Salz zu entgehen. Meine Lieblingskuh mit den Waschschüsseln der Familie. Mein kleiner Bruder trieb die Hühner an den Fluß, wo sie lärmend ertranken. Alles kopflos. Und die Bilder«, sagte sie lebhaft, »wir hatten eine Menge Bilder, da flog das Salz in die Rahmen und sie sprangen krachend heraus. Von den Betten gar nicht zu reden.« Sie unterbrach sich, weil niemand von den Fächerleuten auch nur zu ihr hinaufsah. »Eliza«, wiederholte der Vater klagend, »beherzige uns.« Aber seine Jüngste rührte sich nicht. »Wir hatten wunderbare Bettücher«, fuhr die Dame fort, »die Ränder mit Anemonen bemalt.« Sie schloß leise das Fenster, verließ ihr Zimmer, raffte ihr Kleid hoch und stieg die Treppe hinab. Dann trat sie, an ihren Dienern vorbei, durch das offene Haustor und ging rund um den Fächer und sein Gestell, bis sie mitten auf der Straße vor dem jüngsten Mädchen stand.

»Erinnerst du dich, Eliza«, sagte sie, »erinnerst du dich? Wie der Wind uns stieß und die Schiffe heulten? Wie die linke Seitenwand hochflog und wir das Salz für Sand hielten? Wie die Tempelglocken zu läuten begannen, wie du gelacht hast?« Das Mädchen sah starr an ihr vorbei. Der sie gemacht hatte, mußte ihr Haar zuerst gemacht haben, in den wenigen guten Augenblicken, in denen man nicht gestört wird und meint, es bliebe nun für immer so. Ihr Haar war das Beste, es setzte behutsam und stark an und fiel glatt nach hinten. Aber ihre Züge waren schwach und nur wie angedeutet und über ihre Schläfen liefen schwarze, etwas verwischte Streifen, als wären die Nachrichten noch zu erkennen, denen sie ihr Dasein verdankte. »Mittagssturm löscht —« las die Dame tatsächlich, nahm ihren Blick aber rasch von der Stelle und heftete ihn voll Mitleid auf die brüchige Gestalt der Kleinen. »War es nicht lustig, Eliza«, wiederholte sie leiser, »wie du die Schafe um dich gesammelt hast und mit ihnen das Kreisspiel spieltest? Und wie eins nach dem andern ins Meer flog, aber fröhlich? Dein liebstes mit der schwarzen Schleife zuerst. Und die Wölfe vom Waldrand hinterher. Ich habe immer gesagt, daß Wölfe neugierig sind«, fuhr sie eifrig fort, »nur etwas neugieriger als der Rest. Da erwies es sich wieder. Aber du hattest es mir nie glauben wollen, wenn ich oft noch im Finstern an deinem Lager saß und der Pfefferminztee durchs Haus roch. Nein, nein, nein, höre ich dich noch rufen, mit deiner schrillen Stimme, Kind!« »Was redet sie da?« sagte der eine der beiden Diener am Eingang und rieb sich die Augen. »Mir träumte eben –« »Ach, hör auf damit«, sagte der andere, »ich kanns nicht hören.« »Wie bockbeinig du warst«, fuhr die Dame eindringlich und ohne die Stimme zu erheben fort, »damals in den alten Nächten. Und wie deine Beine immer unter der Decke raschelten, erinnerst du dich? Wie Zunder. Man hätte, mit ein wenig Ahnung begabt, das ganze Salz vorausahnen können. Und wie der Himmel einfiel, weißt du es noch? Wie die Brücken krachten, die sie über die Bucht gespannt hatten, mit Tausenden von Leuten darauf, wirklich mit Tausenden von Leuten, weißt du es noch, Eliza? Wir standen uns im vorderen Zimmer gegenüber, in dem die Vorhänge noch nicht geöffnet waren, und hatten die Hände auf die Tischplatte gestützt und lächelten uns an, bis man mich von dir fortriß, in die heulenden Ebenen und auf die berstenden Brücken. Es war der Nachbar mit seinen entwurzelten Rhododendren im Arm. Schade um die Kleine, sagte er und hatte mich schon am Kragen. Ich stieß ihn mit den Füßen in die Seite, aber es half mir nichts, ich mußte ihm seine lumpigen Pflanzen vorantragen, von denen er viel zu viele hatte. Ich weiß nicht, ob du uns nachgeschaut hast, Eliza, aber ich hoffe nicht. Es kann kein besonderer Anblick gewesen sein: er mit seinen dünnen Schultern und dem schlotternden Mantel, und ich vor ihm, die Wurzeln der Beharrlichkeit im Arm. Aber wie ich dich kenne, hast du dich auch von dem Tisch nicht wegbewegt, hast nicht einmal die Hände von der Tischplatte genommen, stimmts?« Ein Windstoß kam von den welken Wiesen und schüttelte Elizas Kopf. »Hier bin ich nun«, schloß die Dame zögernd, »er wurde übrigens bald von mir weggeblasen und landete in einem anderen Stadtteil, wo er Harfenunterricht gibt, während seine Rhododendren sich zwischen dem Salz die Flüsse hinunter wanden, sie schmücken jetzt die Lotsenstation. Und du«, fragte sie schüchtern, »wie ging es mit dir weiter, als ich draußen war? Was geschah, was hast du getan?« Das Mädchen begann wieder mit den Füßen die Luft zu bewegen, während der begonnene Spruch auf seiner Schläfe in dem sinkenden Licht klarer wurde. »Eliza«, sagte die Mutter scharf, »rühre den Sand nicht um, wie soll unser Schiff ausschauen, wenn wir erst losfahren?« »Mit seinem frischen Anstrich«, setzte sie klagend hinzu. »Ich muß es wissen, ehe die Nachbarn links und rechts aufwachen«, flüsterte die Dame und beugte sich dicht zu dem Kind, »erzähle mir doch, hast du noch Tee gekocht, als ich draußen war, hast du den grünen Findling geschmückt? Oder hast du die Hände bis heute nicht vom Tisch genommen? Zuzutrauen wäre es dir«, sagte sie, »und sie mußten das Teetuch täglich über deine spitzen Finger breiten und den Kuchenteller auf die verkehrte Seite rücken.« Sie lachte. »Aber sage es mir, Eliza, sage mir, was bei dir geschah, als das Salz sich senkte? Denn so gut ich es noch auf der Brücke wußte, mit meinem und des Rhododendron Schatten über den schiebenden Blöcken im Fluß, so wenig weiß ich es jetzt!« Eliza schwieg und hielt die Beine still. »Oder störte dich jemand? Wer war es, wer stürmte herein und halste dir Pläne auf?«

»Ich war es nicht, Eliza«, rief die Ältere hastig, während ihr ein Schatten von Rot an den Hals flog, »nicht wahr, ich war es nicht?« »Beamtenstöcherlein sucht ersten Vogel und so fort«, sagte die Dame, ohne sie zu beachten, »wer schrieb die alten Verse in dein Heft oder schrieb sie keiner?« »Er hat wieder mit dem Tausendmal-Lesen begonnen«, rief die Ältere und deutete auf den Vater, der ein Blatt seines Buches mit zwei Fingern hochhielt.

»Das Tausendmal-Lesen«, murmelte die Dame spöttisch und stützte sich dabei auf einen Stab ihres Fächers, »ist eine gute Sache, aber euer Vater treibt es zu weit. Folge dem Nachbarn, hieß einer meiner ersten Sätze und ich hätte gerne gewußt, welchem, aber ich erfuhr es nie. Dennoch ging mir schon beim dreiundneunzigsten Mal einiges auf. Ja, denke nur, Eliza, es ging mir auf. Und jetzt bin ich auch hier. Ich habe zwei Diener und ein Haus, auf dessen First sich an fünf Tagen des Jahres etwas Schnee senkt, ein Schwimmbecken, über dessen äußeren Rand die Linien der jährlichen Entenflüge gehen, hier bin ich, wenigstens gebe ich keinen Harfenunterricht. Nein, nein, das nicht, wenn ich auch mit der Zeit etwas geschwätzig werde. Mein Täubchen –« sagte sie und beugte sich erschrocken zu Eliza, aus deren äußeren Augenwinkeln die Tränen in großen Tropfen zu rollen begannen, während ihre Mutter sich vergeblich anstrengte, zwischen den Stäben des schwarzen Gestells hindurch ihr Tuch von der Straße zurückzuholen, »weine nicht, mein Täubchen, es wäre schade um die begonnenen Nachrichten auf deinen Wangen!« »Helft ihr«, sagte sie dann streng zu den Dienern, mit dem Blick über Eliza hinweg. Die beiden Diener sprangen auf, der erste von ihnen holte das Tuch, schlug es aus und überreichte es der Frau auf dem Fächer. Sie lehnten sich mürrisch an die Hauswand zurück, wagten es aber nicht mehr, sich daran niederzulassen. Die Frau auf dem Fächer wollte wieder den Griff zu polieren beginnen. Sie ließ es auf einen Wink ihres Mannes, hob den Kopf und sagte: »Wie steht es mit der Schiffahrt? Ich meine, bei Ihnen?« »O, da gibt es die vielfältigsten Bezüge«, erwiderte die Dame zerstreut, »vom weißen Lack bis zu den Bughölzern — Eliza«, rief sie, kniete mitten auf der Straße nieder und umfaßte die Beine der Kleinen, »laß die Tränen sein! Sie werden die Nachbarn wecken, sie werden die Nachrichten löschen, sie werden uns alles zu Trotz tun. Oder sage mir doch wenigstens, weshalb du weinst. Weil ich dich verließ, Kindchen? Glaube mir, als ich durch den Vorgarten ging und das ungenaue Gewölk über mir sah, mit seinen leblosen Formen, tat es mir schon leid und ich dachte: Wie lasse ich Eliza zurück, wird sie das halbe Glas Milch auf dem Klavier entdecken? Und die Fragen wurden bald schärfer. Eliza«, rief sie, »es schneit!«

Tatsächlich hatte es aus dem fast heiteren Himmel zu schneien begonnen und ein alter schmutziger Mann streckte den Kopf schräg gegenüber aus seiner Haustür und sagte: »Es wird Zeit für euch, Kinder!« »Hast du gehört, Eliza?« sagte die Dame ungeduldig. »Lassen Sie Ihr Herzblatt da«, rief der alte Mann quer über die Straße, »es wird ihm nichts geschehen!« »Das habe ich schon einmal gehört«, sagte die Dame, »und ich will es nicht wieder hören!« Sie nahm ihr Seidentuch um den Kopf, zog das Gestell, das auf Rädern lief, mit dem Fächer und den Leuten in die Mitte der Straße und gab ihren Dienern einen Wink. Links und rechts öffneten sich die Fenster und die Türen und Nachbarn und Nachbarskinder sahen neugierig aus den lockeren Rahmen, während die Dame ihren Fächer durch die Schneewirbel und das neblige Licht zu den Hügeln zog. Auf der ersten Hügelwelle hielt sie inne und konnte noch einmal den Rand des Schwimmbeckens aus dem Apfelgarten heraufblitzen sehen. »Wenn Sie jetzt der Schiffahrt dienen wollten?« sagte die Frau auf dem Fächer. »Ich will der Schiffahrt dienen«, erwiderte die Dame und begann wieder zu ziehen. Die Diener schoben an. Die Leute auf dem Fächer verhielten sich still.

Kurz vor der letzten Hügelkuppe fühlte die Dame ihren Fächer plötzlich schwer werden. Sie wandte sich um und sah ihre beiden Diener schattenähnlich über die Wiesen gegen die Stadt zu laufen. Ab und zu drehten sie sich um und sandten ihr höhnische oder auch flehende Gebärden herauf. Einige Augenblicke schaute sie ihnen zu und verglich sie in ihrem Herzen mit grauen Fensterläden, die auf einen Turm gehörten, aber der Hang war an dieser Stelle zu geneigt für eine Rast und sie mußte weiter. Sie zog an und hörte das Gestell hinter sich krachen und seine kleinen Räder über einen Stein holpern. In einer Mulde unterhalb der Kuppe saß ein Schneehase, den sah sie noch. Dann hörte sie sich gerufen. Sie hörte die schwache, von Gelächter fast erstickte Stimme, die sie beim Namen rief. Einmal und noch einmal. Sie drehte sich

hastig um. Aber dieser Drehung waren, da sie den schlangenförmigen Weg zum Gipfel schon betreten hatte, weder die Neigung des Weges, noch ihre Kräfte gewachsen. Das Gestell geriet ins Rollen und riß sie mit. Schon sah sie die Stadt sich rasend wieder entgegenkommen, ihre Diener, ihr Schwimmbecken – wie nahm sich ihr Apfelgarten im Zorn aus? – da löste sich der Fächer mit seiner Last von dem Gestell und wurde von einem Wirbel in die Höhe getragen. Es gelang der Dame, sich an eine der unnötigen und von der Schwächung des Stils zeugenden seitlichen Spangen zu klammern und sich daran hinaufzuziehen. Der Fächer schwankte, fiel ein Stück, breitete sich aus und glitt gegen die Küste.
Die Dame ergriff die beiden mageren, feuchten Arme, die ihr geholfen hatten, und vielleicht ergriff sie sie zu fest. Die Arme falteten sich unter ihren Händen, der Hals faltete sich, Schultern, Kopf und Knie, und was sie schließlich hielt, war ein Zeitungsblatt, eingerissen und brechend an den vielen Bügen, einige schwarze dicke Lettern zu Häupten, die schon ineinander flossen und außer ihrem eigenen Entsetzen nichts mehr mitteilten, und darunter drei eilige schräglaufende Spalten, die mittlere etwas breiter, die der Schnee verwischte. »Ein Faltspiel!« rief das ältere Mädchen und klatschte in die Hände, »ich wußte es gleich.« »Komm an mein Herz«, rief die Mutter auf dem Fächer und breitete die Arme nach der Dame aus. »Meine Tochter«, sagte der Vater und hob den Kopf vom Buch.
Der Schnee verschwand, die Sonne trat hervor. Tief unten sah man das weiße Blatt, das aufgelöste Faltspiel, sich flatternd und rasch dem Wasser nähern. Die Dame beugte sich hinab und brachte alles noch einmal ins Schwanken. »Alte Nachrichten«, sagte der Vater hinter ihr mit seiner ruhigen Stimme, »eine alte Zeitung, an der wir uns übten.« »Sie hat mich beim Namen gerufen«, erwiderte die Dame auf dem Fächer.

Wiegenfest

Links ist ein blauer Zylinder eingezeichnet, rechts ein schwarzer. Darunter Sand und eine Kinderwiege. Von Zeit zu Zeit kommt der Schuldiener aus dem Haus und stößt die Wiege an. Damit für das Kind in der Wiege das Blickfeld wechselt: einmal der blaue Zylinder, dann der schwarze. Aber er ist nicht sicher, ob ein Kind in der Wiege liegt. Der Schuldiener beugt sich darüber und lächelt zärtlich. Er streicht über das Kissen und zieht die Decke gerade. Seine Frau tritt vor das Haus und ruft: Ferdinand! Zögernd wendet er sich ihr zu. Die Wiege bewegt sich noch eine Weile fort. Sie kommt nicht vom Fleck, aber wenn ein Kind darinnen liegt, so werden ihm unauslöschlich zwei Zylinder eingeprägt: ein blauer und ein schwarzer. Zwei Siegel zum Eintritt. Zwei stumme Formen in ungewählten Farben. Ebensogut könnten es Pfauen sein. Und das eine wie das andere: glatte Erfindungen. Man könnte auch sagen: geschlagene Räder. Aber nicht für das Kind in der Wiege. Es hat noch kein Verlangen nach Lindenschatten und den Lilien der Bourbonen. Es kann den Kopf nicht wenden, es bewegt nicht einmal die Arme. Es liegt still. Und im Liegen schwankt es. Der Schuldiener hat es angestoßen, weil er zärtlich ist. Er überlegt nicht, was das Kind erwartet: ein grüner Ofen, unter die Bank gerückt, eilige Aufbrüche, Fluchten, Bedrückung durch Steuer und Könige, Berichte unerbetener Fürsorger. Aber er hat es getan. Er hat mit einem Stoß zwei Zylinder an das Kind verloren gegeben, ohne zu wissen, ob es da ist. Ein einfacher Schuldiener, in dessen Garten die Rosen knospen. Er hat Fragen in die Welt gesetzt, die schon da waren. Was ist ein Zylinder, wie trägt man ihn, was sucht er ein bis zwei Meter über dem Erdboden? Und was sind zwei Zylinder? Aber er stellt die Fragen nicht. Die ersten Schüler kämen sonst bald und riefen: Es sind keine Zylinder! Es sind nur ehemalige Fensteraufsätze, in die Ziegel gelassen, ein Rest, nicht schwarz und nicht blau. Und die ersten Lehrer kämen und sagten: Weg da! Das Kind in der Wiege schwankt, dem Kinde stellt sich alles anders dar. Napoleon, noch unerkannt, setzt über den Staub, ein Regiment hat Ähnlichkeit mit einem Mauerstück, beide sind nicht da, es bewegt sich alles im Tauben. Die Stunden sind noch zugespitzt und in der Luft findet beständig eine Verwandlung von Zylindern zu Zuckerhüten statt, zu wiegen ist eine Art, auf der Stelle zu blättern, und ändert die Formen in der Richtung der Luft. Eine solche Wiege ist ein kostbarer Gegenstand und das Kind, ob darinnen oder nicht, kennt noch keine Treue. Oder besser: es kennt seine Treue noch nicht. Die Riesengeschichten haben nur einen Satz und da dieser Satz schwankt, ist er unaufhaltsam, da er immerfort von sich selbst zu sich selbst getrieben wird, gewährt er Einlaß. Er stellt sich in zwei Formen dar und diese Formen sind gleich. Die Kenntnis der Farben ist noch nicht gewiß. Blau und schwarz, blau oder schwarz. Das ergäbe schon unermeßliche Änderungen, Flußläufe und Fugen spielten sich anders ab, die Mündungen lägen neu, aber die Katastrophen daraus, die einen oder die anderen, wären nicht sichtbar. Oder stellten sich möglicherweise wieder als Farben dar: blau und schwarz, blau oder schwarz. Vier Hirten mit ihren Schafen wären bei der Verschiebung nicht zum Leben gekommen, drei neue stünden auf, einer von ihnen ein Prophet. Das ist ein sanfter Wechsel für das Kind in der Wiege, ein beharrliches Maß. Das Kind kennt die aufgegangenen Locken der Ertrunkenen noch nicht, hat sie noch nicht beachtet, kaum den Sand im Hof. Aber hat sich nicht ein Stein unter das Wiegenholz geschoben? Es schwankt nicht mehr gleichmäßig, eine neue Art der Betrachtung entsteht, nämlich die Betrachtung des blauen Zylinders als Zylinder, gut gerahmt und ummauert, die des schwarzen nur mehr als Ruhe für die Augen. Aus zwei Zylindern ist einer geworden, aus zwei Farben ein Bild. Die Schwärze läuft als Strich mit, als Fliege, als Winkel für den Blick. Ein einziger Zylinder wird umfaßt und wieder verlassen: der blaue. Darin haben sogar Gemüsegroßhändler Platz, und was das Leben noch bringt: Verluste von Spuren, die letzten Tage vor den Bankrotten kleinerer Bankhäuser, der Einkauf von Wirbellocken. Nimm diese, bleibe bei der! Wolltest du nicht die schwarze, als wir eintraten? Das Kind jauchzt. Der Schuldiener bedeutet seiner Frau, näher zu kommen. Laß es, Ferdinand, sagt die Frau, es will ja nichts. Sie hat recht, es will nichts. Es behauptet sich noch in dem, was ihm zukommt, es ist unerreichbar für Anweisungen. Es nimmt in seinen Sinn, was auf den Kopf gehört, es beträgt sich nicht. Es ist unauffindbar im Traum. Man könnte ganze geträumte Wiesenhügel hinaufstürmen, mit Eiben zur Linken und Felswänden dahinter, und fände es nicht, weil es darinnen ist. Man könnte die seltenen Gestalten in ihren schwarzen Bauernröcken um Auskunft fragen und erführe nichts über das Kind. Aber es erschrickt, so oft seine Wiege an den Stein stößt. Der schwarze Zylinder, schon dünn und machtlos geworden, wölbt sich als Schrecken über seiner Brust. Nimm Zuflucht, nimm Zuflucht! Kehr beim blauen ein! Und darum jauchzt es. Oder was Schuldiener, Betreuer und andere versprengte Vögel so nennen. Aber nichts auf den Schuldiener! Er hat aufgenommen, was andere nicht aufnahmen. Er hat ein Kind aufgenommen, von dem er nicht weiß, ob es da ist. Vielleicht hat er nur die Wiege aufgenommen. Er hat sich selbst zur Vorsicht ermahnt. Er hat sie vorsichtig in seinen Hof gerückt, er hat seine Blicke darauf geheftet. Ferdinand, sagt seine Frau. Und noch einmal, schon viel unruhiger: Ferdinand.

Der Bastard

Ich kann meinem Lehrer nicht helfen, wenn es soweit ist. Ich kann mich nicht flach machen wie Wasser und in sein Haus dringen. Das ist der Herbst, hat mein Lehrer gesagt, Vater und Mutter sind fort. Wie sich die Berge hinziehen mit ihren Namen, als liefe einer dem Namen des anderen nach. Und wie lächerlich sie alle heißen. Aber ich kann ihm nicht helfen, wenn er eines Tages krank wird und wegbleibt, wenn er zu stöhnen beginnt hinter der verschlossenen Tür. Ich kann ihn dann nicht mehr aus der Luft zusammenholen, wie er jetzt ist, ich kann ihn nicht durch die Fenster herausbringen, kein Staub nützt mir dann, er ist fort. In den Ställen rumort es noch, aber das ist auch alles. Wir haben einen schönen Stich gelernt, um Rosen aufzunähen, fast unsichtbar, aber was nützt das? Und mein Lehrer hat ein schönes Haus, es nützt auch nichts. Pantoffel, Stricke, Gurte, alles umsonst. Ich kann ihm auch keinen Vers mehr durch die Ritzen schreien. So viele Verse, alle auswendig und alle zu nichts, man sieht es dann wieder. Hoffeuer und Herdfeuer und Jagdfeuer, auf dem Wege zu singen, es paßt keiner. Rosenfeuer und Waschfest, nahe dem Friedhof, es paßt doch nicht.

Wie soll ich ihn dann stützen, wie ihn zur Ruhe in die Sonne bringen? Die Sonne wird zu heiß für meinen Lehrer sein, wenn es erst soweit ist. Vielleicht wünscht er sich dann noch einen Hut oder eine Schärpe, ein himmlisches Band, wie es auch genannt wird. Darin ruhen die Fahnenstöcke, aber ich kann doch nicht zu ihm. Ich muß draußen bleiben und die Steine vor mir hertreiben. Ich muß mich vor der Sonne aufhalten. Ich muß kreiseln und jagen, wie es verlangt wird, und mir nichts anmerken lassen, Hüte schmücken und sogar Kufen für die Schlitten bauen, das ungleiche Zeug.

Aber ich will nicht, daß sie meinen Lehrer schräg neben das Waschhaus betten, und das wollen sie dann. Sie haben dort eine Stelle an der Mauer, die sie für gut halten, es ist eine eiskalte Stelle, sie macht einen nicht gesund. Und ich habe sie auch im Verdacht, daß sie es wissen. Meine Hoffnung sind dann nur die Hühner, die dort auf und abgehen, lang vor der Schlafenszeit, und ihre Federn verlieren, und die Federn steigen ihm ins Gesicht, in Nase und Ohren, und treiben ihn auf. Und er hebt sich auf die Ellbogen und wirft seinen Hut über die Mauer und dann sieht er mich und winkt mich herbei. Komm! sagt er. Und mein Lehrer und ich, wir gehen dann fort. Wir haben beide keine Hüte auf, mein Lehrer legt mir die Hand nicht auf die Schulter, es friert die Schafe nicht in unserer Nähe, keiner hält uns auf. Mein Lehrer und ich, wir sind dann unterwegs, aber er zeigt mir nichts mehr, er lehrt mich keine Verse und rechnet mir nichts vor. Die Sonne brennt auf uns, aber uns ist nicht heiß, uns ist auch nicht so warm wie Schatten warm ist. Die Dengler dengeln weiter und die Seiler grüßen uns nicht, die alten Frauen auf den klapprigen Balkonen haben kein Auge für uns, wir sind bald von allen fort.

Das ist aber schön, so durch das Dorf zu gehen und kein Kragenmuster ist mehr für unsere Köpfe, mir tut es leid, wenn wir erst draußen sind. Da spielen sie wieder mit den Steinen an ihrem dünnen Bach, aber ich nicht. Und wenn in fünf Monaten der Schnee von ihren Dächern kommt, schreien sie: Du warst es, du warst es! Wie naß der Himmel über ihnen aufgeht, sieht keiner. Ein Fetzen von einer Ballonhaut hängt noch an dem Birnbaum. Mein Lehrer schaut hinauf und betrachtet ihn. Dann schwingt er seine Hand und läßt sie wieder fallen, aber nicht auf mich.

Ob wir uns noch einmal an einen Zaun lehnen sollten oder an ein Brückengeländer und ob danach ein Schatten von uns bliebe? Das sagen manchmal die Ziegeleiarbeiter, viele von ihnen sind Schattensammler, sie rufen dann von weitem: Der Schatten gehört mir! oder Der Schatten ist meiner! Draußen in den Distelfeldern, in denen ohnehin kein Strauch so hoch wie ein Mann wird. Dann lachen sie, wie das zum Lachen ist!

Aber wenn wir so weiter tun, sind wir bald aus dem Dorf. Wir gehen gebeugt zwischen den knisternden Wänden, an den Kräuterhäusern und Wurzelgewächsen vorbei, an dem Eis, das längst weggetaut ist, dann hüpfen wir wieder. Wir machen große Schritte, die Wiesen entlang, wir machen die Riesenschritte, wie sie den Jägern gebühren, und manchmal tanzen wir auch, es hält niemanden auf. Wir jagen den Feldmäusen über die verbrannten Wiesen nach, die Eber kommen an die Stacheldrähte und reiben ihre Köpfe an den Pfosten.

Wie es erst draußen sein wird? Ob da noch einer kommt und uns zur Ruhe bringen will? Die Mägde haben grobe Herzen und liegen an den Bachbetten, aber sie steigen nicht herauf. Sie lachen noch, aber ihr Essen bieten sie uns nicht mehr an, auf unserer Spur bleibt keine. Aus allen Hüllen weht uns freundlich der Mond entgegen.

Wir nehmen die Grüße aus den Tälern mit, die Täler sind verschieden und oft verfeindet, aber wir fragen nicht danach. An den Kiesgruben halten wir still und mein Lehrer studiert die Gegend und wo die Bäche münden und erklärt mir nichts. Mein Lehrer macht seine Hand größer und fährt die Wälder

hinauf und hinunter, den Halbtoten zur Ehre. Er macht aus seinem Arm Eichen- und Eschenzweige und auch die Wildtauben dazu macht er sich selbst und läßt sie wieder vergehen. Wie still alles wird, wenn die Wildtauben wieder vergangen sind. Und ob es noch alles ist? Das sagt mir mein Lehrer nicht.
Aber hier wird kein Mohn angebaut, soviel sehe ich selbst, hier kann sich keiner beschweren über die Schlafsucht und die wuchernden Pflanzen, wie es die Nachbarn zu Hause an den staubigen Tagen tun. In ihren langen Fluren, die jeder zeichnen kann und die nach Lauge riechen, die Schatten von den eigenen Dächern scharf vor sich. Wir zeichnen keine langen Flure mehr, mein Lehrer und ich, obwohl ich es noch möchte. Nur ungenau, ich möchte gerne noch die Türen einzeichnen, nicht die Zimmer, und in jede Tür eine hölzerne Kugel, und jede Kugel neu, rot oder blau. Aber ich muß es nicht. Ich muß die Uhrmacher auch nicht mehr besuchen und ihnen nicht über die Schultern schauen, es kann alles so bleiben. Keine Zeichnungen, keine Kugeln, keine Dachschatten, und auch der Grützegeruch ist vorbei. Milchgrütze, Roggengrütze, Hafergrütze, ihr Lieben unter den Firsten, es war alles umsonst. Umsonst und vorbei, der Mond hat umsonst geschienen oder nicht? Hat es viel Sinn gehabt, daß ihr die Balken schräg eingesetzt habt und die Lampen als Kugeln an die Hausmauer? So viele Fragen und alle gesprochen, so viele Häuser und alle gebaut. Den Gartengittern recht gegeben, den Gräsern recht gegeben, den Sträuchern, es war ganz einfach. Die Vögel angelockt und den Himmel immer wieder gemalt, bis er verschwand.
Jetzt sitzen wir hier, es ist noch nicht soweit. Aber werde ich meinem Lehrer helfen können, wenn es soweit ist? Werde ich bis dahin unter seine Tür dringen können und mich in sein Stöhnen mischen? Wird uns kein Dachsparren verraten, kein Rauch, kein Eber? Wird uns kein Seiler und keine Taube grüßen und wird es uns nicht wärmer als Schatten sein? Ich lerne es schon, ich lerne alle Stiche, ich sitze genau unter der Uhr und habe den besten Platz. Mein Lehrer erzählt gerade etwas von den Rosen, während draußen die Scheunen wechseln. Aber was weiß mein Lehrer von den Rosen? Nichts.

Mit den Hirten

Eine größere Herde ist eingezeichnet, der Hirte ist unterwegs, er ist durch Schleier zu sehen, moos- und lachsfarbige Schleier, sein Weg ist abgetrennt, aus der Landschaft gezogen, alle drehen die Köpfe zu ihm, horchen auf Erklärungen, starren über die Schlucht hinüber. Manchmal setzt ein Tier über die dornige Umfriedung (naß, knisternd, man hat viele Bezeichnungen dafür gefunden, oft aus Entfernungen, die nichts mehr wahrnehmen ließen) und bewegt sich auf ihn zu, mit den Hörnern voran, selten eingeholt von zögernden Verwandten, Frauen, Söhnen, Neffen. Es springt und geht still, es setzt seine Hufe über das Moos jenseits der Schlucht zwischen die Veilchenbüschel und die hellen Nadeln, die dort vermutet werden, die ungewohnten Arten der Wiesenblumen, es riecht an dem Absturz, wird erschreckt von seiner Gewalt und kehrt um. Der Hirte streicht ihm über das Fell, drei- oder viermal, er ragt über den Regen, es regnet nur von seinen Schultern abwärts und das Tier spürt die trockene Luft auf seiner Stirne.

Nun nimm das Ganze einmal, leg es dir über den Arm! Selbst die Dame, die den Winter gibt, wird sich nicht wehren. Sie wird den glatten Himmel liebkosen, mit deinem Wissen und ohne dein Zutun, sie wird sich freuen. Sie wird deine Vorsicht entdecken, keinen ihrer Blicke verwenden, um dir ins Gesicht zu schauen, sie wird sich von dir tragen lassen, auch wenn du sie ungern trägst. Schneller, flüstert sie, die den Winter gibt, aber laß dich nicht jagen, bleibe ihr auf der Spur, solange du sie mit dir trägst, sei langsam. Betrachte die sandigen Uferausläufer, die in nichts den Abstürzen hinter euch ähneln, gib dich mit ihnen ab. Wie deiner Dame die Hände flattern, wenn du springen willst, sie hat lustige Hände. Man versteht, daß sie die Stichelfische anlockt, aber lege sie auf kein Feld, spring weiter! Nein, der Hirte ist nicht hinter euch. Was kümmern ihn weißbezogene Länder, weißbezogene Betten und Stühle, was könnte er damit? Sie immer wieder umstellen, die Laken ändern, gerade ziehen, mit einer alten Köchin die Lehnen bürsten? Oder sich mit Schlitten vor dieser Welt herziehen lassen, Füllen, Stichlingsschwärme im Eis? Manchmal ein Rattengeschwader, das die Zeit nützt, zwischen den Lehnen hinab und das wäre es dann? Die Helden mit ihren Hüten hinterher, scharf die Biegung hinab? Wolfsmützen und Grußwörter, wie sie winken mit den erstarrten Fingern, der Hirte läßt sie. Er schiebt auch keinen

Sesselschlitten, er kommt nicht in dieses Land. Er geht vor seiner Futterstelle auf und ab, auf und ab, und schlichtet Streite. Von ferne sieht die Futterstelle wie ein Haus aus, in das man sich zum Schlaf zurückziehen könnte, aus dessen Fensterluken dann am frühen Morgen rotwangige Gesichter schauen, das Haar links und rechts hinuntergekämmt, Gräser und neue Gedanken zwischen den Zähnen. Koch mir mein Frühstück, Jonas! Als könnten diese Moos- und Malvenfarben bei Licht vergehen, als machte die Unschuld sich breit, das will keiner. Drei Pharaonen kämen die Hänge heruntergestürmt und verlangten Kaffee, danach wären die Schatten in den Vogelnestern zu besichtigen, ihre Tünche oder was sonst Schatten und Nester haben, so ginge es fort. Träume und Wagengeklirr. Nein, es ist auch kein Haus. Es ist ein Dach mit Stäben daran und die Stäbe stehen nach innen. Sie haben ihren eigenen Wert. Es sind neue und ausgebesserte darunter, frisch geleimte und solche, die man bald ersetzen wird. Das wissen die Bewohner der Gegend. Wer sich die Mühe nimmt, kann es mit dem Fernglas entdecken, er kann sagen: Mit dem vierten ist es soweit.
Aber nicht ihr, ihr seid unterwegs, du trägst, was dir lieb ist, über deinem Arm, ihr habt keinen Sinn dafür. Nicht einmal für die Füchse und wie sie vorsichtig die spitzen Köpfe nach euch drehen, mit Kalk bespritzt oder ist es Schnee? Nein, sie kommen nicht vor. (Vor Jahren hat deine Dame einmal den Versuch gemacht, einen auf den Arm zu nehmen, es bekam ihr schlecht. Sie erkrankte für lange Zeit und lag auf der Strohschütte, selbst die Stichlinge schwammen fort.)
Das wird jetzt anders, das wiederholt sich nicht, kein Fuchs ist eingezeichnet. Was du auf deinem Arm trägst, endet vor den Füchsen, vor den Hütten, vor den Stäben, es ist herausgenommen, eben auf deinen Arm. Es fährt als Stern über die Landschaft und ist doch unbeweglich.
Der Hirte geht sein Land ab und verkleinert die Herde. Was nennt ihr eure Hoffnung? Ein Grabspiel zu beiden Seiten der Flüsse und fast vergessen, die Vettern der Pharaonen, die die Bauern unterhalten, manchmal dringt ein Schrei von ihnen herüber? Oder meint ihr den Hirten an einer Biegung vor euch (aber das wird nicht sein), von Stimmen nicht mehr gekränkt?
Nachtrag eines andern:
Das liebe Vieh, eine Erfindung von Herbergsvätern, die sich durch die Wildnis treiben, die bei Fußangeln rasten und ihre Blicke in die sich verfinsternde Welt hinausschicken. Sie sind fähig, näher zusammenzurücken, sich mit wenig zu begnügen und machen sich auch noch erbötig, die Pflanzen zu gießen, sie tun es von selbst, flüstern von einer Natalie, die niemand

kennt, und dienen einander zum Behagen, mit dem Blick auf die Tortürme. Aber der entgeht ihnen bald, macht sich davon, zu Sand und Nieselregen, läßt sich durch das Gerede der Frauen auslöschen, fällt in die Bäche, die sie nicht meinten. So geht es abwärts, kein brauner breiter Hut mehr zu sehen, nichts. Jetzt haben sie es, jetzt sind sie allein mit ihrer Melanie, mit ihrem sicheren Schatten, das Heu ist auch nicht weit. Wer gießt die Nelken? Von Nelken ist nicht die Rede. Alle Böschungen sind fort.

Ein Freiheitsheld

Man hat eine Landkarte vor mir ausgebreitet. Oder man hat sie zu entfernen vergessen. Die Posten sind still. Schläfrige Jungen, denen ich sonst nie begegnet wäre. Aus Orten mit anderen Brunnenformen, anderen Methoden, den Mond malen zu lehren, aus Neben- zu Haupttälern, ununterscheidbar für mich. Die Kittelmuster fremder Großmütter im Sinn, fremde Gesteinsfarben. Wie bauen sie dort die Truhen, wie ordnen sie alles hinein? Wann lassen sie sichs genug sein und verwerfen alles wieder, wann verlängern sie ihre Kamine oder ordnen Zierfenster an? Was erwarten sie von mir? Soll ich denn Fähnlein stecken, Rabatten, die Maulbeerhaine entlang? Wie käme mir das zu? Und wen beträfe es? Sie blickten mir nach, aber entgeistert. Sie trockneten sich die öligen Finger an den Schürzen und liefen an die Mauern, nicht weiter. Ich lasse es lieber, ich begehe die Nacht allein. Die Nacht hat in diesem Haus drei Gänge, zwei davon führen abwärts, einer unter das Dach. Sie hat unten an der rechten Ecke eine kurze Säule. Gedreht und gemeißelt, aber nur von außen sichtbar. Sie ließen sie nicht stehen, wie sie war, sie schlossen das Haus daran. Den alten Unterbau, wie sie ihn gewöhnt sind, Vorhallen für Leute und Fässer, wenig Raum für Ratsuchende. Aber als der Baumeister zum ersten Mal vorbeiging, noch ohne seine Zuckerbäckerschürze um den Hals, stand die Säule allein. Sie war schwach bemalt, eine Nessel wuchs an ihr hoch. Beides hat ihn erschreckt. Vor dem Dachstuhl wurde er ausgewechselt, aber der Schrecken blieb. Er blüht hier für mich, stellt Wachen, erinnert mich an Milchkannen, daß ich schluchzen möchte. Ein alter Behelf. Wißt ihr, wie es war? Damals trampelten sie mit ihren Gäulen die Umzäunung ein. Grauweiß. Ja, grauweiß war das alles. Ein begonnener Schrekken holt leicht das Haus vom Dach, deshalb bauen sie neu. Lassen Kommoden in Nischen rücken und die Töchter nach den Wünschen fragen. So holt man auf. Euer Ehren, vielleicht das schattige Zimmer, man hört dort die Wasserfälle. Oder das letzte im Flur mit dem Blick auf das Moos? Wir ziehen immer weiter, sagen sie am dritten Tag und kichern, einer von unseren Vätern hat die Spinnen beten gesehen. So bekäme ich mein Brot, wenn es nicht anders wäre. Und bekäme auch zu trinken.

Herodes

Herodes hatte den grünen, zerschlissenen Schlafrock notdürftig umgeworfen und starrte hinaus. Durch die Stubenfenster sah er seine Frau mühselig den Hügel heraufkommen. Hie und da blieb sie stehen, holte keuchend Atem und schaute zu den verschneiten Gebirgen hin, als hätte sie Lust, darin zu verschwinden. Er verstand solche Wünsche. Wie der Hirsch im Wasser, dachte er, aber das war ein falscher Vergleich. Er fühlte Schwindel, keinen von der bösen oder gefährlichen Art, er war nur zu rasch aufgestanden. Er war sicher, daß er es klopfen oder läuten gehört hatte, aber jetzt war es still, die zerfressenen Dielen rührten sich nicht, die Scheiben, schmutzig und eiskalt, hingen fest in den Rahmen. Er hielt diese Fenster für lächerlich klein, aber hätte er Söhne, seinen Söhnen gefiele das alles, und auch seine Frau sagte nie, daß es ihr nicht gefiel. Sie war mit den Scheiben einverstanden, mit dem Vieh, das schlecht gepflegt in den Ställen dahindämmerte, mit den leicht abfallenden Wiesen, auf denen jetzt Schnee lag. Sie liebte die Futterhäuser für die Hirsche weiter oben am Rande der alten Lichtungen, sie hatte manches für die verkommenden und verwachsenen Wege übrig, die zum Dorf führten, für ihre sinnlosen Gabelungen und Verzweigungen, für Quellen und für die Wolken, gleichgültig ob sie rund und in sich gefaßt oder zerfetzt waren. Ja, sie scheute sich nicht einmal, von ihrer Vorliebe für die Hühner zu sprechen, sie brachte öfter an den Abenden das Gespräch darauf, sie hatte die Hühner gern und ihr Getrippel ums Haus, ihre Geschäftigkeit, Unentschlossenheit und Schlafsucht. Aber davon würde jetzt noch lange keine Rede sein, es war Morgen und wenn sie kam, war sie müde vom Weg und der stillen Luft und verstört von den Dorfleuten, zwischen denen sie immer rasch und ohne aufzuschauen dahinschritt, bis sie die Wiesen erreichte. Dann blieb sie stehen, sah sich um, ob niemand hinter ihr her kam, ließ die entfernten Nachbarn vorbei, grüßte schüchtern, aber schon von weitem, stellte dann ihre Tasche auf einem Baumstumpf ab, begann, Tannenzapfen zu sammeln und im Wald herumzutrödeln und stieß kleine Holzstücke mit den Füßen vor sich hin, ehe sie ihren Weg fortsetzte. Heute war das Licht *und* die Musik gut, sagte sie dann manchmal, wenn sie endlich kam, und stellte rasch das Wasser für die Suppe zu. Und wie ruhig die Vögel heute in den Bäumen waren, keiner hat mir gepfiffen! Das verstand er. Hast du Amseln gesehen? Nein, Amseln keine, aber es waren ein paar Weihen da, das sind seltenere Vögel. Am liebsten hatte sie das winterliche und schneeige Licht, diese Schichten von Grau in der Luft, denn weiß war es nicht. Und den alten Hirten, der manchmal um dieses Licht herum kam, um ihnen seine Märchen aufzutischen, und der mit der Faust auf den Tisch schlug und sich den trockenen Bart wischte, wenn ihm eins gelungen war. Dann begann auch sie zu lachen, als wäre sie noch jung, und kicherte blechern weiter, eine ganze Weile. Um diese Zeit sank der Tag früh zur Ruhe. Er wollte jetzt nicht an die längeren Tage denken, er konnte sich nie vorstellen, daß er sie ertrug, aber er ertrug sie dann immer und fand sogar Gefallen an den warmen Nächten und dem frühen Eselgeschrei. Es war noch Zeit bis dahin.

Er stöhnte und wischte sich die Augen, ihm kamen immer die Tränen vor Langeweile und es ärgerte ihn, daß er umsonst aufgestanden war. Wenn sie jetzt kam, so hielt sie ihn sicher für fröhlich und den Tag für gut. Was hatte er denn gehört? Von wo hatten sich die Schritte genähert, die er immer erwartete, nicht die ihren? War der Holunderbusch ins Wanken gekommen, tastete sich jemand an dem Schuppen entlang? Rieb einer im Brennesselgarten die Steine aneinander, um schon Feuer ans Haus zu legen? Die Brennesseln waren jetzt nicht hoch, keine einzige von ihnen, aber es gab genügend Räuber von der Sorte, um sich darin zu verbergen. Sogar die Kinder wurden jetzt zu Räubern, er fürchtete sich vor ihnen. Es waren keine guten Zeiten und er wußte es. Unlängst war ein Berg abgerutscht und hatte ein Dorf begraben. Die Berge tasteten sich mit ihren schneeigen Armen weiter, als suchten sie etwas. Herodes sah auf seine Füße hinunter, sie waren fein und weiß, und nur an der Stelle, wo die Hausschuhe rieben, war die Haut gesprungen, er ging wenig. Aber vielleicht würden sie heute miteinander ausgehen, zu den Hirschen oder zu den eisigen Quellen, und wenn sie heimkamen, wurde es schon finster. Und die Finsternis fürchtete er nicht. Ja, ein Spaziergang wäre ihm lieber als die Erzählungen des Hirten, seine Witze und das Gelächter. Dieses fade Gelächter, von dem er nichts hielt.

Herodes rieb das Fenster blank, das er mit seinem Hauch gelöscht hatte. Seine Frau sah ihn jetzt und winkte von weitem, sie winkte eifrig wie ein Kind und tat die letzten Schritte fast laufend, mit ihrer Tasche und den dunklen Körben am Arm. Sie hatte Zweige im Haar und am Mantel, ja, sie war wieder im Wald gewesen. Ihre Augen strahlten, als könnte sie ihm helfen. Herodes rührte sich nicht. Sie stellte alles ab, suchte eine Weile die Schlüssel, sperrte auf und schob sich ihm mit ihren Lasten entgegen.

Ein Windhauch ging, zog durch die offene Stubentür zu den Fensterritzen und umgab ihre schwerfällige Gestalt. Er hatte seine Nachtmütze an den Bettpfosten gehängt, die Decke war zurückgeschlagen und die Leintücher darunter grau und zerwühlt. Aber war nicht eben noch der Klang von Zimbeln in der Luft gewesen, rieb sich nicht Baum an Baum, und die Raben im Kohlgarten, die sonst nur sprechen konnten, begannen zu singen?
Auf den Schneefeldern blieben sie stehen. Wir hätten nicht weiter als bis zur Hirschfütterung gehen sollen, dachte die Frau, aber ich sage nichts. Von den Felsgruppen strich ihnen kalter Wind entgegen und Herodes keuchte. Wären Hirsche gekommen, so wäre er wohl bereit gewesen umzukehren, aber es waren keine da, die Lichtung hatte still unter dem matten Himmel gelegen und sie waren weitergegangen. Die Raben hüpften noch eine Weile hinter ihnen her, ehe sie umkehrten. Herodes drehte sich nicht nach ihnen um und auch nach ihr nicht, er ging rasch voraus und sooft sie ihn einholte, konnte sie mit einem Blick den grauen Bart sehen, der spitz von seinem Kinn abstand, und seine weiße eckige Stirne. Der Wald war feucht und kalt und die Nadeln knisterten nicht einmal unter ihren Füßen. Von den Herden sah man auch nichts, sie waren alle eingetrieben, nur einmal kam ein Stier und rieb seine Hörner an dem Draht und starrte ihnen sanft nach. Im Wald hatte sie sich immer dicht hinter Herodes gehalten, aber auf den Lichtungen blieb sie zurück und dann konnte sie den grünen Schlafrock, den er nicht ausgezogen hatte, unter dem Mantel hervorhängen sehen, und auch ein Ende der gedrehten, fast farblosen Schnur, die über den Weg nachschleifte. Von ferne schlugen die Uhren, der Mond zeigte sich plötzlich auf der anderen Himmelsseite und mit Gewalt hätte man sogar Sterne sehen können. Auf den niedrigen Hecken zirpten Vögel, an den Dornen der Sträucher begann der Nebel sich zu fangen, aber die geigenden Fichten hatten sie nicht erreicht, kein Zimbeln, kein Rabengesang. Und hier noch weniger. Das Beste an diesen Schneefeldern war, daß sie auch nichts mehr erwarten ließen, sie stiegen steil und glatt auf, Felsen und auch von ihnen nur wenige, dann wieder Eis und die unmäßig schwache Linie, die es vom Himmel unterschied. Gut war an Schnee und Eis auch noch, daß sie leuchteten, es war kein zusammengefaßtes Licht, das einen heranzog, sondern eine allgemeine und kühle Helligkeit, und man sah sich vor. Ja, es war gut so und hier standen sie nun und Herodes keuchte. Sie hätte etwas von Heimgehen sagen können, aber sie sagte nichts; sie dachte an die Nachtmütze, an die zerwühlten Tücher und das warme Essen und hielt sich still. Das Tuch war ihr vom Kopf auf die Schultern geglitten, das

grau zerzauste Haar kam darunter hervor, und der Korb hing, von dem leichten Wind nicht ergriffen, regungslos an ihrem Arm.
Und dann hörten sie es, es war ein heiserer Gesang, der sich hinter einer der niedrigeren Felsgruppen zu ihrer Rechten erhob. Man konnte die Worte und auch die Folge der Töne kaum verstehen, aber es war Gesang. Herodes richtete sich auf und die Frau sah schweigend vor sich hin. Und dann sahen sie es auch. Der alte Hirte kam schwankend zwischen den Felsen hervor und sang etwas Anzügliches und lachte dazu. Die Frau trat einen Schritt näher zu Herodes. »Da!« sagte sie und legte ihm ihre Hand auf die eingesunkene Schulter.

Aber wie hatte es mit seiner Frau begonnen, wie war er dazu gekommen? Er hatte sie genommen als eine, die hierher gehörte, aber sie gehörte nicht hierher. Sie war nur an einem windigen, warmen Februarnachmittag mit ihren schweren Schuhen, in Gedanken und den Kopf nach vorn gebeugt über die aufgelassene, fast versumpfte Hauptstraße getrottet, an den eingebundenen Rosenstöcken rasch vorbei. Sie war die einzige, die mit ihm ging und ihm gleich von den Festen für die toten Helden erzählte, so viele Kränze, daß man nicht darübersah, sie schaute dabei nicht auf und fragte nichts weiter. Von den Wasserrohren erzählte sie ihm, die rund um die Kirche liefen, rechts im kahlen Garten spielte eine Mutter mit ihren Kindern, das tat den Kindern gut. In ihrer Tasche hatte sie nicht viel, Birnen und einen Kohlkopf, und sie begann gleich von den Hirschen zu reden. Sie war auch aus einer Gegend, wo die Flüsse noch dünner waren, Hirsche schienen dort eine Rolle zu spielen, das erfuhr er bald. Und steile, steinige Wege, die man mit kleineren Karren abwärts fahren konnte. Sie nahm sich seines Gartens an und machte seine feuchten knarrenden Schränke zu den ihren. Sie hing ihre Schürzen sehr bald hinein, auch wenn sie fleckig waren. Manchmal lachte sie und sagte, das erinnerte sie an ihre vielen Schränke zu Haus. Aber sonst fiel sie ihm mit ihren Erinnerungen nicht zur Last, sie tat, als hätte sie die seinen, und glänzte die Bettpfosten oft mit einem alten Tuch. Manchmal war sie krank, dann ließ sie alles sein, aber die Bettpfosten glänzte sie, sowie sie konnte. Er sah ihr dabei zu. Er beobachtete sie auch, wenn sie Wolle, die ihr zu Boden gefallen war, wieder aufrollte, sie gab sich vorsichtig mit dem Knäuel und der grauen Schnur ab. Was zerbrechlich war, behandelte sie weniger vorsichtig, sie stellte die Tassen oft hart hin, als erwartete sie, daß sie Feuer sprühten, aber es geschah ohne Zorn, sie war nie zornig. Sie ging nur oft zwischen der Kammer, die keine Fenster hatte, und dem Zimmer, in dem sie schliefen, unschlüssig hin und her. Aber er erfuhr nie, was sie überlegte, in ihrem Gesicht zeichnete sich nichts ab als die Unschlüssigkeit selbst. So wie sie da war, war sie ohne Gegenstand. Knurrte dann der Löwe zwischen den Nesseln draußen, so ging sie rasch hinaus und sprach ruhig auf ihn ein. Sie brachte ihm einen von ihren halben Äpfeln oder eine halbe Birne, sie teilte die Früchte gern und ließ sie sogar geteilt auf den Schränken liegen. Sowie sie Äpfel oder Birnen im Haus hatten, nahm sie eines der alten und etwas stumpfen Messer, die noch aus seinem Besitz stammten, und begann die Früchte in zwei Hälften zu teilen, sie teilte sie nie öfter, und er sah ihr dabei zu. Er hatte den Eindruck, daß sie ohne Äpfel und Birnen nicht leben konnte, und ohne das Entzücken über ihre Teilbarkeit, das sie freilich zurückhielt, aber er konnte die Probe aufs Exempel nicht machen, denn Äpfel und Birnen hatten sie immer und auch die alten Messer gingen nie aus. Die Tiere nahmen alles gern aus ihrer Hand, das Schwein bevorzugte die Birnen und der Löwe die Äpfel, sie lachte oft darüber und zeigte Herodes ihre leeren Hände, wenn sie ins Haus zurückkam. So verging die Welt, denn die Zeit verging bei ihnen nicht, sie blieb immer wie sie war um die Hütte hängen und wehte nur an manchen Tagen etwas nach Norden, wenn es windig war. Zu den Hirschen und Karrenwegen hin, die sie verlassen hatte. Wenn an solchen Tagen der Löwe seinen Kopf durch die Haustür steckte, drängte sie ihn sacht wieder hinaus, und sonst tat er es nie. Er ließ sich leicht belehren, am leichtesten von ihr. An seltenen Tagen durften die Tiere auch ins Haus. Sie saß dann zwischen ihnen, putzte die Messer und legte die glänzenden sorgfältig hinter sich. Wir haben heute einen schönen Tag, sagte sie dann, heute gehen die rotwangigen Hirsche zwischen den Sträuchern herum. Sie brach ab, wenn Herodes in die Nähe kam, und putzte eilig weiter. Aber er hörte es doch oft. Zu ihm sagte sie nur: Das Licht blakt! Dann nickte er und band sich die Schnur fester herum, versuchte eine Schleife, verknotete sie und ließ sie endlich, wie sie war. Die Frau tat auch nichts daran, sie sah ihm nur zu. Ihre Wege ins Dorf nahm sie immer wieder auf, hielt sich aber am Rande der Festlichkeiten, ihren Einkaufskorb unter dem Arm. Zu den Kindern sprach sie nicht und die Umwege, die sie über die Hügel nahm, führten sie auch von ihnen weg, fast nie begegnete ihr eins. Einmal kam ihr einer entgegen, er war größer als sie und pfiff vor sich hin, aber er ging noch zur Schule. Sie wußte nicht, wie es geschah, daß sie mit ihm in die Schloßwirtschaft ging und ihm Beerensaft kaufte. Er sah sie aufmerksam an, rückte nach einer Weile auf seinem Sessel hin und her und sie trennten

sich bald wieder. Sie mußte noch oft daran denken und daß sie von den Sonne gesprochen hatten, wenn auch nicht viel. Aber es ließ sich leicht weiterspinnen, über viele Wege, viele Hügel, ein goldenes Netz, das nicht enger wurde, es verlief sich zur rechten Zeit wieder und sie konnte von neuem damit beginnen. Was hatte er von der Sonne gesagt? Wollte er sie oder wollte er sie nicht? Stimmte er ihr bei, wenn sie sich über die Wege und die stachligen Zäune legte und in die Wirtsgärten eindrang oder hatte er sie schon satt und fand sie zum Lachen? Er hatte den Mund verzogen, aber er war noch jung, neben ihm auf dem Fußboden lehnte sein Ranzen, die Riegel daran hatten geglänzt an jenem Tag. Der Himmel lag vor ihnen, als sie vor die Tür traten, aber der Junge sah sich nicht ängstlich um, es machte ihm nichts aus, von den anderen mit ihr gesehen zu werden, aufrecht und ein wenig schlenkernd lief er zwischen den Wiesen hinab. Ein weißer Hase rannte ihm in den Weg, er stolperte und sie mußte lachen, aber sie sah ihn nicht wieder, ihn nicht und den Hasen nicht, und alle anderen machten Bogen um sie, die sie nicht verwunderten und die deshalb immer weiter wurden. Seither hatte sie öfter Lust, über die Sonne zu reden, wenn sie heimkam, aber Herodes wich dem Gegenstand aus, so wie er allen Gegenständen auswich, Gegenstände hätte es genug gegeben, ›die Sonne und die Dorfkinder‹ hieß einer, aber es gab noch viel mehr. Dann hätte sie auch gleich von den Hirschen mit ihm reden können, oder von den Arten der Moose, den Fangstellen im Gebirge.
Wie hieß der Junge nur, der sich bereit gefunden hatte, mit ihr zu gehen und ein Glas Beerensaft mit ihr zu trinken? Einmal fiel es ihr ein. Sie stand auf dem Hügel, mit dem Kopf in einem Spinnwebfaden, und die Sonne legte sich dünn um sie. Von unten sah sie wie ihr Schattenbild aus, sie hatte den Korb voller Äpfel und Birnen. »Jakob!« rief sie und der Name schwang sich durch die leeren Mulden in unbekannte Gegenden. Aber niemand antwortete ihr. Auf dem gegenüberliegenden Hügel erschienen drei Kinder und begannen im Kreis zu tanzen. Sie sanken etwas ein, weil der Boden naß war, und ihre weißen Schürzen flackerten im Licht, die Gesichter konnte sie nicht sehen. »Jakob«, rief sie noch einmal, aber ihre Stimme war heiser und trug nicht mehr weit, es kam auch niemand. Die da drüben tanzten jetzt rascher und die Erde schien unter ihren Tritten immer trockener und fester zu werden. Selbst die Gebirgsspitzen tauchten trocken und still aus dem Dunst. Und einige Fichten in der Nähe warfen mit einem Ruck die Nadeln ab. Sie rief deshalb kein drittes Mal, sondern stellte ihren Korb ab, schob das Tuch zurück, nahm ihn wieder auf und machte sich auf den Weg.

Eine andere Frage war, was mit dem Schwein und dem Löwen geschehen sollte. Sie vertrugen sich in dem engen Stall und der Löwe litt bisher nicht unter der Witterung, aber lange konnte es so nicht weitergehen. Das Schwein träumte oft nachts von Kamelen und wälzte sich unruhig auf der Spreu und der Löwe warf dann den Schweif herum und sah auf den Mond und die hohen, vereisten Kohlstrünke hinaus. Tagsüber bewegte er sich ruhig zwischen ihnen und betrachtete mit Verachtung die ängstlichen Vögel auf den Sträuchern und ihre zittrigen Flügelschläge, so schien es ihm, während das Schwein die Zäune entlangschnüffelte. Herodes machte sich schon lange Gedanken über die beiden, er hätte sie nicht mitnehmen sollen, aber er hatte sie mitgenommen und nun lagen sie an ihm. Der Frau wurden die Träume zuviel, sie fütterte sie gern und brachte ihnen auch unter der Zeit halbe Äpfel und Birnen in den Kohlgarten, aber die Träume ertrug sie nicht, das Schwein hatte schon damit begonnen und der Löwe war nahe daran. Junge, die sie davon hätten abhalten können, bekamen sie nicht und die Stallfenster waren klein. Es war auch kein See in der Nähe, dessen rauhe vereiste Fläche sich am Rande von schlittschuhlaufenden Kindern belebt hätte, vom Wehen der schwarzen Zweige, kein Hund, der kläffend den Weg heraufgelaufen kam, wenn sie ihn mit Steinen bewarfen, keine Tochter, die keuchend den roten Rock vom Schnee reinigte, nichts dergleichen, nichts was sich vor die alten Träume schob, sie durcheinander warf und ihre Schattenmuster neu durchbrach, mit neuem Grau, mit neuem Schwarz, mit neuer Verachtung und neuer Zärtlichkeit, wie das so häufig ist. Das verstand die Frau. Es wuchsen keine neuen Buchen über die Tierträume und lispelten von hingebrachten Sommern, keine Quellen vereinigten sich für sie zu Bächen, von keinen Geschehnissen war die Rede, keinerlei halbvergessene Geschichten mit ihrem Kräuter- und Kältegeruch. Nein, es stand alles wie es war hochaufgerichtet an den kalkigen Wänden, ein Traum oder kein Traum, man konnte es nennen, wie man wollte, aber es blieb da. Der Löwe schnaubte dagegen und hielt den lockigen Kopf daraufzu gerichtet und das Schwein stöhnte im Schlaf, die Kamele waren weit, die Sonne lief unaufhörlich rundherum und bewahrte sich vor sich selbst. Und Herodes glaubte nicht mehr daran, daß der Lauf eines Flusses, graues Wasser, graues Weidengestrüpp oder eine Gebirgsform etwas dagegen ausrichten konnte. Ein alter Nachbar hatte ihm einmal mehrere Handvoll Sand gebracht, für den Löwen, denn den Löwen verstanden sie alle besser, weil sie weniger von ihm wußten, aber es war weißer Flußsand gewesen, von Kieseln untermischt, und der Nachbar war seit jenem Junitag — welcher Junitag es gewesen war, wußte schon niemand mehr — längst ins Altersheim gekommen und dort gestorben. Eine Handvoll Sand für den Löwen. Und für das Schwein? Küchenabfälle und einen besseren Traum? Davon wollte niemand etwas wissen. Die sollten nur für ihr Vieh selber sorgen, diese finsteren Fremden dort oben, wer hatte sie hergerufen? Die paßten nicht in die Gegend und es waren auch keine solchen, denen nachts Engel erschienen, um sie wieder wegzuholen. Wenn es manche gab, die behaupteten, die Frau wäre aus der Nähe flußaufwärts und wenn sie auch dieselben Kleider trug wie die Leute im Ort, so saß doch alles auf ihr wie eine Maskerade, die Nähe und die Kleider, oder wie eine unbequeme Last, die sie vorsichtig zwischen den Sträuchern hindurchtrug. Und wurde sie nicht dem Mann mit seinem alten Schlafrock immer ähnlicher, dessen Schweigen allen wie Geschwätz erschien, von seinem Namen abgesehen? Die sollten ihren Löwen selber kraulen, das Schwein bis zu seinem Absterben füttern und die Schnapsbrennerei verkümmern lassen. Das sah ihnen ähnlich und die Hütte sah ihnen ähnlich, der Kohlgarten, der Stall und allmählich auch die Wolkenschatten auf den Hängen rundherum und die Schneemuster, wenn es taute. Nein, das wußte Herodes, er hatte von niemandem Hilfe zu erwarten und er und seine Frau, das Schwein und der Löwe waren ganz allein seine Sache. Und wenn das Schwein zu träumen begann, so waren das auch seine Träume. Nicht daß er niemals auf die Idee gekommen wäre, das Schwein schlachten zu lassen. Aber wenn er an den Tierarzt dachte, mit seinem verrotteten Gesicht, und an die Reden, die er nachher mit ihm beim Most führen mußte, so graute ihm davor. Wie sollte er ihn begrüßen? Wie ihn dann mit dem üblichen dummen und übereinstimmenden Lächeln, mit dem Erwachsene Kinder zu überlisten pflegen, in den Stall führen? Und wie sollte er danach das Schweigen des Löwen ertragen, seine unruhigen Schritte, die die Erde unter dem Eis zum Dröhnen brachten, und das Vertrauen, mit dem er vielleicht den goldenen Kopf an seinem Knie rieb? Nein, er mußte ihm das Schwein lassen, als Gefährten für seine Kühnheit, als Geräusch für seine stillen Nächte (denn Herodes und seine Frau machten nicht viele Geräusche) und als das Beweglichste gegen das eisige Tageslicht. Du guter Löwe, hätte Herodes gerne gedacht, du Träger meiner Lasten, du Herz aller meiner Stunden! Aber auch so war es nicht. Es gab nichts her, nichts woran zu spinnen oder zu denken war, kein Raunen entstand im Umkreis und die Nachbarsfrauen stachen den Teig weiter als Sterne, Herzen oder Enten aus, und war ein Schwein dabei, so glich es in nichts dem des Herodes. Es kam auch kein Neugieriger, um den Löwen zu sehen, nicht ein einziger verstieg sich heimlich in den Kohlgarten und warf in der Däm-

merung einen Blick durch das Stallfenster, wie man es leicht hätte erwarten können, niemand interessierte sich für das helle Gelock und die goldene Augenfarbe und nicht einmal die Kinder legten die Stirnen an das dünne Glas. Was war da noch von den Großmüttern zu erwarten, von den Knechten und Mägden, von denen es ohnehin immer weniger gab?
Manchmal ging Herodes mit dem Löwen in den Wald, eine unbestimmte Erwartung und eine Freudigkeit in der Kehle, die er sich nicht mehr zugetraut hätte. Der Löwe hielt sich dann meistens dicht neben ihm, sie gingen langsam, versuchten auch Seitenwege und verständigten sich bedächtig, wenn sie Holzplätze erreichten oder wenn sich ergab, daß der Weg kein Weg war, sondern nur eine schmale zufällige Lichtung im Gesträuch. Sie gingen die Holzplätze aus, auch die spärlichen Lichtungen, und wenn der Löwe tiefer in den Wald wollte, hinderte ihn Herodes nicht, sondern hielt ihm mit dem Stock die Zweige auseinander. Aber meistens wollte der Löwe nicht tiefer hinein, er begnügte sich damit, die Farnkräuter zu betrachten, Schatten und fahles Licht auf seinem Haupt wechseln zu lassen und den Mardern, Igeln und Iltissen nachzuschauen, die im Schutz der Zweige ihr Wesen trieben.
Auf einem solchen Spaziergang waren sie einmal abgekommen, ein Holzweg hatte sich als Weg erwiesen, und standen plötzlich vor einem größeren Hof, der im Nachmittagslicht still vor ihnen lag. Einige Wäschestücke hingen an der Leine zwischen zwei Pflöcken vor dem Haus, aber kein Hund schlug an, keine Entenschar stob lärmend um die Ecke. Herodes und der Löwe hielten an, betrachteten den Hügel, auf dem der Hof lag, den ärmlichen Rasen und die hellen Mauerstücke zwischen Türen, Dach und Fenstern. Aus einer Regenrinne tropfte es stetig in das Gras. Herodes, der diesen Hof nie gesehen und auch von seinem Dasein nichts gewußt hatte, empfand flüchtig und verwundert, daß dies ein Ort für Feldlager sei, für Zelte und Feuer, und der Löwe hielt den Kopf gesenkt, als sich plötzlich an der ihnen zugekehrten Hofseite oben ein Fenster öffnete, ein etwas hagerer Arm sich herausstreckte und eine Stimme rief: »Da sind sie, da sind sie!« Der Arm gehörte einer alten Frau und nach einem Augenblick tauchte in der windigen Kälte neben ihr ein größerer Junge auf, der stumm herunterschaute. Alles an dem Jungen schien grau, seine Jacke, sein Schal, seine Wangen, seine Stirne unter der Mütze und seine Hände, während die vom Dunst halbverdeckte Sonne das Haar der Alten heller und kräftiger um den Kopf blitzen ließ. »Hier hast du sie«, sagte sie, während der Junge seine grauen Hände auf den Fensterstock stützte, »und wer hat recht behalten?« Sie sprach jetzt ruhi-

ger, aber auch die Luft war still geworden und trug ihre Worte Herodes und seinem Löwen vor die Füße. Herodes nahm den Löwen dicht an sich, sah auf ihn hinunter und tat keinen Schritt auf das Haus zu. Dies war ein Ort für Kamele, die sich zwischen Trümmern bewegten, dieses feuchte, weiße Haus mit den schlecht eingesetzten Fensterstöcken, die Wiese ringsherum, die glatt und rasch abwärts lief, erinnerte ihn an brennendere Sonnen, Wäsche und Birnbäume konnten hier leicht gestohlen werden, und was wollte die Alte mit ihrem grauen Enkel von ihm? Er tat einen Blick auf die Ställe und Scheunen, darin rührte sich auch nichts, er hatte von außenher den Eindruck, daß die Ställe leer waren und sich nur Spinnen darin herumtrieben. Er wollte sich dem Wald wieder zuwenden, aus dem sie gekommen waren, und der Wald lag auch noch immer von altem Regen bestäubt da, aber zu seinem Entsetzen ging er auf das Haus hin und der Löwe kam ihm, ohne aufzumucken, nach. »Ich habe dir jede Locke beschrieben«, sagte die Alte, »und hier sind sie. Ich habe dir seinen grünen Mantel geschildert und sein spitzes Gesicht und wie rund der Löwe ist, kein Halsband!« Als sie ans Haus kamen, beugte sich der Junge vor, um auf die beiden hinabzuschauen, und Herodes wagte es wieder, einen Blick hinaufzuwerfen. Er sah in ein graues, getrübtes Gesicht, in zwei Augen, die ihn matt überschauten und keinen Funken Freude aus dem Löwenfell zogen. Sie bewegten sich um die Ecke und auf die Haustüre zu. Herodes holte Atem. Jetzt waren sie den beiden aus dem Blick, jetzt wäre es Zeit, um den Krautgarten herum und zwischen den Birnbäumen hinabzufliehen, Acker und Wald zu erreichen, alle Wege, die Frau und das Haus und das Schwein mit seinen Träumen, aber der Löwe war ihm vorausgekommen, schnüffelte an der Haustür und stieß mit dem Kopf leicht daran, so daß sie auf- und wieder zuflog, ein muffiger, fast schilfiger Geruch strömte aus dem Flur. Herodes dachte, daß es vielleicht kein Flur, sondern ein Morast sei, mit einer steilen Treppe, aber er folgte seinem Tier. Auf irgendeine Weise wird man hinaufkommen, dachte er, als er den Jungen oben husten hörte.

Links im Flur sah er eine helle, rohe Bank, vielleicht für das Gesinde, den Briefträger oder für flüchtige Besucher und daneben eine Truhe, auf der in einem himmelblauen Oval ein Schiffsuntergang vor sich ging, aber dabei hielt er sich nicht auf, er strebte vorwärts. Sein Morgenmantel schlug ihm um die Füße, seine zu großen Schuhe sanken etwas ein, das Husten oben verstummte und vor ihm ertrank lautlos sein Löwe, ohne die schäbige Treppe zu erreichen und ohne sich nach ihm umzuwenden. Und was sollte mit dem Schwein und der Frau geschehen? Die Flurtür schlug hinter ihm zu, die Mantelfarben schlossen sich um ihn und das Treppengerüst schwankte. Wo sein Löwe zuletzt gestanden war, lag noch ein heller und etwas stumpfer Fleck im Finstern. Herodes fiel darauf zu, die gedrehte Schnur wickelte sich um ihn und der Boden sank ein. Dem Löwen nach, dachte er und fühlte das nasse, schon kühle Fell unter seinen Händen. Oder war er seinem Schwein in die Träume geraten? Keine Sonnen- und Mondgötter eilten zu Hilfe, keine Auf- und Niedergänge teilten die Nacht. Sah das so aus? Klammerten die letzten Blicke sich an nichts anderes als an die groben, steilen Holzpfosten? Herodes hatte noch immer den Löwen unter sich, seine Liebe, seinen toten Halt, aber seine Gedanken umgaben das Schwein und die Frau in ihrer Verlassenheit, in ihrem verwüsteten Kohlgarten. Er wußte, in wessen Träume man gerät (wer wollte es Fänge nennen?), den sieht man nicht wieder.

stolpernd Ring- und Kupferschmiede! Diese Langweiler, die man immer wieder trifft. Die Luft sollte einem im Kreis ausgehen, Nägelrost, jedesmal frisch, keine Zeit für Seufzer. He, du da vorn, warst du der, der sich bückte und mit schwarzer Kreide über die Steine schmierte? Deine Sofie ist tot, ich fand sie zwischen den Schütteimern. Spielt schon mehrere Farben. Ritt sie nicht auf dem Holzpferd, das du ihr geliehen hast? Jetzt verbirgt sie sich bald und sinkt immer weiter vornüber, drückt sich die Mauern entlang. Sofie-i! Sofielein! Sind dir die Rachenputzer ausgegangen? Hast du nichts zu verschenken? Das soll dir keiner außer mir selber glauben, liebe Sofie. *Er setzt sich auf einen Hügel* Wie es pfeift und surrt, wie der Hohn nie still steht. Es wäre ihm anzurechnen. *Er zieht einen Block heraus, schreibt ein paar Zahlen darauf* Da laufen die kleinen Löwen, Zweierlöwen und Dreierlöwen, und nur eine schwache Farbe, die sie voneinander trennt, sanfte Fetzen Luft, alles ohne Fortsetzung. *Er steht auf, legt die Hände über die Augen und dreht sich im Kreis* Jetzt ruft mich der Riese, ich gehe jetzt einen Augenblick mit dem Riesen das Fahnentuch schwingen, wir wollen uns freuen. Wir wollen uns Freude verschaffen, der Riese und ich, wir wollen den Staub hochlassen. *Schon im Gehen, nachdenklich* Aber weißt du noch, wie du zwischen den Stühlen die leuchtenden Gäste bedientest, Sofie? Weißt du es noch? Und wie der Kupferschmied lachte, und die Sonne und auch sonst, wer da war. Das liebe alte Kupfer. Ja, ich komme schon. Ich bin gleich fort. Rüttle nur erst deinen schmutzigen Lumpen aus der Erde, ich will mir die Finger nicht wund greifen. *Er hebt sein langes Kleid und geht einige Schritte, beugt sich dann aber gleich wieder zur Erde* Hier liegt ein kleiner Vogel, der hat keinen Namen. Weiß Gott, wie man ihn hätte nennen können, nach den Abstürzen zu den beweglichen Raubfischen, nach den Rändern der Inselgruppen, den Zacken der Finsternis? Und da wiederum nach welchen, nach den himmlischen oder den Tiefseezacken, nach den Tempelresten oder nach den Resten der Hand? Am besten rasch entschieden und zur Ruhe gegeben, Federn und Schnäbel gehortet für den lautlosen Tag. Weber, Stand oder Stein. Und etwas Samt um die Lenden, so behagt es dir, Kleiner. Oder nicht? *Er beugt sich wieder hinab, liest* Hausbesitz, Hausbesitz, Hausbesitz, es muß etwas daran sein. Taucherglocken für das vorletzte Maß, Mörder im Schneelicht, Onkel und Nichte, für heute ungeschieden, da

fliegen sie. Und ein rosa Zirkuskleidchen hinterher, ballonlos, riesenlos, der Portier ist ausgegangen, ausgeflogen, aus, der Portier ist aus. Hatte noch eine Portion Knallerbsen, aber er gab sie mir nicht, ließ alles stehen und fliegen und schwang sich aus der Loge. *Schüttelt die Faust gegen einige gestutzte Sträucher am Wegrand. Gleich wieder zusammensinkend* Er roch nach Kautabak. Wo der jetzt niedergeht, da kauen sie. Da kauen sie mit Freuden. Da lassen sie die Kaps in süßem Fusel ertrinken, da mischen sie sich hinein, da benennen sie die Namen. Da wissen sie ganz sicher, daß Wasser Wasser ist. *Als zitierte er* »Und umflutet von Labsal, beuge dich nieder, meine rosige Schwester, meine Sanftmut, mein Rauch« *sich unterbrechend* Laub wäre es gewesen, Laub hätte ich sagen sollen, aber ich lasse es, überlasse es den Schirmhändlern, die werden sich zu helfen wissen, die kommen schon zurecht. Die haben alle noch genügend himmelgrauen Samt in den Hinterstuben, perlengroße Journale, was man will. Ihre eigenen Streitigkeiten, ihre eigenen Wolken und Kapläne, da wird regiert und über die Kronen gezogen, Tee und Pflaumenmus etwas abweichend von dem unsern, selbst der Spinat. *Er schiebt die Blätter mit den Füßen vor sich her, bis sie ihm an die Knie gehen, wirft sich zu Boden, weinend* Meine süße Schwester, meine Gebrüder, meine Knochengerüste, meine Gefährten, mein Sand *setzt sich ins Laub und trocknet seine Tränen* wir wollen uns auf Hufschmiede einigen, laßt sie unter mir. Das Geklingel, die Straßengrenzen und sagen wir *immer noch die Tränen trocknend, aber getrösteter* drei Pferde, Eingänge in die Kapstädte, Großvätergeschichten, öffentliche Belange *kichernd* und darüber die Mondsichel, aber nur eine. Um das Geschwätz abzuhalten, das Sonntagsgerede, die verronnenen Leuchter. Hinweg, hier bleibt es still. Hier dürfen Raben und Ladenhüter kreisen, und sonst keiner. Und die Kunstblumen werden ab heute ins heilige Recht eingeführt, braun mit goldenen Staubfäden. Von drei Griechinnen mit Zimbeln *aufgeregt* nehmt Schuhe, nehmt Schuhe, ihr Lieben, der Boden ist hier hart. *Er erhebt sich und geht ihnen schwankend entgegen* Hier gehts leicht aufwärts, ja so ist es richtig. Nehmt euren Kleinen in die Mitte, meine Hüterinnen, setzt euch nur zu mir. *Er rückt etwas zur Seite, verändert* Die Feuerwehr fährt heute schon zum drittenmal aus. Einer wollte in der Waffenkammer ein Bild entwerfen, es fing Feuer, der nächste wollte mit seiner Nichte ein Winterrezept besprechen, es ging in Flammen auf, schade drum.
Leuchtercreme mit Eissplittern, eure Jüngste ist schwach, schwach und schweigsam. Sie hat Broncefelder im Sinn, Laternenäcker, Versmaße. Man sollte sie zur Pflege ins obere Viertel schicken, ich wüßte dort Stellen. Man wäre ihr dort

gewogen, man lächelte ihr zu. Grünzeugkörbe und geschlachtete Kälber stünden weit auf für sie, finstere Vorhänge öffneten sich von selbst. Sie könnte dort die Genügsamkeit lernen, ehe sie in den Tod tritt, die Kunst der Unterhaltung, einige kleine Künste wie Messerschmieden und das Zeichnen schwarzer Äste, betrauert von ihren Söhnen. Drei Söhne, schwarz wie ihr. Fahren sich über die Röcke, reisen hastig die Kirchenstufen hinauf. Unsere Mutter ist tot. Wie wärs? Man kann nicht jung genug beginnen. Und man darf nur jung beginnen, da liegt es, da liegts im Pfeffer, da liegt die Sonne begraben unter den Blaublümchen, von Hasen umscharrt. Wie die auf unsere Insel kamen? Das waren die Spanier! Die Spanier müssen sie eingeschleppt haben, mit ihren kühnen Herzen und den Gouvernanten im Seitentrakt. Hab ichs, Medea? Eure Zweitjüngste sollte ein gelehrtes Werk darüber schreiben, blinzelnd, von Wärmestrahlen umgeben. »Kuppelgewölbe, die spanischen Bäcker und ihre Folgen« oder »Wie gelangt man vom Süden herein?«, »Wie bringt man die Hasen ins Herz?« Und ich besuche sie gegen Morgen und lasse die Tore rauschen und an die Wolken schlagen, das kann ich, ehe wir zu Morgen essen, das ist eins von dem wenigen, aber darauf baut sich nichts auf, das ergibt nur Steinmetzgärten, zu frühe Absprünge, schwache Gloriolen und so fort, das fällt leicht von der Inschrift: Dank, Dank! Eure Drittjüngste bleibt den Kunstblumen treu, etwas im Hintergrund die Herstellung geschliffener Glasaugen für tote Papageien, alles was mit Recht zu tun hat, wenn auch nur annähernd. Macht jetzt Musik, ihr Kinder! Bleibt, bleibt, der geht, bin ich. *Er kommt langsam zuerst auf die Hände, dann hoch, und streckt sich* Schmückt euch, bedenkt mich recht, wenn ihr die Stufen hinauflauft, wenn euch die Wärter und Schiffsäugigen bestaunen. Behaltet mich im Haar, mich erwarten nur mehr wenige *schon wieder im Gehen, murmelnd* Mischvölker, Jubilare, die es nicht lassen können, und am Ausgang einer mit einem scharfen Hund. Ich sehe da wenig Möglichkeiten für die Vereinigung *durch die hohle Hand* Sofie! Mein Riese ist fort! Blitzt hier nicht eine Säge? Wir wollen die Hemdkrägen bauen für die Jubilierten, wir wollen sie steif halten für unsere Hinterköpfe, wir wollen zusammen bleiben.

Steigt hier noch eine kleine Privatiere ans Licht? Warte, ich hol dich hervor, was bist du von Beruf, Kind? Weberin? Das will ich immer wissen, heißt du nicht Bianca? Komm, laß mich auf dein Schiff *wieder wie zitierend, als hätte er für einen Augenblick den Text* »laß uns noch einmal durch die Schwalbenzüge, laß uns im Spinnenrohr behende bleiben —« *stockend* »und vor den Fadenkreuzen —« nein, nein, das gehört nicht zum Handwerkszeug, das muß man aufgeben, fort, in die Mauerschlitze. Oder darüber. Ja, niedrig halten, was man verwenden will, leicht zu tilgen, fast ohne Rest. »Den Räumen nicht gehorchend –« *schüttelt sich, als er merkt, daß er wieder ins Zitieren gerät, schaut gegen den Himmel* he, Rabenkinder, laßt euch auf meinen Schultern nieder, links sieben, rechts vier, ich vertrage da einiges. Und die Töchter rundherum auch: Schneiderstöchter, Bäckerstöchter, Balbierstöchter, junge Johanniskräuter, Spitalsbesucherinnen, von der zweiten Stunde gezeugt, wir spielen dann noch. Und eine Weberin, die sonst nichts ist, webt mir mein Fell. Meine süße Tracht, von den Bienen zerfressen, mein Nachteulenjackett, mein Rohr. Wir werfen es dann in den Schornstein, wir lassen es aufflammen, wir gehen ins Mittagsrot, leicht wie die Schulkinder. Wir rennen den Efeu mit den Schlüsselbeinen ein, wer durchkommt, hat verloren. Der wird bestaunt, der läuft brennend die Wegzeilen hinauf, den überrascht nichts mehr, nach weißen Fahnen gelüstet es sein – – ja ihr, was wollte ich sagen, wieviel euch noch verschweigen, meine verwegenen Kinder, aber nun? Höhlenkenner, Kammerzofen, Grasträger? Es reicht nichts. Die Nachrichten sind vergeben. An eine Gesellschaft für den Glasfluß in der höchsten Ecke, die ist auch nicht sehr hoch. Aber dort geht alles hin. Dort wird es in die Steinkammern geflüstert, dort irren die Göttinnen herum, die ich verließ, die raschen verfaulten Pferdchen. Füllen heißt es? Meint ihr das echt, ihr Kleinen? Heißt es nicht Kugelwind, Gehorsamspflicht oder sonstwie? *Mit einer großen Handbewegung* Kommt! Wir wollen sehen, was sich von dem Jammer noch retten läßt, von den geheilten Knochen, wir wollen uns aufmachen. *Er geht wieder vorwärts sich hie und da umschauend, ob alle hinter ihm sind* Ja, kommt nur! Wir wollen die leinenen Geschütze rücken und hören, was ich träumte, von kleinen Gliedern und einer musikalischen Anstalt, du, mein stilles Grab. *Er bleibt stehen, stirnrunzelnd* Die Anstalt war an ein Familienhaus angeschlossen, mit Vestibülen, Tönen aus schwarzen Hölzern, Gelichter, aber niemand ahnte es. Der Kreis der Freunde war versammelt, die Erweiterung der Speicher beschlossen, Kissen wurden statt Baldachinen geschüttelt, und man trennte sich. Anbauten in den Halbschlummer oder was sonst Gärten heißt *aufblickend* das wars und war nicht viel, nein, quält mich nicht, mehr hab ich nicht geträumt. Nur das noch: wie der Vogel mit dem Fuchs *er lacht* nein, nein, da irrt ihr euch, die schliefen nicht beisammen, die machten sichs nicht schwer. Wie wir. Rasch, rund um alle Socken! Mit dem Gefolge aus Schleierschwänzen den scharfen Kameraden in die Arme *sich umwendend* aber ihr hütet mich? *Entzückt* So leichte Kinder. Komm her, Sofie, mein Läutwerk, und ihr andern, bald bin ich fest in treueren Armen, nehmt ihr mich leicht: als euren Grabenwärmer, eure ziegellose Wolke kurz vor der Abzweigung, die ihr nicht geht, als euren Himmelsstrich und als die Summe von zwei oder drei Waisenhausschritten, *sich umwendend, flüsternd, etwas geheimnisvoll* ich sage euch noch was: baut Sägen an, baut gläserne Sägen an die erhabenen Vorwerke, zwischen das Nachbargeschwätz. Der Teich ist immer nahe, Märzenteich, befohlener Novemberteich, die hohen Werte. Jetzt ist der Hund schon auf die Mauer gesprungen, könnt ihr ihn sehen? Wärmt sich die Tatzen und tut, als wär er frei. Aber der Ausblick ist gut von dort oben, die Leine unsichtbar.

Jetzt will ich doch noch einmal die Griechenmädchen sehen *er verneigt sich* die Spanierinnen mit den Flügelhauben *er verneigt sich wieder* Bianca *sie als eine seiner Liebsten übergehend* und die Zunft der Marmorrunen, alles, was vom Stein fällt und in kleinen Läden verhandelt wird. Ich war darinnen. Ich kaufte Strähne Garn, ich lief mit Körben durch die Gassen, ich sah euch alle, was ihr für Schuhe trugt, und eure Hände, die sich nach der Decke sehnten, ja, ich sah euch. Ein Flakon schlug vom Dach und verschwendete euch gegen die Kerbhölzer, *listig, triumphierend* war es nicht so? Und ich? Pfiff euch aus, streute euch über die Tennen. Mischte mich in die Spielsärge, verteilte euch in die Logen, riß euch den Himmel von der Brust. Kann eine von euch sagen, ich wäre nicht bei euch gewesen? Hob ich nicht Wolken aus und finstere Hilfswerke und tat doch nichts von allem, schaute den Nummern zu und wie sie unter dem Windschatten unvermengt blieben? Berief mich auf nichts, obwohls mir freigestellt war, *verzweifelt* aber das eigene Lob klingt schwach, ich lobe mich auch nicht. Lob nicht, lob doch? Wer will mit mir das kurze Ende preisen, die alte Schienenmenge, wen reiß ich aus der Reihe?

War nicht ein Bierversilberer mit einem Esel hier in der Nähe? Nein? *Zu dem Hund auf der Mauer* Hast du ihn nicht gesehen mit deinen stumpfen Augen, hast du nicht Fleisch und Gras erbrochen, auch auf ihn? Hast du das nicht? Nicht? Nicht, *erleuchtet, glücklich* dann will ich euch noch einmal segnen, weil ihrs nicht wart, ihr Enten, Griechenkinder *flüsternd, zurückgewandt* und sollte jemand fragen, wer euch heimgesucht hat, wie es gemeint war: verweist ihn rasch mit Seufzern auf die Abstufungen, Mäander, Beerensucher *leichthin* und was uns nicht umstellt. Reist still für mich, bewegt euch leicht zur Seite, führt die Scharen an. Der sieht nur Augenhöhlen, der den Kopf zwischen die Steine steckt, sieht nur die höckerigen Nasenbeine eurer Musen, der riecht den schwächsten Teil. Der wird zerrissene Laternenstümpfe noch für Schlummerrollen halten, Eislaub für Zofenkissen, und die zerrittenen Pferdchen, eure fernen Kreuzburgen, Gefahrenhüter? *Er lacht* Haltet ruhig *wieder zu dem Hund* und dann in deinen Rachen, stumpfes Herz *geht ein paar Schritte, kopfschüttelnd* Plattfüße nach dem heiligen Recht, nicht mehr, *er fliegt jetzt rasch auf die Mauer zu, bekommt den Hund an der Leine zu fassen, hält ihn für einige Augenblicke kurz, hinuntergewandt* glaubt nicht, daß ich es wäre, der ihn hält, ich bins nicht. Der mit der Schirmmütze steht tiefer unten und er riecht nach Moos. Diese unerwarteten Untergänge, nein, lacht nicht, lacht nicht, es ist alles anders, Mädchen, Heerscharen dort drüben, falsche Vogelschwärme, Wellentäler, gezielt und zugespitzt, *abwehrend* nein, schaut auch nicht, wollt euch nicht überzeugen, laßt euch nur nichts gesagt sein. Beherbergt, was ich sagte, meine Blüten, gebt ihm Brot und Wasser und laßt es ziehen. Noch heute geben euch die Vorstadtpfeifer recht, der Himmel zeugt euch neu und die Perückenmacher, Söhne, die des Pförtners, ducken euch mit ihren grünen Lippen. Sie stutzen Türme kurz, sie trocknen Tränen, sie lümmeln mit ihren langen Scheren an den Löwenhecken. Und sie werden, *jetzt in einem klirrenden und vor Schmerz etwas zerfaserten Singsang* ja, das meine ich, Sofie, mein goldenes Blättchen, meine Bedienstete, bedien mich noch einmal mit Luft und saurem Klee – sie werden, wenn ihr lang genug gezögert habt, auch recht behalten. Sie werden euch dann rufen, sie werden euch über die Mauern nähren. Sie werden euch mit meiner Stimme sagen »Hier ist nichts außer uns« *der letzte Satz, als hätten ihn schon viele Stimmen gerufen, eben die der Pförtnerssöhne.*

Der Querbalken

Ich wollte mich auf einem Querbalken niederlassen. Ich wollte wissen, was ein Querbalken ist, aber niemand sagt es mir. Einer sagte mir, er hätte gehört, es sei ein Schiffsbestandteil, aber woher weiß er das, wo zieht er seine Erkundigungen ein? Ein anderer erklärte mir, es sei eine alte Synagogenform, jetzt schon lange nicht mehr in Gebrauch. Sie rühre von den Ebenen her und sei mit ihnen gegangen. Ein dritter erwiderte, nachdem er eine Weile nachgedacht hatte, er sähe da gewisse Verbindungen zu den Flußauen. Erwäge ich diese Antworten (es sind nur drei von vielen, ich habe viele Leute gefragt und es hat mir kaum einer die Auskunft verweigert), so beginnen sie, aneinander anzuklingen, aber nur leicht. Gewisse Gemeinsamkeiten leuchten auf, lassen sich aber bei längerer Erwägung, zum Beispiel bei Verschiebung der Reihenfolge, nicht halten. Und das bei einem Gegenstand, der dem Halt dienen sollte, vielleicht der Rettung. Nun läge es mir auch frei, die Reihenfolge nicht zu verschieben, die Erwägung an einem bestimmten Punkt abzubrechen, eben vor der Verschiebung der Reihenfolge: ein Gittermuster für endgültig zu erklären, eine Schattenpflanze für grün. Die Gemeinsamkeiten zu lassen, so wie sie sich ergeben, viele sind es ohnehin nicht. Sie könnten nur entstehen. Die Felder zwischen den Lichtern könnten, auch gekräuselt, schattiert und unbezwungen, ja selbst schief gelagert, mit den Jahren gemeinsam genannt werden. Es gibt Taktiker, die mir unbedingt dazu raten würden: man muß Feuer machen, wo trockenes Holz ist, Lager, wo es sich ergibt, und so fort. Aber da taucht wieder die Frage der Benennung auf, die alte Drachenwolke, und die fürchte ich. Ist es ein Name oder ist es ein Herz, ein Zeugnis oder ein Zug zum Gesunden? Gesänge oder die Beschwörung von Gesängen? War es nicht schon Willkür genug, meine Erkundigungen in einem Augenblick der Müdigkeit abzubrechen? Nicht die Müdigkeit, aber der Mut, mit dem ich kurz nach Mittag zu fragen begann, mit dem ich sie beschwor? Zum Beispiel die Dame mit dem weißen Filzhund: was ist ein Querholz? Aber die stammelte nur irgend etwas und lachte, ehe sie mir entkam. (Während die Taktiker, wären sie da gewesen, mit ihren stillen Blicken, die Arme auf mein altes Fensterbrett gestützt, unter dem Dach hinweg die Straße gemustert hätten.) Sagte sie übrigens nicht etwas von Pflaumenpflücken in alten Städten? Darauf brachte sie mein Querbalken, jetzt fällt es mir wieder ein. Aber ich habe ihre Ant-

wort ausgelassen: Kirchturmnähen, tiefergelegene Gärten, an denen womöglich Pflücker und seidene Handschuhe hängen, kommen bei mir nicht vor. Daran sehe ich auch, wie zufällig meine Auswahl ist. Sie ist die reine Willkür, ich habe ausgespart, was ich vergaß. Und dann die Dreizahl. Sie liegt freilich nahe: drei Gassen, in denen Freunde wohnen, drei Moslems, drei Gelassenheiten vor dem Absprung. Aber ist sie nicht auch von der Willkür bestimmt? Wer möchte einen dreieckigen Platz, der sich zum Fluß hin öffnet, als natürlich bezeichnen? Nicht einmal die Anwohner. Und es gibt Familien mit fünf oder sechs Kindern, die oft mir gegenüber behauptet haben, das vierte wärs. Aber ich habe mich auf meinen Querbalken eingelassen und ich muß ihn bestehen. Die Frage der Willkür ist sicher nicht die einzige, die er mir schafft, wenn sie auch weit genug führt und Abzweigungen zuläßt. Zum Beispiel zu den Standpunkten. Was ist das? Eine Kreuzung schwarzer und goldener Linien in der Nähe der Schlachthöfe? Viel genauere Antworten wird es darauf nicht geben. Denn: ich rüttle einen Fremden an den Schultern, weil er mir etwas vorauslief, ich stelle ihm, überraschend genug für ihn, meine alte Frage. Aber wo war er gerade in diesem Augenblick, wo hielt er sich auf? In einem sanften oder verzweifelten Gelände, gemäß oder ungemäß, Kriegsspielen zugeneigt oder nicht? Was brachte ihn auf Synagogen oder Flußauen, Schiffsbestandteile? Er könnte es mir vielleicht sagen, aber genauer wäre es, er sagte es mir nicht. Und noch genauer, ich fragte ihn nicht danach. Ich will mir auch meine erste Frage nicht von einer zweiten verstellen lassen. Was ist ein Querbalken? Da ist sie wieder und dabei bleibe ich. Diese Frage sattle ich mir und rücke sie mir zurecht, ich lasse sie unter den dürren Birken grasen und erlaube ihr alles. Und sollte sie mich der Willkür in die Arme treiben, die ich fürchte; ich entkomme ihr doch nicht mehr.
Ich könnte mich nur noch fragen: wie kam ich zu ihr? War es die Schräge, das Holz? Gerüchen war ich immer sehr zugeneigt. Aber das wäre wiederum Verstellung und brächte mich um den eigentlichen Rest. Ich lasse es lieber. Was ist ein Querbalken? Schwing aus, meine Frage, und laß dich in den verdächtigsten Nestern nieder, hole die röchelnden Windspiele aus ihren Höhlen! Das hätte keiner gedacht, wie ärmlich gerade Windspiele wohnen können, von Lumpen bedeckt. Oft ganz in der Nähe der Gärten, die täglich blühen. Und man muß noch bedenken: wen frage ich nicht? Alle Elcharten, Hirsche und Hirschkühe, ach, endlos und unnütz, sie weiter aufzuzählen. Aber das Schweigen, das ich hervorrufe, indem ich sie nicht frage, die Unerwiderung, wie nehme ich sie zu mir?

Ein Lümmel wiederum, ein älterer Bengel, den ich fragte, rannte kichernd davon. Ein Konditorssohn, Soldat gewesen und all das, gab mir keine Antwort. Und seine mehlbestäubte Mutter auch nicht, sie warf mich zornig aus dem Laden. Zorn und Gekicher, auch dieses also. Allmählich beginne ich stolz auf meine Frage zu werden, allmählich geht sie mir ein und ist in meinen Gliedern zu Haus, auch wenn sie mir Demütigungen einträgt, ja, gerade dann. Denn sie soll kein Lied werden, das nicht, ich will mir meine Stimme nicht mit Kreide weich machen lassen, oder war es Mehl? Nein, die Straßen mit den Konditoreien zur Linken sind bald zu Ende und dahinter machen sich die Marsfelder breit, die Sonne mit ihrem fahlen Geflunker, das hilft auch wieder. Dort ist wenig Auswahl, und wenn ein einziger Rebell stöhnend im gelben Gras liegt, wird die Frage leicht. Er deutet mit seinen krummen Fingern gegen die Sturmreste, Mauern, Steine, die noch vereinzelt aufstehen, und hilft mir weiter. Er höhlt mich aus und gibt mir recht und beides, diese Kunst beherrschen nur die Elenden. Hieß es nicht Synagoge? Das war nahe daran. Nämlich: diese Mauerreste haben keine starken Formen, nur die Stunden sind hier noch zugespitzt. Keine Längsschiffe, flachen oder gewölbten Decken, Rosenkranzfeste zur Linken (aber der Mangel fällt auf). Dann schon eher Schiffsbestandteile, Ruder, Zillenhölzer, und auch nur, wenn man will. Von dort zu den Auen ist es nicht mehr sehr weit. Man sieht, auch der Konditorssohn brachte mich auf keine anderen Spuren, sein Gekicher, der Zorn seiner Mutter, ihre bestäubte Schürze, es war alles einbezogen. Wer kann mir noch vorwerfen, daß ich mich zu geradlinig verhielte? Auf meine Frage bezogen zählen Konditorssöhne zum Ausgefallensten und sind kaum überbietbar. Sie führen zu sich selbst zurück und hängen doch mit Auflösung, Milben und der Hoffnung der Welt zusammen, mehr kann man nicht wollen. Grüne Hähne in Altersheimen, einmal sah ich einen. Er lag auf dem Kissen einer Frau und war eßbar. Und das alles stammt aus den alten weißen Regalen. Deshalb lasse ich mir meinen Konditorssohn auch nicht nehmen, nicht umgehen, von keinem Ehrgeiz überflügeln (schon wieder die Dreizahl), ja, ich segne den Augenblick, in dem ich ihn in seinem kurzen Mantel, mager und gebeugt, den sonntäglich leeren Platz kreuzen sah. Keine Ahnung, wohin er wollte, sicherlich nicht schon wieder zu den Soldaten. Mit Plattfüßen, finsteren Augen und seiner jüdischen Hochzeitsurkunde in der Tasche. Nein, zu den Soldaten nicht. Wenn ich ihn auch gerne mit meinem armen Helden zusammengebracht hätte, ich hätte ihn am Gürtel gepackt und hätte ihm gesagt: Komm, setz dich zu ihm hin, erzähl ihm Märchen! Aber darauf läuft es nicht aus. Wir haben die Sonde schon

zu tief ins splitternde Ladenholz gelegt, jetzt müssen wir weiter. Den Vogelherzen auf der Spur bleiben, den Angstbeflissenen. Was ist ein Querbalken? Nicht, was ist er mir, sondern, was ist er? Und wäre ich der Dame mit dem Filzhund und den Pflaumengärten gefolgt, auf welche Reihen wäre ich dann gestoßen? Hätten sich ihre überladenen Gärten (ich nehme an, sie meinte überladene) mit Synagogen und Schiffshölzern zusammenbinden lassen? Vermutlich nicht, Pflücker sind Längshölzer. Und noch weniger mit der Nähe der Schleusen und dem schleppenden Wind. Mit den stinkenden Durchgängen. Aber wäre ich denn dann auch darauf aus gewesen, auf Auen zu stoßen? Das tanzt schon und bleicht vor meinen Augen. Die geringeren, die behäbigeren Möglichkeiten nebeln mich ein, ungekannte Verwandtschaften, gelindes grüßendes Volk. Keine Reihen, kein Gram, kein vernichtender Gedanke. Solche Möglichkeiten. Aber ich weiß, ich spiegle sie mir vor. Der Gram stellt sich ein, wem immer ich meine Frage stelle, und die Vernichtung auch. Gewiß, ich bin Konditorssöhnen gefolgt, Bankrotteuren, dem losen Gekicher, pustelübersäten Sterbenden, ich habe Mehl hinter mir herwehen lassen, das keiner brauchte. Aber hätte ich es nicht getan, hätte ich mirs mit harmloseren Einfällen genug sein lassen, was änderte sich? (Diese Taktiker mit ihrem verschwiegenen Grinsen.) Was ist ein Querbalken? Die Dame hätte mich auch nirgends anders hingeführt. Ich bleibe deshalb meiner grauen Reihe, meiner Wahl, meiner Willkür treu: Synagogen, Schiffshölzer, Auen. Dem Ergebnis eines Tages. Und nicht weil ich den Taktikern recht gebe, beileibe nicht. Die bedienen sich kaum der Stimmen.
Kennzeichen, Merkzeichen, flüsterte mir einer zu, Geschenk. Ist das nicht wesenlos? Der ungefähre Gleichklang der Vokale? Die ganze edle Reihe und wie sie mit Stricken nach einander werfen? Darauf lasse ich mich nicht bringen. Geschenk, Geschenk? Das splittert, das führt weit fort. Konzessionsträger, Grasmücken. Da könnte einer kommen und mich auf noch finsterere Durchgänge verweisen. (Auf die Höfe der Staatsgefängnisse zum Beispiel, in denen die Galgen stehen.) Nein, ich bleibe bei meinen schwachen Auskünften. Und bei meiner Frage. Nicht: woher stammt er? Nicht: Kennzeichen, Merkzeichen. Die kenne ich gut genug. Sondern: was ist er? Denn ich will ihn nicht mehr nennen.

Port Sing

Port Sing, wo die Hasen rasten. Sie haben alle eine Neigung zu verschwinden, aber hier rasten sie, niemand weiß, warum. Es könnte so gekommen sein: als die frühen bedenkenlosen Einwanderer mit ihren Flößen anlegten und sie an Land setzten, vielleicht auch zu springen zwangen, und gleich wieder abstießen, sahen die Hasen nichts Besseres, nichts was sie mehr verlockte. Sie gruben sich darum gleich am Strand in flache Gruben ein und betrachteten die körnigen gelben Hügelzüge und die nadellosen Fichten, Kennzeichen der Bucht. Es war nicht schwer, sich vorzustellen, was dahinter kam, selbst wenn die Vorstellung nicht zutraf. Damit war ein Rastplatz geschaffen. Als die Regen einsetzten, die hier meistens schräg und von Süden fielen, gelang es den Hasen, ihre Bewegungen zu verlangsamen; sobald es zu hageln begann, lagen sie wie Blöcke im nassen Sand und wechselten die Farbe. Die ehemaligen Flößer, die weit draußen auf den Schiffen ihre Wangen gegen die Luken preßten, hielten sie dann niemals für Hasen, und die meisten trieben, selbst gegen den Wind, ziemlich rasch an der Bucht vorbei. Wenn mit rötlichen Nesseln und Trauben der Sommer zu ihnen drang und die Hasen einsahen, daß sie zuviele wurden, kletterten die älteren von ihnen die Böschung hinauf und verschwanden im Hinterland. Man könnte sich vorstellen, daß sie dort die Stadt Nîmes gegründet haben, aber das Gegenteil läßt sich leicht belegen. Es lag den Hasen nämlich nichts daran, Orte zu gründen, während ihren Gegnern viel daran lag, daß sie keine gründeten. Weißwaren- und Wurzelerzeuger sammelten sich vermutlich bald vor den erdachten Mauern und schossen, das beherrschten sie früh. Sie standen nebeneinander auf einer Linie, ein geheimnisvoller Anblick. Kurz darauf begannen sie, ihre hellen durchlochten Quadern zu errichten, die Hasen blieben draußen. In ihrem Blut, im Gesträuch, in den Eingeweiden, wo das Bleiben unausweichlich ist. So ging es den älteren. Die jüngeren Hasen wußten mit dem Geräusch aus dem Hinterland wenig anzufangen, Geräusche waren ihnen im ganzen fremd. Sie beherrschten die Lagen und Gaben der Bucht, ihre Anblicke, ihre gelbgrünen Wechsel, ihre Lautlosigkeit, da waren sie zu Hause. Sie hätten, wäre sie ihnen bekannt gewesen, die Taubheit üben können, Formen und Abwege, an ihr hätte sich auch noch leichter der Termin des Verschwindens ermessen lassen als an den lahmenden Beinen und Ohren. Aber so war es, man mußte auch die unvollkommenen Fehler hinnehmen. Die Hasen nahmen sie. Sie behielten immer noch genügend Kräfte, um ohne Hilfe über die Böschung zu kommen. Wenn sie nach den zittrigen Rosetten ihrer frühen Zeit, die sie alle nahe den Felsen in den Sand gegraben hatten, allmählich zu strengeren Formen übergingen, die allein lagen, so ließ keiner sich anmerken, ob er das für ein Zeichen nahm. Zeichen gab es genug, auch was sie ohne Frage umgab, war um Zeichen niemals verlegen. Nach etwa hundertdrei Jahren begann das Gerücht von der Stadt Nîmes aufzukommen, das bis heute unerwiesen ist. Es kann leicht sein, daß es von den falsch verstandenen Schreien der Ausflügler herrührt, diesem Unfug auf See. Da prüft einer seine Stimme, dringt sie zur Bucht oder dringt sie nicht zur Bucht? Sie dringt nicht zur Bucht, aber für eine schöne mittlere Stadt genügt es, mit Stadtmauern, Hutständern und alledem. Oder daß der Sand schuld war? Er flog auf und ein Hase verstand ihn. Aber ihr sollt nichts verstehen, wozu habt ihr Ohren? Zu spät. Nach hundertfünf Jahren begannen die Hasen unruhig zu werden, sie rotteten sich an unbenützten Stellen im Sand zusammen und es kam vor, daß ein jüngerer einem älteren über die Böschung helfen mußte. Tat und Untat trafen sich, das Gerücht von den Herzoginnen entstand, Valentine und Hortense, wie sie auch hießen, und ließ sich nicht zurückweisen. Sie waren da und prüften sich im Spiegel, hielten ihre Hauben über klares und brackiges Wasser und ließen über Auftrag gelbe Blätter schneiden, wenn sie darum verlegen waren; sie schleiften ihre seidenen Röcke die Bucht entlang. Das war den Hasen bisher nicht untergekommen, sie bekamen Angst und Stimme, Lust die Bäume zu ersteigen, die im Rücken die Bucht begrenzten, auch wenn es nur Sträucher waren, Kronräte wurden einberufen, sie saßen alle im Kreis und die lustigen Herzoginnen in der Mitte. Der heilige Berg wurde genannt, mit seinem Blau und Grün, das die Welt bereinigen sollte, man beschloß aufzubrechen, Ratschläge verdunkelten jeden Ausläufer der Bucht. Eine der Herzoginnen hatte eine Glaskugel an einem Holzstab, der im Sand steckte; als man aufbrach, wurde sie vorangetragen und zerschellte an einer Kiefer, ehe die Höhe der Böschung erreicht war. Das Licht ist fort, riefen alle; die Hasen kehrten um und blieben, kann man sie darum schelten? War zu bleiben nicht das einzige, womit man nicht warten konnte? Flickerlichter erleuchteten von nun an die Bucht, die Stücke der zerbrochenen Kugel. Sie wurden nicht fortgeräumt, sondern geehrt und umzäunt, den jüngeren Hasen waren sie die einzige Beruhigung. Die Herzoginnen machten sich davon, vermutlich gingen sie nach Nîmes, das um diese Zeit schon da sein mußte oder kurz vor dem Übergang von der Idee zur gastlichen Stätte. Sicherlich halfen sie dazu, wo der Übergang Schwierigkeiten bereitete, tanzten in Höfen, die im Wachsen waren, und beunruhigten das freie Feld. Über diese Tänze sind Berichte erhalten, von Ziegenhirten und Beleuchtern, nichts mit Sicherheit. Keiner ahmte sie nach. Nîmes' gelbe und weißliche Mauern wuchsen heran, um den heiligen Berg ging es nur noch den Hasen. Sie erfanden Richtungen, Abstürze, Wegbreiten, legten Gefahren fest und ließen sich auf immer mehr Farben ein. Sie holten sich Hoffnungen aus erdachten Senken, Ellipsen, Herzformen und den Winternebeln darauf, die was schwarz und gedacht war, stärker hervortreten ließen, wenn auch oft nur infolge der Nässe. Es ging so weit, daß sie über die Erntevorschriften von Fichtensprößlingen an den unteren Hängen des heiligen Berges oder auf seinen Vorbergen ins Gespräch kamen. Der Sand unter ihren Sohlen begünstigte ihre Entwürfe, sie blieben in der Bucht. Valentine und Hortense, die Herzoginnen, tauchten nicht mehr auf, die Schatten von Nîmes kamen ihnen niemals mehr störend nahe. Zweimal wurden sie noch von Menschen behelligt, das eine Mal, als unweit der Bucht eine Mühle errichtet und die Flügel so unbeholfen daran angebracht wurden, daß sie bei einem der stärkeren Oststürme an den Strand flogen, das andere Mal, als fünfunddreißig Jahre darauf ein alter Bettler die Böschung heruntertorkelte, um in ihrer Mitte zu sterben. Einer der umzäunten Glasscherben verschob sich dabei geringfügig, danach war Ruhe. Fünf oder sechs Jahrhunderte lang geschah nichts, die neuen Richtungen wurden mit Mut und Geschick eingehalten, ein rosiges Licht verbreitete sich zuweilen über den Sand, Maisgeruch drang die Böschung herunter. Aber Tanzfiguren, Oststürme, alte Bettler, Maisgeruch, ging es ihnen darum? Eines frühen Nachmittags machten sich die Hasen zum heiligen Berg auf und dieser Aufbruch kam nicht ganz unerwartet. Sieben Jahrzehnte vorher hatte ihn eine Bewegung angekündigt, die bald wieder erlosch, aber doch erwähnt werden muß: einige Hasen waren ins Meer gegangen. Von den Spiegelfechtern, einer alten und mächtigen Sekte, die gerade damals einige Boote in gebührender Entfernung an der Bucht vorbeischickte, wurde das mit merkwürdigen Gründen belegt. Einer von ihnen: es waren zuviele Hasen. Der zweite: sie hatten nicht genug zu essen. Keiner traf zu oder war auch nur der Erörterung wert und die Hasen ermannten sich bald wieder, die Gruppen zum Meer brachen zögernder auf. Es waren die Scherbenlichter, Alleebäumen ähnlich in ihren runden Zäunen, die ihnen Trost gaben oder Untrost genug. Daran daß die Siechen unter ihnen in ihrer Mitte starben, hatten sie sich längst gewöhnt, die letzten neun Jahrzehnte vor dem Aufbruch ging kein Hase mehr über die Böschung, weder

Leben noch Sterben noch sonst etwas war ihnen dafür Grund genug. Dann gingen sie alle. Man kann nicht sagen, daß es ein besonderer Tag oder Nachmittag war, er hatte begonnen wie viele andere, nämlich nicht, er lag wie viele andere lähmend und bewegend über der Bucht und bot kaum Gründe, es war nur soweit. Die Scherben an der Böschung wurden behutsam umgangen und ihnen nahe genug zu kommen, ihrem lange schon getrübten gelben und rosa Glanz, war für viele Hasen die Überraschung ihres Lebens. Keine Überraschung, wie zu erwarten war, boten die Höhe der Böschung, die Farnkräuter, die sich dort angesiedelt hatten, die Ebene, die sich vor ihnen ausbreitete, die Schatten der Ferne. Ihre Augenblicke ließen sich von da ab in Sprüngen nicht mehr darstellen, aber so vollkommen neu das war, es fiel ihnen nicht auf. Sie vermieden den Blick nach rechts, weil dort Nîmes liegen konnte, und rasteten unter Bäumen. Ein Soldat mit einem grauroten Dreispitz begegnete ihnen, eine Bäuerin und ein Harlekin, den sie als Harlekin nicht erkannten. Unserethalben, werden sie gedacht haben. Genug. Das bezeichnete für sie eine Menge, für das kurze neue Leben. Gedanken dieser Art stimmten sie aufmerksam und ruhig, sie bereiteten das Feld für neue Namen. Kohlmesser, sagte ein junger Hase und zeigte auf einen Wegweiser, aber auch er wurde nicht mehr übertrieben wichtig genommen. Tempelquergänge nannten manche von ihnen die Feldwege, die zu nichts als aufgeschüttetem Maisstroh führten. Wir wollen uns in Beispielen nicht verlieren, sie kamen schnell voran. Das Gemurmel, die kurzen Pfeiflaute, das Scharren und Flüstern, das den Siechen unter ihnen Mut machen sollte, wurde von einigen leichten Windstößen aufgenommen und fortgetragen, nicht immer in Richtung auf den heiligen Berg zu. Die Gerüchte von Sonneneinstiegen und Pfaden, die zu wünschen alles übrig ließen, vermehrten sich. Nîmes, wenn überhaupt, lag längst hinter ihnen, mit seinen erdachten glatten Gräben, Gräbern und Monumenten, Maisflechter und Harlekine blieben aus. Das störte die Hasen nicht. Kein Meister fiel von den Feldern, rang die Hände oder wischte sie verlegen an seinem groben vorgenähten Tuch ab. Dagegen begann ein breiter blaugrüner Lichtstreifen sich rasch auszubreiten; er überzog Roggen und Bohnenkraut, Himmel und Hölle und die Holzstücke vor ihnen. Die Hasen kamen darin unter, die Behelligung durch gefärbte Lichter war ihnen nicht neu, die Staubwolke um sie, verfärbt und verkleinert, kam doch rüstig vorwärts. Sie verscharrten bald die ersten Erschöpften. Und was gewisse Betrachter entzückt hätte: ihre Begräbnis- und Erschöpfungspausen entbehrten der Regel nicht, sie traten als Takt auf und näherten sich damit im Sinne aller Unbeteiligten der Notwendigkeit. Dem Fliegen ähnlich, würden sie gedacht haben. Dem Fluge ähnlich, ja. Das Gebirge war jetzt so nahe, daß es ohne Linie auskam. Auch mit dem Aufstieg wollen wir uns weiter nicht aufhalten. Den Eis- und Schotterhalden, gleitenden Nadelkissen, unvermuteten Enden konnten sich die Hasenfüße nicht rasch genug anpassen. Es wirbelte manches durch die Zephirluft um den heiligen Berg, was mit Steinblöcken nur bescheidene Ähnlichkeiten hatte. Dabei war es ein lauer Tag, kein Schrei; außer den Stürzen nichts, was nicht zurückgenommen worden wäre, besänftigt, abgedämpft. Die Heiserkeit wurde damals erfunden. Ein Abgrund war alles, eine Schlucht ohne Gegenwand. Die Böschung war für den Weg nicht Übung genug gewesen (die Nähe der eingezäunten Glasscherben vermutlich nur Vorgeschmack der Abstürze), für das Ziel war sie es. Ihre geringe Höhe wies sich aus. Wir erinnern uns: Farnwedel, die Fläche und Nîmes, das nicht betrachtet wurde.

Vier Hasen betraten den Gipfel des heiligen Berges. Vorher roch es brandig, aber das störte sie nicht, sie kämpften sich mutig durch das niedrige Holz. Was berieten sie aber, als sie die feurige Schlucht sahen? Ließen sie sich an ihrem Rand nieder, aßen sie noch etwas? Gab es nahe davon noch Quellen oder Getränke, die den Höhlenbau leidlich begünstigten? Diese Hasen, wer hätte sie nicht gerne da oben gesehen, die Köpfe zusammengesteckt, mit versengten Pfoten? Wer wäre ihnen nicht gerne noch einmal zu nahe gekommen? Aber das ist keinem erlaubt. Ist es denn erlaubt, von Hasen zu sprechen, wenn es nur noch vier sind? Welche Zahl ist es, die den Namen schützt? Nein, niemand von uns wird diese Frage abschütteln können: War es jemals erlaubt, von Hasen zu sprechen? Oder von Port Sing?

Das Faß

Diogenes, der Feldwebel, starrt über die Wüste. In der Ferne sieht er ein Faß. Da fehlen die Dauben, murrt er enttäuscht, wir wollens uns mit nichts genug sein lassen. Er nimmt seine Fußvölker und schlägt einen großen Bogen darum. Wir wollen es den Wechselstürmen übergeben. Die Fußvölker nicken. Keines von ihnen reicht ihm höher als bis zum Knöchel. Das ist wenig, sagt Diogenes oft im Freundeskreis. Aber seinen Völkern sagt er das nicht. Er bewegt sich mit ihnen ins Landesinnere, wo die sauberen Hütten stehen. Oder sollen wir ihm einen Stoß zur See hin geben? fragt er sie. Ein Brausen geht durch die Völker zu seinen Füßen, sie lachen enttäuscht, manche bleiben gleich im Sand liegen. Als Diogenes sie sieht, wendet er sich zur See. Lästig, sagt er, aber damit meint er nicht die Liegengebliebenen, sondern die Anhänglichen zu seinen Füßen. Sie erreichen das Wasser, das Faß beginnt zu rollen, nachdem es den notwendigen Stoß bekommen hat. Aufhalten, aufhalten! schreit Diogenes. Seine Völker werfen sich davor, blind und ohne Lust. Was jetzt geschieht, weiß jeder. Drei bleiben übrig, eines vor jeden Fuß und eines zum Ersatz, zum rechtmäßigen Erben. So geht es weiter, diesmal die Küste entlang, immer unter dem Brand der Sonne dahin. Um das Faß kümmert sich keiner mehr. Wir müssen sehen, was vor uns liegt, sagt Diogenes, wir müssen uns darum kümmern. Die Völker nicken. Aber es sind nicht die Völker, es sind diejenigen, die nicht unter das Faß kamen. Wenden wir uns zurück. Jetzt darf man wahllos sein. Seht ihr den rötlichen Schimmer links hinter dem Faß, die farblose Einbuchtung rechts? Die Rötlichen stammen aus einer rötlichen Stadt, aus einem Gebirge von Antennen, und verzweifeln ihrer Natur nach schon früh. Sie halten Esel. Die Farblosen sind nicht so farblos, wie sie heißen. Sie tragen blaue Röcke und weiße Wollmützen, ehe sie unter das Faß kommen; sie bringen Drahtgitter hervor. Und der gelbliche Schein dort drüben? Dort ist nichts. Aber es war doch eben noch deutlich? Nichts. Dann wenigstens eine Augentäuschung? Eine Augentäuschung, ein Blinkfeuer. Oder ein gelbliches Volk, das dem Faß zum dritten Teil entkam und sich in den Sand schlug, krallte, die Nahrung verweigerte, treu blieb. Ein Vogel? Eine Fangfrage, die der lebenspendenden Sonne doch nicht entsagen wollte? Was machen die Dummen? Da haben wirs. Und Diogenes ist weit weg. Er rastet gerade auf dem Widerschein einer Oase, stampft Palmen aus dem Boden und verteilt wieder einmal die Völker um sich. Ihr ins Feuchte unter die Algen, ihr ins Trockene, und ihr, wo das Salz wächst, aber Vorsicht! Das ist ein gefährlicher Boden. Da gibt es Wüstenheuschrecken. Diogenes beugt sich über die Kochstelle, rührt, beginnt wieder zu lehren. Welchen Zweig wollen wir heute anbringen, zu Rande schinden, in die gleißenden Sterne halten? Er rührt vorsichtig, die andern rühren nicht. Der Brei riecht nach Oase, nach den Palmkernen, der Süßigkeit der alten Quellen. Das ist unser Diogenes, er versteht's. Er richtet sich ein, grenzt sich ab, er besteht vor den Richtschnüren. Wir haben schon den rechten. Ist er nicht der zweite Erfinder der Sammelplätze und auch sonst noch viel? Kommt doch her, rührt mit! Gleich entstehen graue Kolonnen, Burgfräulein, Bauarten, das geht wie der Wind. Diogenes springt auf, der Löffel steht im Brei. Fort, aber wohin? Wo das Faß ist, sind schon die Schüler erschienen, sie legen den farbigen Schimmer mit Steinen aus. Rot, gelb, blau und weiß, sie stehen herum, eine hagere Gruppe. Nicht flügelschlagend. Einer geht um die anderen und gesellt sich zum Schimmer der Helden: Ölpächter und Mechaniker, hier rief sie das Schicksal. Hier fand es statt. Und wer sich vorher um Amtskleidung bewarb, Vergünstigung im Zeitablauf, Ärmelschoner, hier zimmerte er seine Wünsche ins Erdreich, in die trockene Fläche, das wissen wir nun. Damit haben wir es zu tun, nichts weiter. Einer hatte eine Augenentzündung, als das Faß ins Rollen kam, immer bei der Wahrheit bleiben. Wir bleiben schon. Wir lassen uns nicht aufhalten, durch nichts und wieder nichts. Wir haben eine weite Reise hinter uns. Durch Gebirge, wo wir die Blaustelzen in den Höhlen beobachteten, das Verhalten der Sonnenstöße, und über reine Hochebenen, wo nichts war. Wie das aussah. Dann wieder Drohnenstöcke und steile Stiegen nach allen Richtungen, wir kletterten behende hinauf und hinunter, immer die langen Ärmel um uns, die wir nicht abschnitten. Wir leisteten Diogenes zuliebe die alten Verzichte, ihr kennt sie. Blutrote Pfauen flogen auf, himbeergelbe Sonnen gingen unter, es störte uns nicht. Ein Traum stand herum, ein Widder kam uns in den Weg, Giraffen, Zebras, auf und nieder damit. Jetzt sind wir hier, eine kleine Gruppe. Einer sagte, wir röchen nach Erz, wehe uns. Ein anderer, wir wären nur gekommen, um die Kanäle schiffbarer zu machen. Ein dritter geriet ins Kichern, als er uns sah. Wieviele bleiben? Wir haben Steine und Farben mitgebracht, um auszulegen, was hielt, reine Farben, Mischfarben, feuchte und trockene Farben, wer will uns verdächtigen? Die Köder sind ausgelegt, aber wir springen nicht. Wir stehen still und belästigen uns gegenseitig. Hier sind wir. Da sind wir.

Und Diogenes? Das wird die Frage sein. Zog er sich zurück in Richtung auf uns zu? Oder schleppt er sich voran? Wahrscheinlich das letztere. Er wird wenig Freude haben. Die Fußvölker ermatten, die Erde bleibt sich gleich, die Rastplätze sind einander ähnlich und auch wieder nicht. Runentürme tauchen auf, zwei Leute klagen über Blasen an den Füßen, Diogenes ist auf unseren Weg geraten. Gleich wird er sich die Stufen hinaufmühen, die wir hinabglitten. Er wird neu benennen, was der Himmel schon weiß, er wird sich auf die schöneren Namen einlassen. Wie das so ist. Berauscht von seiner Gegenwart auf den Hochebenen (die Fußvölker keuchen nach), von den Hochebenen, vom Wesen der Welt. Hier hat er es, da war es, ein kleines Netz her! Drohnenstöcke? Das hieß anders. Reben oder wie? Von drei Völkern ist je die Hälfte abgeglitten, die Stufen waren feucht. Aber er? Was soll er tun? was hätte er tun sollen? Er kann nicht hinter ihnen her sein, wo sie voraus sein müßten, nicht einmal um den Rest kann er sich kümmern. Wer ruft uns? Euch ruft niemand. Einer rief uns. Es war nicht Diogenes. Er hat die Hochebenen überschritten und bewegt sich hinab, Höhlen und Blaustelzen zu, er wird nicht wieder zu messen beginnen. Er rief uns. Er rief euch nicht, euch nicht und uns nicht. Wenn die Flut kommt, ersäuft sein Faß. Aber Diogenes ist weit fort.

Bauernregel

Sie entsteht aus reiner Beobachtung. Man kann zum Beispiel nicht auf die Ballungen über den Nordwestkanälen Rücksicht nehmen, sie sind der Kontrolle entzogen. Nur einmal ging ein älterer Bauer los. Er hatte Lust auf eine Schneewolke und auf die westschottischen Wälder, von denen es immer heißt, daß sie nicht beständig sind. Das war es, was ihn daran verlockte. Er nahm einen dieser Säcke mit, die man sich abwechselnd über die linke und über die rechte Schulter hängt, schloß die Gartentür hinter sich, ließ sie knarren, umwand seine Pantoffel mit Fetzen gegen die Wölfe und kam bis zum Eifelgebirge mit der linken Schulter aus. Bis Brest reichte die rechte. Dort erklärte ihm jemand, daß er einen bodenlosen Umweg gemacht hätte, aber er ließ sich davon nicht stören. Bodenlos oder nicht, dachte er, wenn man sich damit aufhielte, trank zwei Flaschen französisches Bier und begab sich aufs Wasser. Er bezahlte nichts, sondern lehnte sich mit seinem Sack immer gegen die Wand des Kutters, die gerade höher stand, und erreichte glücklich Schottland. Die westschottischen Wälder waren eine Enttäuschung, er hatte sie grün erwartet, und mit Hifthörnern, sie waren aber blau und still, wenigstens am Tage seiner Ankunft. Er strich eine Weile ziellos darin herum, pflückte Schwämme, die er nicht kannte, und schleuderte sie über die Klippen oder was er dafür hielt. Es wird wenigen bekannt sein, daß von dieser Bauernreise manche Seeschwämme herrühren, erforschte und unerforschte, in tiefen und untiefen Wasserschichten gedeihende, an Kalksteinen oder Schiffsbalken, es kam auf den Wurf an. Auf die Quadratzeilen, in denen man dort mißt. Je zorniger ein Wurf, desto mehr Gedeihen, desto mehr Geschlechter von Schwämmen, die sich an die Klippen oder an den Grund klammerten. Gegen Abend hatte der Bauer genug von seiner Enttäuschung und brach auf. Wenn die Stürme und Hagelschauer, die seine Äcker verheerten und denen er daheim mit soviel Flüchen wie Ehrfurcht begegnet war, nur von daher kamen, konnten sie auch da bleiben. Vielleicht kamen sie aber nicht nur von daher. Er kletterte in die Ebene, sah noch in der Dämmerung einigen älteren Herrschaften beim Golfspiel zu, und wie ein kleiner weißer Ball in die See fuhr, daß sie hoch aufspritzte, und beschloß, wieder zum Hafen zu gehen, aber diesmal zum Raketenhafen. Der Raketenhafen lag abseits, Schuppen und Sand von feuchten Streifen durchzogen, und mit einem mürrischen Wächter, der Karbid brannte. Der Bauer näherte sich ihm schüchtern und fragte, ob das hier einer der aufgelassenen oder einer der nicht aufgelassenen Raketenhäfen sei. Er war nicht aufgelassen und im dritten Schuppen von links stand eine Rakete, die der Bauer nach den mürrischen Anweisungen des mürrischen Wächters bestieg. Kaum hatte er sie bestiegen, verließ er sie wieder, denn sie hatten vergessen, das fahrbare und übrigens auch schiffbare Gestell (nur unter dieser Bedingung hatte die Hafenbehörde Unterbringung und Namen gestattet) mit seiner Last aus dem Holzschuppen zu ziehen. Die Rakete wurde auf dem feuchten sandigen Platz nach Mekka ausgerichtet, aber das war nichts als ein notwendiger Zufall, wie der Wächter dem Bauern erklärte. Sie fliege nicht nach Mekka, sondern schlage am Himmel einen Bogen und nur wenn man sie in dieser Richtung aufstelle, den richtigen. Zu den Schneesternen? fragte der Bauer. Das auch, erwiderte der Wächter mit Verachtung. Der Bauer kletterte noch einmal hinauf und nahm diesmal seinen Sack mit. Zwischen die Knie, murrte der Wächter und zog am Hebel. Das auch, rief der Bauer erfreut, als er über Neufundland flog, von Mekka war tatsächlich keine Rede und das war seine einzige Befürchtung gewesen. Denn wenn er auch nur ein kleiner Bauer war, so wußte er doch, daß Mekka nicht der rechte Ort sein konnte, um dem Wetter auf die Schliche zu kommen, noch weniger seinen Regeln. Das hier aber war ein Ort, wenn auch ein rasender. Die erwünschten Schneewolken umgaben ihn von allen Seiten und an Sternen fehlte es nicht, auch nicht an Schneesternen. Wenn das Wetter von daher kommt, dachte der Bauer befriedigt, heißt es nicht umsonst so. Seine eigene Schnelligkeit pfiff ihm eisig um die Ohren, weit unten sah er plötzlich eine Kette von Farben, die dem unbebauten Rand seines Kohlgartens nicht unähnlich war, die neue Welt. Über Utah ging er nieder, dort begegnete ihm die Weberin. Sie hatte die Haare aufgesteckt, trug ein rotseidenes Kopftuch darüber und kam ihm bekannt vor. Was sie erwarte? Eine Rakete aus Island. Island? Über die billigere Route. Die meine ist auch billig, sagte der Bauer. Sie erwarte aber eine mit Kindern. So oder so, erwiderte der Bauer, seit wann sie denn das Weben aufgegeben hätte? Seit zwei Wochen. Und weshalb? Um dem Wetter auf die Spur zu kommen, es hätte sie geärgert in ihrer dünnen Hütte daheim, die Frühjahrsstürme hätten ihr oft die Fäden durcheinander gebracht. Einige Jahre habe sie es noch mit stärkeren Webrahmen versucht, vergeblich. Wann sie denn losgeflogen sei? Vor drei Wochen, eine davon habe sie noch webend auf einem Stern verbracht, aber es sei eine unmögliche Woche gewesen. Um sich die Schwärze, aber immer noch von den Brettern ihrer Hütte, wenigstens von der Innenseite dieser Bretter umgeben, von Wolle, Nähfach und dem Gestell neben dem Ofen, habe sie die Lust am Weben mit sicherlich meßbarer Geschwindigkeit verloren, sie habe sich aber mit dem Messen nicht aufgehalten. Woher sie ihre Rakete hätte? Aus der Kreisstadt, erwiderte die Weberin, ob er nicht wisse, daß es fahrbare Raketen gäbe, die man gegen Kaution borgen könne? Raketen, die nur Personen, solche, die Personen mit Innenräumen, und solche, die Personen mit Innen- und begrenzten Außenräumen aufnähmen, sie habe sich auf das Mittlere eingelassen. Die Rakete wäre aber so früh gekommen, daß sie keine Zeit mehr gehabt hätte, ihr zahmes Reh, das in den kühleren Frühlingsnächten neben ihrem Bett schlief, wenigstens in den begrenzten Außenraum, Stall, Vorgarten, Wiese und so fort zu bringen, sie hätte es mitfliegen lassen. Da oben sei das Reh unruhig auf dem Bretterboden herumgegangen, habe an den Flickenteppichen genagt und sich zuletzt dem Ofen zugewandt. Zu den drei Türen habe es nicht gestrebt. Welche drei Türen? Stalltür, Küchentür, Haustür. Gescheit, sagte der Bauer. Und das Wetter? Das Wetter habe sich um diese Zeit über Lauenburg in Ostpommern angesiedelt, ihr Stern, das heißt ihre Stube, sei aber, soweit sie es beurteilen konnte, über Neufundland gestanden. Der meine auch, erwiderte der Bauer höflich. Ungefähr jedenfalls, erklärte die Weberin. Sie nahm ihr Kopftuch ab, fühlte an den Wicklern und sagte: die sind jetzt trocken. Und wie das mit den Kindern sei, die sie erwarte? Ja das sei eine verwickelte Sache, sie habe überzählige Decken, selbstgewebt, und wolle jetzt eine Wetterwiege aufstellen, eine oder zwei, um das Wetter anzulocken, das zu sich selbst zurückstrebe, den Nordwest zum Beispiel. Dazu habe sie sich sieben Kinder verschrieben, diese Methode bewähre sich immer wieder, sie kämen gerade dort drüben. Nichts für ungut, murmelte der Bauer, berührte seinen Hutrand und stolperte eilig über die Bahn. Als er ihr Ende erreicht hatte, fiel ihm ein, daß er vergessen hatte, nach dem Reh zu fragen, aber er kehrte nicht um. Er dachte an die Wetterwiege, an die Wohnung am Stadtrand oder am Rande der Raketenbahn, an sieben und drei. Es mochte eine Methode sein, aber es war nicht die seine. Die seine war er selber, war sein Sack und seine Rakete, die er einem ärmlichen westschottischen Hafen und keiner Heimatgemeinde verdankte. Totenbilder, Herbstbilder, Bilder über Betten, das alles war ihm schon immer zuwider gewesen. Er stieg wieder auf, bat einen vorübergehenden Monteur, den Hebel anzuziehen, und vergaß in der Eile die Richtung zu nennen. Die Rakete stand zufällig fast genau in Richtung Seattle im Staate Washington. Wir wissen von Schottland her, daß solche Richtungen nur insofern Bedeutung haben, als man sie nicht erreichen will, daß ihr Ziel die Hälfte ihres halben Gegenteils ist und selbst das nur ungefähr. So kam er nach Mekka. In Mekka war das Wetter gut. Eine Wallfahrt mußte gerade zu Ende sein, Reste von Pilgerkörben schwammen im heiligen Fluß und der Himmel war glasblau. Ein Krokodil sah schläfrig über die Uferböschung. Der Bauer betrachtete es ruhig. Wäre er danach aus gewesen, so wäre er jetzt am Ziel, aber selbst wenn man voraussetzte, daß alles mit allem zu tun hatte, konnte man das nicht gut behaupten. Zwischen den Körben schwamm ein ertrunkener Pilger den Fluß hinunter. Pilger ertrinken oft, dachte der Bauer, während das Krokodil ihm immer noch schläfrig zublinzelte. Pilger benützen Fähren und Fähren gehen unter. Aber was hatte das mit dem Wetter zu tun? Der Fluß war matt, von den ewigen Spiegelbildern der Tempelgesimse erschöpft. Und auch die Luft, die nichts spiegelte, war matt. Hier ballte sich nichts, hier entstand nichts, kein Nebel verließ das trockene Schilf und kräuselte sich in Richtung Nordosten oder auch in eine andere Richtung, kein Mondstrahl, der das hier berühren mochte, berührte seinen Hintergarten daheim, kein Hauch, der sich hier erhob, ließ sein Binsenkraut gedeihen oder verderben, darauf hätte er fast schwören können. Nichts veränderte seine Fliederbüsche, seinen Hafer, die Raben auf seinem Dach. Wie kam es dann, daß es gerade hier geschah? Während der Bauer sich umwandte, um zu seiner Rakete zurückzufinden, erhob sich das Krokodil rasch aus der lauwarmen Flut und verschlang ihn. Der Bauer gab keinen Laut von sich. Lag vielleicht doch eine Absicht von seiner Seite darin? War es ein Weg, um den alten Regeln auf die Spur zu kommen, die die Winde leiten? Wir wissen es nicht. Denn der Bauer blieb nicht am Leben wie Jonas im Wal, er konnte sich nicht demütigen, sich nicht bekehren, keinen Bericht geben, auch keinen Wetterbericht, Krokodile sind enger gebaut. Und was ist nur mit seinem Sack geschehen? Sicher gestohlen worden. Ich weiß nicht, was darin war. Dennoch weiß ich einige, die von dem leben, was darin war. Aber ich will niemanden verdächtigen. Seine Rakete steht immer noch auf der elenden Straße, die den heiligen Fluß entlang führt. Allmählich sieht sie wieder einer Pflugschar ähnlich, schade darum. Es gibt übrigens Theorien, die sagen, Mekka läge nicht am heiligen Fluß. Das ist leicht möglich.

Nachricht vom Tag

Der Tag ist in Rotterdam zu Hause. Dort wird er geboren, verbringt er seine frühe Zeit, verfertigt er seine ersten Witze und lacht noch selbst darüber. Soweit kommt er in Rotterdam. Es ist kein sehr guter Ort mit seinen Hafengeräuschen und Waljägermärchen und ohne Hügel für die Kindergärten und Klippschulen, aber ganz schlecht ist er auch nicht. Es gibt dort nassen Sand für die ersten und Steine für die zweiten Spiele. Auch für die dritten gäbe es allerlei, aber wenn er zu seinen dritten Spielen kommt, wenn alle Versuche mit Sand und Steinen hinter ihm liegen, ist der Tag schon fort, hat er Rotterdam verlassen wie ein Gebirgsnest, wie Tannengrün und einen schweren Dialekt. Der Tag ist undankbar. Er hat dann seinen ersten Schrei vergessen, die Lilien auf den Feldern um Rotterdam, die Sperlinge auf seinen schmutzigen Dächern und seine Großmutter, die ein Polizeiarzt auf dem Boden des Reviers sterben ließ, weil er sie für betrunken hielt. So etwas vergißt sich, wenn man weiter will, und der Tag will weiter. Die Richtung ist ihm vorläufig noch gleichgültig, soll er nach Westen ziehen, nach Osten, zum Himmel hinauf? Himmel Himmel Ost, wie die alten Kapitäne sagen, oder soll er in die Erde fahren? Alles steht ihm frei oder nicht? Wo ist sein Tisch gedeckt, wo ragt sein Gabelfrühstück aus den Weltmeeren oder über die Forste? Bieten sich ihm Schlangen und Quallen auf flachen Felsen an, oder die erdolchten Vögel, die die Dschungel schmücken? Ihm ist alles recht in seiner bunten Weste mit dem Pfeifenkopf, der daraus hervorragt, und mit seinen Kinderwitzen, die keine mehr sind. Die sind noch aus Rotterdam, aber er nicht. Um die achte Stunde ist er schon von überall her, weiß Bescheid über Korkeichen und Schweinesorten, heiße Schokolade, portugiesische Apotheker und das Herz der Welt, man kann ihm mit nichts mehr kommen. Ein Mädchen ist ihm aufgegeben oder sind es drei? Und wie sind sie? Aufgegeben oder zugeordnet, flüchtig, gefangen oder versteckt? Louisiana, Franziska, Marie, entgegen, zur Seite oder hinter ihm, geflügelt oder leibhaftig, bedeutungsvoll oder nicht? Er möchte es abwarten. Um die zehnte Stunde lehnt er noch herum und schwankt zwischen Valparaiso und Kita, das ist in Senegal, dann entscheidet er sich für Schwerin und er hat recht. Es gab Matrosen in Rotterdam, keine inländischen, die riefen sich über die Hafenbecken zu, der Tag sei ein Anhängsel und der Sonne längst lästig. Einmal habe sie über St. Helena versucht, ihn abzuschütteln, das sei ihr schlecht bekommen, ein zweites Mal über Hawai, auch schlecht; soweit wäre es mit ihm. Aber das sind Phantastereien, im voraus erfundene elende Geschichten, der Tag geht nach Mecklenburg. Dort lehnt er an den Hecken, sieht den Enkeln der Hilfsbürgermeister zu, Enkelin ist keine dabei, und weint über Schwanenteiche. Der Sonne in die Quere? Oder den Mädchen? Kann sein. Er hätte sonst gut nach Pembroke gehen können, aber nein, das tat er nicht. Dort ist ein Jagdaufseher, der will ihm nicht wohl, oder war es ein Gärtnerbursche aus einem weiten Besitz? Jedenfalls einer, der sich zu rasch an ihn gehalten, der ihn gleich abgeschlagen, der gleich beteuert hatte: Mir gehört er. Dieser Kleine, der noch mit dem Hosenboden die feuchten Pflaster von Rotterdam probiert, aus dem wird einer, das kann ich beschwören, dieser graue Teufel, der euch den Kopf mit Steinwürfen schwer macht und eure Jollen durchlöchert, gewinnt euch alle. Plötzlich ist er hoch über euch, läßt euch röcheln vor Langeweile, sterben vor Verdruß. Die kennt man, das sind leichtfertige Redensarten, zu früh gemacht, Gimpel und Pfauenauge in die Arme geschlossen, ehe es Zeit war, die Segel vor den Westspitzen aufgetakelt und die Gischt für Natur genommen. Da hast du, Kleiner, nimm meine Livree und du bist aus erstem Besitz, steck unsere alte Kokarde aufs verkrätzte Haar und keiner merkt, daß dir die Hüte ausgehen. So reden die Jagdaufseher in Pembroke, Schluß mit ihnen. Der Tag geht nach Mecklenburg. Gegen elf tauchen dort auch welche auf, die ihn für sich haben möchten, auch mit Kokarden, und was ist mit seinen drei Mädchen, die gut eins sein könnten, wo sind sie? Jagdaufseher mag er nicht. Er besinnt sich auf Geschichten, die in Kanada spielen, in Garagen, zweitklassigen Unterkünften, aber plötzlich auf den Höhen von Wyoming enden, ernst genommen, bereit ein Ende und einen Anfang zu nehmen, vielleicht dorthin? Nein, auch dorthin nicht, das ist ihm alles zu leichtfertig, den Mund zu voll genommen für ein kurzes Werk. Dann vielleicht Rom, ewig mal sieben oder auch siebeneinhalb, das wäre schon eine kleine Verlockung für unseren Tag. Aber er bleibt fest, fliegt zu den Wolgadeutschen nach Saratow, von dorther könnten sie eher sein, seine drei, läßt sich erklären, wie man die Fußlappen gegen die Bären einstäubt, wird Zaungast und Hochzeitsgast, das ist ein flacher Sprung, und erwirbt unverdorbene Kenntnisse. Dazu trinkt er Holunderschnaps, ißt geräuchertes Lamm und nascht von Speisen, die süß und nach Erde schmecken. Keine Franziska, keine Louisiana, keine Marie. Um zwölf ist er fort, mit der Sonne hält er es nicht mehr, seit sie den bekannten Verleumdungen nichts entgegensetzte. Das heißt mitverleumdet. Wie war das noch mit St. Helena und Hawai? Kein Wort dagegen oder doch, du stummes

Gestirn? Die Wolgadeutschen trauern ihm nach. Das war noch einmal einer, der nicht pfiff und nicht blieb, die sind selten. In Biskupice bei Preßburg ist es hell, die ungarische Schule ist eben zu Ende und für Schulenden wird sie gebraucht, die liebe Sonne, es gibt tausend Ausflüchte und immer noch eine mehr. Kleine Kinder kauern auf den Bordschwellen und weigern sich, mit den Zigeunern zu spielen. Warum? Die Zigeuner holen immer Milch, immer. Ja, dann. Und sie bauen nichts zu Ende. Und sie kennen nicht einmal die Krönungskirchen. Das ist auch wieder wahr. Wieder wahr, wieder wahr, das keucht noch lange hinter ihm her, das bricht sich noch an den schwimmenden Eisblöcken und bläst ihm kurz vor dem Südpol Gras in die Ohren. Und seine drei Mädchen? Keine hier? Im Lager M. ist es finster. Der Ort ist stark im Kommen. Was soll das heißen? Das heißt vielleicht, er kommt immer. So wie die Zigeuner ihre Milch holen. Wer sagt das? Das sagt der Lagerarzt im luftdichten Stollen, er hat süße Musik angedreht. Sweet music heißt es! Das ist mein Ort, sagt der Tag, packt euch! Er spricht jetzt holländisch und mit Absicht, Rotterdam ist immer wieder zu gebrauchen. Auch bei den meisten Einwanderungsbehörden. Wer aus Rotterdam ist, kommt leichter durch die Sperren und wird in den Quarantänen kürzer festgehalten. Er kann es sich leisten, sein Vaterhaus gegen klingende Namen einzutauschen, Goldfuchs oder Vordemwalde, damit kann er auftreten, kann in die ältesten Backsteine schlüpfen, in das weißeste Säulenholz. Auch in Liedertexte, die sonst keiner versteht *ich sehn mich nach dem Stammholz nach dem ersten Stammholzbaum* oder *Nimm meine Flinte Isaak meine Flinte wird mir leicht zu schwer.* Er kann auf Terrassen lümmeln oder geradestehen, grüßen oder nicht, von drei Mädchennamen paßt jeder leicht dazu. Aber der Tag will nicht einwandern, er will seine Abkunft nicht ausnützen, die Verlockung zu überstehen ist ihm abhanden gekommen, er will überfliegen. Um zwei hat er sich in einen Schnellesekurs eintragen lassen, in Scottsbluff, das schon in Nebraska liegt, und hat den Pol verlassen, der sonst sein Ort wäre, den leeren luftdichten Stollen, die Gedanken an die Grasbüschel, die ihm beim Anblick der Eisberge kommen. Jetzt sitzt der Lagerarzt wieder dort und was sonst in luftdichten Stollen Platz hat, der Tag ist dahin. Er muß seine Lehrer in Scottsbluff zufriedenstellen und das tut er; er ist kein bequemer Schüler, sagen sie um viertel nach zwei, aber er ist ein lohnender Schüler, er hat Anfälle von Ermüdung und Schwermut, die einen in Hitze bringen können, aber plötzlich lebt er auf und überliest uns alle, kurze Gedichtsammlungen in einem, längere in zwei Zügen. So ist es um halb drei. Um drei hat der Tag genug. Er hat alle Präriegeschichten gelesen, die Wunderwelt von A bis R, der gestirnte Himmel über uns, eine Astronomie in kurzen Zügen, für die Jugend bearbeitet und verlängert von einem Herrn Catskill, das reicht. Eine Franziska gibt es dort, aber nicht flüchtig, nicht gefangen, nicht versteckt, und erst ein Jahr alt. Der Tag wendet sich zum Gehen, gebückt verläßt er Scottsbluff, er hat sich eine Gitarre gekauft. Für kalte Musik. So einer ist er und das hat nicht erst Scottsbluff aus ihm gemacht, darauf soll es sich nichts einbilden. Aus der Sonntagsschule sehen ihm die Lehrer nach, sind es zwei oder drei? Der Tag schaut nicht zurück. Er ist undankbar, wir wissen es, nach drei wissen es auch die Lehrer in Scottsbluff. Sie haben eigens für ihn Freitags offen gehalten, aber er wendet sich nicht um, kein Buch nimmt er mit. Der Tag ist kein Sonntagskind, auch kein Freitagskind. Noch viel gewöhnlicher, jeder wird leicht erraten, was für ein Kind er ist. Zum Beispiel: Er fährt gern Schlitten und nimmt dabei die Gitarre nicht aus der Hand. Mehr kann man, was das Unabänderliche betrifft, nicht verraten, sonst wird alles zu leicht. Um vier ist er in Alaska und beginnt um viertel nach vier von Ostasien zu träumen, das ist spät. Für Ostasien muß man sich Zeit nehmen, erklärt ihm ein australischer Leutnant bei einem hastigen Kaffee an der Stehbar. Wieviel Zeit? Mehr, sagt der Leutnant und mustert ihn verächtlich. Viel mehr habe ich nicht, sagt der Tag. Viertel vor fünf, zu spät für Ostasien? Er ist unschlüssig und geht solange nach Arosa, lehnt an fremden Grabsteinen, erkundigt sich nach abgestürzten Persern und erfährt neue Namen: Jürg Dahindenn, Hans Immer. Keine Louisiana dabei? Um sechs ist er in Peking. Aber Peking um sechs ist ohne Bettler ein armseliger Ort. Niemand streckt dort die Krücken wie Lanzen aus den gefalteten Häusern, niemand fällt darüber, niemand steht wieder auf. Versuchen Sie es, warten Sie auf morgen, murmelt ein Mädchen an der Tempelmauer, das dort Grasbüschel rupft. Solche Ratschläge. Was sie denn nach dem Grasbüschelrupfen vorhabe? Flechtspiele, sagte das Mädchen. Auch für Segel? Ja, auch für Segel. Wie sie heiße? Keiner von seinen Namen? Nicht Marie? Der Tag läßt sich von einem rostroten Segel über das japanische Meer tragen, verkleidet sich, macht seinen Rücken gerade, lernt auf Hokaido etwas Fußball von der alten höflichen Art, stürzt, gerät in Fieberträume, bekommt Sehnsucht nach Sachalin und der Tartarenstraße, vielleicht ziehen sie dort südwärts unter Schutzgeräten gegen Sonnenstrahlen, seine drei? Schon ist es sieben. Im Anhaltischen soll ein guter Abendbrotort sein, dort tummeln sich die Haie nur von drei bis fünf und drei bis fünf haben wir überstanden, betrachtet die Landmarken auf unseren nackten Beinen. Der Tag sagt *wir*, so weit ist es mit ihm, aber

Zerbst ist keine Enttäuschung. Kein Australier hat ihm auf Gramm und Faden vorgerechnet, wieviel Ehrfurcht er braucht, der Mond steht hier still und die Leute schieben ihre Bettstellen vor die Häuser und betrachten ihn. Die bekannten Gerüchte sind falsch, es macht ihnen nichts aus, wenn sie ihre Ranunkeln dabei zertreten. Lieber Mond. Der Tag ist dem Mond gewogen, er gibt sich jetzt kaiserlich, es geht auch auf acht. Hundeluft ist nicht weit und dort stehen die Sänften, die in Zerbst nicht zu finden waren, in einer Scheune am Weiher. Eine freche Beute, ein mongolisches Kulturerbe, wer war es, wer hat die Schuld, wer wurde nicht ins Zerbster Schloß gelassen, als er um Hilfe flehte? Solche Fragen können anderen leicht die Luft nehmen, nicht unserm Tag. Er sieht die modrige Seide in der Scheune blitzen, setzt sich darauf und ruft: Ich wars! Und er hat recht. Der einzige, ders nicht war, ist immer stark verdächtig. Vier Jungen aus Hundeluft tragen ihn jubelnd ins Freie und dreimal um den Weiher, Lampions werden angezündet und Reisbeutel verteilt, es muß das chinesisch-anhaltische Geplänkel gewesen sein, von Scharnhorst unterdrückt, aus dem die Sänften stammen. Seine Mädchen vergißt er diesmal, gleich ist es neun. Komm wieder, ruft ein Junge aus Hundeluft, als der Tag fortspringt. Er hat ein römisches Feldzeichen auf dem Scheunenboden entdeckt, aber er sagt es nicht, er gönnt dem Tag die Freiheit. Merke es, Tag, es war einer aus Hundeluft, der dir die Freiheit gab, er hatte einen finsteren Schopf. Aber wenn du toll bist und ihn vergessen hast, trägt er seinen gelben Bart weinend in die Sonne. Was treibt ein Tag um neun mit seiner Freiheit? Er will nach Robbia, die Orseilleflechte droht. Nein, nicht nach Robbia, ist das nicht viel zu weit und auch ein Mann, ein Meister, zu müde, was soll er jetzt damit? Nicht viel dahinter für den Tag um neun. Um zehn? Jetzt kommen die berühmten vollen Stunden, die die Schilfsänger mit den Töchtern der Löwenwirte auf den Schildpattinseln feiern, aber die Töchter, die er meint, sind nicht dabei. Sagt ihm doch sieben vor elf, nein, noch zu voll, sagt dreiundzwanzig vor elf, sagt zwei ein Drittel, oder am besten sagt: die Trümmer links und rechts, vor alledem und elf, dann glaubt er euch, der Tag bei Hundeluft, es ist auch spät für ihn. Kein neuer Ort mehr, er bleibt lieber im Teich. Er gurgelt, putzt die Zähne mit dem neuen Mittel, starrt auf den Sänftenschuppen. El Salvador fällt ihm noch ein, das ist auch weit. Und Costarica, der schöne Ferienort für Töchter und Väter, wenn die Mütter dahin sind. Keine Marie dabei? Gut, gut so. Das Kjölengebirge wollte er noch sehen, und den feuerroten Kopf des Klabautermanns, ein junger Glaser wollte ihm kurz erklären, wieviele Sorten von Kitt es heute gibt, Schweden kam schlecht weg, aber auch Paris und Kleinzschocher, das er gerne nicht mit Leipzig, sondern für sich gefeiert hätte. Ja, verschiedenes ist gar nicht aufs Tapet gekommen, Kjerteminde ist ihm entgangen, und die Reformleiber für den normalen Brustkorb. Um elf beißt ihn ein Hund, zur vollen Stunde, während alle Glocken schlagen, sogar die Scheunenklingeln und die Sänftenglöckchen und was sonst Glocken hat und an Sträuchern und Blüten sich nicht zu gut ist, mitzutun. Denn es gibt Scheunenglocken, Almglocken, Kuhglocken, das stört den Tag, er reißt deshalb auch keinen Fetzen von seinem Hemd, läßt sein Bein bluten, immer in den Teich hinein, und denkt. Der Hund ist aus Zerbst und läuft auch wieder nach Zerbst zurück, aber er? Seine Stunde ist da, Rotterdam entschwunden, die Revuen in den feuchten Hotels interessieren ihn nicht mehr, auch nicht der Pottwal, auf französisch zubereitet, und seine Großmutter, die als einzige einen Zinnsarg hatte, mit Kaiserköpfen darauf, ganz ohne Äpfel, erscheint ihm nicht. Seine Mädchen sind ausgeblieben, soll er sich rasch noch gegen die Tollwut einspritzen lassen? Der Verlockung widersteht er leicht. Die Tollwut, singt der Tag, die ist ein gutes Ding, sie achtet keinen groß, nimmt keinen für gering. Was singt er da, sie tritt durch jede Tür? Ein altes Zerbster Lied, von den Provençalen abgeändert, davon will er nichts wissen. Der Schaum steht ihm schon unter den Achseln, aber er hält ihn für Teichblüten. Und er möchte sich noch rasch über Guadalupe erkundigen, kommt da nicht ein Schildbürger mit einer hellen Mütze rund um beide Ufer? Das ist einer, den könnte er fragen, wie war das noch mit Guadalupe, sind dort nicht die berühmten Dreipencemarken her? Dreieinhalb Pence warens und ein Köpfchen darauf. Nein? Eine blaue Päonie? Das höre ich zum ersten Mal, verzeihen Sie, wie war doch rasch der Name? Hießen Sie nicht Eugen und nachher auch noch anders, hatten Sie Titel, sind Sie ehrlich von Rasse? Was habe ich verwechselt, wie war das noch? Päonien mit Jugendfotos, ganz recht, und drei mit dreieinhalb, auch richtig. Nichts gegen die Verwechslungssucht, ein Erbteil von einem Onkel väterlicherseits aus dem Örtchen Scheveningen, einer von den Lauen, die vor neun schon dahinsiechten (da gibt es ganze Gruppen). Sie sucht mich heim, sie ists. Sie haben doch nichts gegen Erbteile, Herr? Kommen Sie, nehmen wir die *Gaston Hellinger*, lassen wir uns noch einmal von ihr donabwärts schleppen, zwischen den verschneiten Hundefriedhöfen, das gibt gerade Linien. Kein *aber*, nein, kein *und*, kein *auch*, berauschen wir uns daran, setzen wir versteinte Tulpenzwiebeln auf die Bremsklötze und Hausnummern darüber, das macht die Welt so stark. Es gibt schwimmende Herzen und andere, wußten Sie das nicht? So wie es wasserabstoßende Lederdrachen gibt und andere, ganz andere. Kein gutes Beispiel? Nein, das ist wahr. Ich sollte Ihnen lieber sagen, wo die drei wären, von denen immerfort die Rede war? Ich fand sie nicht. Aber Sie haben eine deutliche Stimme, ich wills mir merken, das hallt über den Teich. Auch ich nicht. Was, kein gutes Beispiel? Ich hätte Birnen gern, auch Rüben und alles was auf Stengeln wächst, ich spräche nicht für mein Land. Herr, das ist wahr. Und wenn es jetzt in Hundeluft gleich zwölf schlägt, so möchten Sie doch wissen, wofür ich sprach. Für meine Großmutter und ihr letztes Viertel? Das ist richtig, da gibt es nichts zu deuteln, aber die Art von Richtigkeit bleibt nicht für sich. Wie? Für das Mitleid mit verlöteten Särgen, das die Vipernschwänze auszeichnet. Das auch, wie recht Sie haben, Herr, und wie oft Sie recht haben! Für die Symphonia domestica, auch, auch, für die Raben- und Sperlingsschwärme in Gottes alter Luft, für Lorbeerkampfer, die natalensische Wegwespe und für den Stimmbruch? Ja, dafür sprach ich, Herr. Und für die Tollwut. So ausschließlich für sie wie für den Rest. Aber der Schaum steigt mir im Mund und anderswo, ich muß mich eilen. Wollen wir nicht versuchen, alles auf einen Arm zu nehmen, einen der nichts ausläßt, die Figitiden nicht, auch keinen andern Formkreis, Labourd nicht und nicht Zerbst, das nahe liegt und Anspruch darauf hätte, gelassen zu werden. Ein Zerbster Hund hat mich gebissen, ein Sänftenschwengel traf mich, woher war er, und Gottes Sonne? Herr, es schlägt zwölf, ich will mich kürzer fassen, ich wills der Zerbster Schloßuhr nachtun und meine Schläge von heute ab zu zählen beginnen. Von denen, die ich suchen sollte, fand ich keine. Ich sprach für Rotterdam.

Wohin mit ihm? Wohin mit einem, der der Tollwut nicht nur verdächtig, im sanften Morgenhauch von Hundeluft gefunden wurde, in einer Stellung, die sich nicht leugnen ließ? Rotterdam verwahrt sich als erstes, auch Zerbst und auch Labourd und wie sie alle heißen, Vineta schickt gurgelnde Boten. Nur nicht, soviel versteht man. Das wäre aber nicht nötig gewesen, murren die Stadtväter höflich, das versteht sich bei ehrfurchterregenden Gebilden. Und auch bei uns. Wohin? In welche Mauern und aus welchen Mauern, bekränzt mit welchem Weiß und wo, wie oft? Von dreien war die Rede, wo sind die Kranzflechterinnen? Kann nicht eine den Teich klären und den Schaum fortwischen, auch von den Lippen?

Nur Josua

Nur Josua kann geholfen werden. Er weiß, wie man Boote betritt und sie wieder verläßt, er überschaut das Schwemmland, er versucht sich an Ausgesiedelten. Es gibt nichts, woran er sich nicht versuchte. Ihn muß man festhalten, man muß ihm angemessene Güter geben, Familie und einen leeren Platz. Er stampft alles aus den Plätzen. Wenn es sein muß: Kücheneimer, Rührlöffel und Doppelbuchen. Er hat einen freien Blick. Truhen sind ihm auch nicht fremd, Truhen waren schon immer seine Liebe, geschnitzte, bemalte, selbstgezimmerte, rauh oder glasiert, die schiffsförmigen Verstecke, Einzeltruhen für die Eingangshallen und die zusammengesetzten für weiter oben. Rasch jagt er die Treppe hinauf und rückt an den Korbstühlen, stützt sich auf Fensterbretter, kehrt uns den Rücken und vermißt das Land, teilt es in Weiden auf und bestellt Stacheldraht, Drehkreuze für die Hirten. Sobald die Buchen wachsen, müssen die Kälber groß sein. Der öde Garten gibt ihm noch nicht recht, morgen wird er ihm recht geben. Josua sieht Bänke und Frauen vor sich, hört aus den Sommerfenstern schon den alten Klang, dreistimmig und voll. Da kommen sie mit ihren Henkelkörben aus den Mooren, tasten sich lachend über grüne Steige und winken. Erzählt, erzählt, sagt Josua und wendet sich ab. Schon sind Söhne da, entstanden aus einer kurzen Wendung, Primeln und Erdbeerkraut. Josua ist derjenige, er merkt, daß Abwendungen lohnend sind, darauf baut er. Man muß ihm weiterhelfen. Einen Kahn für die Abwässer, jetzt ist er es, der winkt. Er steht breitbeinig dort, von Schluchzern begleitet, oder sagen wir lieber Storchenschreie. Von Storchenschreien. Wer sagt ihm alles? Wie man abspringt, die alten Kähne verkauft, an den Brüsten saugt? Wer gibt ihm immer recht? Es sind jetzt Töchter, die an den Stegen warten, und er verbeugt sich, trägt einen grauen Bart, kann leicht in Marmor gegossen werden, so wie er ist, fast hüpfend. So geleiten sie ihn ins Innere, es ist alles wieder da, Marmorbecken, Jagderzählungen, Reliefszenen. Er muß sich bücken, wenn er durch die Portale geht. Jemand nannte ihn einen Hecht, aber das ist er nicht, er bleibt immer ein Schiffer. Er streichelt die Kleinen, so behilft er sich an Land, senkt den Blick auf die Moorgebilde, die man aussticken kann, holt Soldaten ein. Einmal fand er eine Springnatter und hing sie sich um den Hals, die Kompanie lachte dazu. Einmal malte er das jüngste Gericht dreieckig mit dem Fuß in den Stein. Er ist Rechtsfüßer. Man wollte ihn schon für Grabtafeln beschäftigen, stark wie er ist, aber davor scheut er zurück. Das liegt ihm nicht. Er meldet sich lieber in den kleinen Forts, läßt sich von den Postkartenverkäufern auf ihr Schild heben, begrüßt die Orthodoxen, wenn sie zu Besuch kommen, so etwas bekommt ihm besser. Er hat dann das Gesicht in der Luft, lächelnd nach oben gekehrt, fröhlich genug. Die Orthodoxen denken noch lange an ihn in ihren Heimaten. Ein Wachsstock behält für immer seine Züge. Ein Küchenmädchen stirbt weinend ihm zu Ehren und wird unter Levkojen bestattet, vier Namen. Eine Sonne fliegt auf. Der Ton springt. Währenddessen gedeihen die Suppenkräuter und heben ihre Häupter, die Mauerfarben verändern sich in Schüben. Wo soll er aufgestellt werden, der liebe Held, den Sandflöhen so ähnlich, die die Strände festigen? Vor der Sonnenuhr steht schon ein anderer, Landesvater, Entdecker, Patron des stärkeren Drittels der Weltmeere. Nicht zu verrücken. Wer hätte gedacht, daß er eines Tages verlegen herumlehnte, unser Josua, nach Steigeisen ausschaute, nach einem Platz im Ort? Sogar ein Keller wäre ihm recht, in dem er sorgfältig aufbewahrt würde, von Händen geleitet. Die hellen Plätze sind selten, das sieht er ein. Schwer zu überlassen. Dann schon lieber ein Stickereikeller und über sich das leise Getrappel der Anfängergruppen. Eines Tages wird er in die Wandteppiche einkehren und dort bleiben, lächelnd vom Spieß essen und dabei betrachtet werden. Anfänger lernen rasch, das ist erwiesen. Zuerst das Abendleuchten und dann den Rest, graue Nester sind schwerer, die muß er auch nicht haben. Nichts Rattenfarbiges außer unter den Absätzen, so ist es Schule. Spätgallisch. Die Dezennien werden ihn hervorholen, singend mit Strahlenwerfern. Unsern lieben Josua.

Fünf Vorschläge

Ich schlage eine Dame in einem grauen Kleid vor, mit einem roten Kragen daran. Nichts soll geteilt sein. Der Kragen nicht und auch nicht das Kleid. Nichts soll vorgegeben werden, was nicht vorgegeben ist. Vogelähnlich, aber nicht mit Gewalt, das bezeichnet sie am besten. Sie muß imstande sein, Treppen zu steigen, hinauf und hinunter, innezuhalten, sich zurückzuwenden, viele Künste. Auch zurückgedreht und mit Lack überzogen zu werden. Die Ecken sind oft nicht ausgemessen, niemand findet sich bereit. Ich bin kein Werkzeug, pflegt die Dame zu sagen. Das erleichtert ihr Auftreten nicht. Einwinterungssorgen sind ihr fremd. Ich habe Bast genug, sagt sie hochmütig. Jetzt ist es Sache der Gesellschaft zu erstaunen. Schritt für Schritt, immer mit dem Schlaf, so ist es gut. Einwände stellen sich genug. Sie stelzt, sie hat keine Füße, deshalb der Bast. Auch ihr Haar ist nicht in Ordnung. Garn, Wolle, Zwirn, abgewickelt, vearbeitet, wieder aufgetrennt, es gibt nichts, womit es sich vergleichen ließe. Das ist immer ein Übel. Und die Farbe schwankt bei Gewittern. Manchmal trifft sie den Kaiser Ferdinand außerhalb der Ortschaft. Immer nördlich, wer weiß, wie sie hinkommt? Man sieht: nichts ist einfach an ihr als das Kleid und vielleicht die Füße. Ich bitte deshalb um Nachsicht mit dem roten Kragen. Ich schlug ihn vor, wie ich sie vorschlug. Aber ich höre schon Gegenstimmen, kräftigere Vorschläge, ausgeprägtere Ansichten. So rasch verkannt zu werden, kommt einer Huldigung gleich. Man verkennt mich, ich möchte mich nicht versteifen. Ich meinte nur.

Mit dem Kaiser Ferdinand ist es anders. Er trägt hellblau, kreuzt die Straßen rasch und immer schräg und bewundert Einzelheiten, selbst in vorgeschobenen Lagen. Er gibt Tore und Brunnen als Treffpunkte preis. Das ist ungeschickt, denn irgendjemand ist immer hinter ihm, seien es die Franzosen, seien es die Nordwestamerikaner. Aber er nächtigt in feuchten Kammern, das hält ihn jung, und läßt sich von der fliehenden Erde nicht erschüttern. Steige, sagt er, benützt er lieber aufwärts als abwärts. Welche Steige? Die Gebirgssteige, gibt es denn andere? Sicherlich, ebene, die mit den dürren Ranunkeln links und rechts. Ach so, die. Die benützt er überhaupt nicht. Doch, einmal tat er es, aber als Privatmann. Rein privat. Kann er das beschwören? Das kann er. Er ist nur schwer einzuholen. Eh man es ahnt, ist man ihm schon voraus, und dann ist er unauffindbar, unterhält sich mit Bauern im Gesträuch, während man keuchend durch vorgeschobene Gipfel eilt, über den Holzstand und die Latifundien. Er nimmt Holzstände ernst, das macht ihn schwierig. Er ist kein einfacher Kaiser, er ist uns oft voraus. Für kaiserliche Begriffe zu schnell und in der Schnelligkeit zu nachdenklich. Das bestätigen manche. Wir wollen ihn fallenlassen.

Ein Epos in Form von Rosen. Ich meine: Rosen unter die Verse gemischt. Das müßte verbürgt sein, die Rosen auch deutlich zu sehen. Die Leute verwehren sich sonst dagegen. Kein Verlaß, sagen sie und schreiben es in ihre Beschwerden. Oder: als ich unlängst an Ihren Schaufenstern vorübereilte, stand keine Rose in der Mitte. Aber sieht die Grundregel nicht auch eine seitliche Aufstellung, eine Aufstellung im Schatten vor und verschreibt den Vorübereilenden stärkere Augen? Dem müssen wir nachgehen, wir müssen die Optiker aufbieten. Wozu? Wer hält sich an solche Ausflüchte? Dann wäre es ja auch möglich, statt grün umwundener Stäbe grüne zu verwenden? Das ist es, und die Ausflüchte für die Verlierer sind das beste an der Grundregel. Aber dann wäre es auch möglich, die Rosen statt mit Hilfe des Wachstums mit Lack zu befestigen? Das ist es, das ist es. Und seien wir ehrlich, wie oft wurde in Notfällen das Wachstum als Nagel begriffen. Ein schönes Epos. Sagte ich das? Ich sagte: Schatten und Seiten sind gut genug dafür, wenn nicht eigens dafür erfunden. Und nehmen wir an, einer hätte zuviel Brillenglas oder Grünzeug im Laden und wird es nicht mehr los, will es auch nicht mehr loswerden, er hat Mitleid. Was bleibt ihm übrig, als mit behutsamen Schritten die Ränder aufzusuchen? Und was geschieht schließlich mit den Rosen? Sie werden begrüßt. Wachstum, Nägel oder Lack dazwischen, das ist weniger wichtig. Begrüßt und verabschiedet. Willkommen und dahin. Aha.

Oder Pocken zur Mährenzeit. Darüber müssen Sie mich besser unterrichten, darüber weiß ich nichts. Was sind das, Mähren? Das sind Pferde. Und Mährenzeit? Ist die Pferdezeit. Besondere Pferde? Nein, nicht besonders, schwere Hufe und kurze Mähnen. Vielleicht Deichselpferde. Können sie ausweichen? Nein. Keine krummen Wege also? Nein, keine krummen Wege. Arme Pferde! Arme Pferde! Wie steht es mit den Ohren? Hoch, aber schon grau. Gegen oben spitz, das hilft aus in der Taubheit. Erzeugt es Selbstgefühl? Wenig. Aber die Hufe. Ja, die Hufe sind der springende Punkt. Zu schwer? Vielleicht zu schwer. Zieht das hinunter? Es zieht stark hinunter. Und jedes Pferd? Fast jedes. Aber die Pocken? Die Pocken? Ich meinte, die Mähren. Weshalb die Mähren? Die

Mähnen meinte ich. Ach so, die sind dünn; auch kurz, wie ich schon sagte. Sie fallen immer aus. Durch Käfer? Nein, nur so, eine Leichtigkeit, die Straße ist von Mähnenhaaren wie von Hanf überzogen. Und sind die Mähnenhaare für Stricke zu gebrauchen? Sie brechen leicht. Das ist aber arg für die Bevölkerung. Für wen? Ich meine, das ist arg. Arg ist es. Man rutscht leicht darauf, überschlägt sich und so fort. Wer überschlägt sich? Die Pferde, die darübergehen, mit ihren Deichselstangen. Versuchen sie, sich wieder aufzurichten? Sie versuchen es. Und gelingt es ihnen? Nicht allen. So entsteht ein Gewirr auf dem Erdboden und darüber hinaus. Dann kommen die Pocken. Bis dahin! Bis dahin brechen auch die Deichselstangen, alles verschiebt sich anders als in der gewohnten Richtung. Ein Glück, daß es Mähren sind. Ein Glück? Mit ihren abfallenden Rippen. Ich meine, wäre es nicht möglich, die Pocken seitlich abzustreifen? An den dürren Föhren links und rechts? Dürre Föhren gibt es dort nicht. Jetzt verzeihen Sie die neugierige Frage, welche Farbe haben die Pokken? Sie sind schwarz. Wäre es dann nicht möglich, das Ganze abzuändern? Abzuändern? Ich meine: Pocken zur Mährenzeit? Ist das nicht ausgefallen? Das wäre zu bedenken.

Versuchen wir es noch mit dem kleinen Edison, der in unserem Schuppen lungert. Er hat drei blaue Bleistifte aus seiner Lade mitgenommen, die trägt er jetzt bei sich. Damit zeichnet er auf die Faßdauben. Was zeichnet er? Vorerst drei Bleistifte, Bleistifte sind schwer zu zeichnen. Wer es noch nicht weiß, dem muß man abraten. Wer es weiß, muß voran. Schwer zu zeichnen, was denn? Von der Spitze begonnen: alles. Die Kanten, die sechs Ecken, manchmal acht, die Länge. Dazu noch von Spinnweben und Feuchtigkeit bedrückt, vielleicht auch von Schlaf. Und immer das Blau im Auge. Man muß sich das ausdenken können. Weshalb geht der kleine Edison nicht nach Hause? Jetzt ist er schon hier. Nicht zuviel Aufwand mit Schritten. Beim Anblick des Nils und der übrigen Ströme hinter den Astlöchern: nur die notwendigen Bewegungen. Den Nil sieht er gar nicht. Nein, den Nil sieht er nicht. Aber lassen Sie ihm Zeit. Seine Mutter wartet, und die hungrigen Ägypter. Es gibt noch manches, wovon sich der kleine Edison nichts träumen läßt. Vielleicht nehmen wir den.

Das Milchmädchen von St. Louis

Das Milchmädchen von St. Louis ist zu groß geraten. Bei allen anderen Berufen, die bäuerlichen ausgenommen, die ihr nicht liegen, stieße sie durch die Decke. Man hat deshalb beim Bürgermeister um Bewilligung angesucht und er hat sie gegeben: sie darf Milchmädchen bleiben. Jetzt läuft sie zwischen den mittelmäßig gebauten Fachwerkhäusern und Brunnen von St. Louis (es ist nicht das gewisse berühmte) und hört die See zischen. Das ist mehr als die meisten hören. Die Putzmacherinnen zum Beispiel hören sie nur halb, die Tellerwäscherinnen in den Hotels, wie sie oft erzählen, nur zum vierten Teil. Sie trägt die Milchkannen an beiden kleinen Fingern und stellt sie vorsichtig auf Treppen, an Treppen und wohin es gewünscht wird, sie verschüttet wenig. Ihre Zöpfe schleifen an den Dachrinnen und verfangen sich manchmal. Dann bleibt sie stehen und befreit sich. Der Bürgermeister ließ ihr zweimal durch je einen Eilbrief raten, die Zöpfe hochzustecken, er erwähnte Milchmädchenurkunden aus drei Jahrhunderten, aber sie lehnte es ab. Sie hat Verwandte in den Dolomiten, Bahnwärtersleute, die sie gerne für kürzere Zeit aufnehmen möchten, wenn der Bürgermeister auf seiner Bitte bestehen sollte. Die Bahnwärtersleute ließen sie wissen, daß man in den Dolomiten ruhig mit hängenden Zöpfen an den Schranken sitzen und jeder anderen Arbeit nachgehen könne. Sie hat oft Verlangen nach den Dolomiten und sieht sich selbst weißgekleidet an den Prellböcken lehnen, während sie die Schranken bedient. Brav, brav, sagt der Bahnwärter, ihr Verwandter, und streicht ihr über das Haar. Und die Bahnwärtersfrau, ihre Verwandte, ruft: Zum Essen, Cordelia! Sie hieße dort Cordelia, das weiß sie. Sie hat auch einen Bruder in St. Quentin, sie ist gegen die Briefe des Bürgermeisters gefeit. Wenn das Milchmädchen seine Träume von den Dolomiten spinnt, geht es fahrlässiger als gewöhnlich mit der Milch um, stößt an abbröckelnde Häuserecken (in St. Louis bröckeln gerade die unteren Ecken der Häuser häufig ab) oder klemmt die Kannen in enge Dachrinnen und verbeult sie, sobald es zur Besinnung kommt und sie wieder hervorziehen möchte. Dann sprüht bei klarem Himmel aus den Dachrinnen Milch über die stillen Bürger von St. Louis. Keiner beschwert sich. Wenn das Milchmädchen an St. Quentin denkt, neigt es zu größerer Vorsicht als für gewöhnlich, stellt die Kannen sorgfältig in Kreise, die es am Vorabend mit Bleistift vor die Häuser zeichnet, bückt sich zu ihnen, fügt sie wie Edelsteine aneinander und erhebt sich, als lausche es. Der Bruder des Milchmädchens gibt in St. Quentin eine Zeitung heraus, die sich mit der Frühgeschichte der Pfiffe befaßt und soweit es für die Frühgeschichte von Belang ist, auch mit ihrer Geschichte, Gegenwart und Zukunft. Wie pfiff zum Beispiel Jakob von England seinen Doggen, auf welchen Sprung in welchem Erdzeitalter im Bewußtsein welcher Lebenden deutet seine Art hin? Oder Jason, Nimrod, Jesaias als kleine Burschen? Wie pfiffen sie und woher kam es? Man kann auf sehr verschiedene Arten pfeifen. Der Bruder des Milchmädchens, er nennt sich Quentin nach dem Ort, den er nicht wechselt, führt seine Zeitung seit sieben Jahren mit oft steigender Abnehmerzahl und manchmal schickt er der Schwester eine Nummer mit dem Postschiff. Sie weiß darum manches. Soll es ruhig aus der Reihe sein, sagt Quentin zu seinen Gefährten, es bildet sie doch. Ihre Träume von den Dolomiten teilt er nicht. Diese Bahnwärter sind finstere Leute, sagt er zu seinen Gefährten, die wickeln sie ein. Ja, wenn es Sizilianer wären. Die Gefährten nicken oder nicken wahrscheinlich. Das Milchmädchen kennt die Gespräche des Bruders. Es nimmt sie aus der Luft und ist stolz darauf. Wieder ein Hasenhaar, sagt es, um abzulenken, wenn man davon beginnt, und streicht über seinen gestreiften Rock, es wird leicht verlegen. Und es ist eine Plage mit den Hasenhaaren in St. Louis. Der Bürgermeister der gewählten Partei ist der Ansicht, daß sie bei Nordwest vom Meer herüberwehen. Nicht ausgeschlossen. Für das Mädchen sind sie angenehm, sie liefern den Stoff für verschiedene Gespräche. Sie müssen es wissen, rufen die Bürgersfrauen, die ihr wohlwollen, zu ihr hinauf, Sie übersehen es besser. Ich sehe sie auch erst, sobald ich sie auf meinen Kleidern habe, antwortet das Milchmädchen, an die Kannen hängen sie sich nicht. Unlängst sah ich drei Büschel, die sich von der Luft abhoben, in einem Wirbel über dem Rathausdach. Sie sind uns eine, rufen die Bürgersfrauen, Nachricht vom Bruder? Vor sieben Wochen, ruft das Mädchen zurück und beginnt in seinen Taschen die letzte Zeitung zu suchen. Soviel Zeit haben auch die freundlichen Bürgersfrauen nicht. Wenn es sie gefunden hat, ist es allein. Es steht nachdenklich in der engen Gasse und blättert die Nummer über den Dächern auf. Manchmal versucht es sich auch in den erwähnten Pfiffen. Die Leute von St. Louis sind daran gewöhnt. Vor zweidreiviertel Jahren behandelte Quentin in einer Sommernummer das Lachen. Als das Mädchen sich auch darin über den Dächern versuchte, gelang es ihr zum ersten Mal, sie zu überraschen. Wo sollte sie aber hin? Oft kritzelt Quentin einen Gruß oder einen Namenszug auf den Rand der vorletzten oder letzten Seite. Sie hat keine stille Kammer, um darüber zu weinen, was

einem Gebet nahekäme. Sie hat mit Bewilligung des Bürgermeisters die Gassen und einige Plätze von St. Louis.
Die Verwandten aus den Dolomiten schreiben nie. Die Hügel sind dort zu gewaltig, verteidigt sie das Mädchen, wenn es in Gedanken mit seinem Bruder spricht, meist abends unter den Brettern, die flüchtig über den Vergnügungsplatz geleimt wurden, um ihr eine geschützte Schlafstelle zu geben. Die Hügel sind gewaltig, die Leute beschäftigt und die Verantwortung ist groß. Wer sich in St. Quentin der Frühgeschichte der Pfiffe hingibt, ermißt nicht einmal die Böschung zwischen Haus und Strecke, nicht den Handbetrieb und noch weniger die weißen Kleider, die die Frau gerne trägt, die Unken an den Prellböcken, das Maultier im Anbau. Nein, man soll sich nicht überheben. Schon gut, murrt der Bruder in ihren Gedanken. Er läßt es darin nicht zu offenen Streitigkeiten kommen, er kennt seine Schwester und ihr Verzweiflung. Würden Onkel und Tante nur eine Streckenkarte mit der ungereimten Frage nach ihrem Befinden schicken, nicht einmal ein Relief, es wäre alles gut. Aber sie schicken nichts. Vor Schneestürmen oder Seebeben, die St. Louis nicht selten heimsuchen, steigert sich der Schmerz seiner Schwester zur Angriffslust. Und wen sollte sie angreifen als ihn, Quentin? Sie liegt und starrt auf die dunkel gebeizten Bretter von St. Louis, stützt sich auf die blauen und roten Kunststoffässer zu beiden Seiten und sammelt Beweise. Du bist schuld, Quentin, du hast ihnen nie geschrieben, du bist schuld, du hast sie über die Schultern angeschaut, auch wenn du es nicht zugibst. Du hast sie mit Schläfern, mit versteinten Schnecken, nein, nicht einmal, mit zufälligen Nachbildungen im Stein verglichen, mit eingesprengten Kräutern oder ähnlichem, weshalb sollten sie schreiben? Ich verstehe sie gut. Du bringst mich um meinen Aufenthalt in den Dolomiten, Quentin. Wie herrlich wäre es dort für mich, wo mir niemand meinen Wuchs nachträgt und meine Lungen so hoch liegen wie die der Ureinwohner. Quentin bleibt still. Wenn er lange genug still geblieben ist, erhebt sie sich schluchzend und sammelt die Kannen ein, die sie im Zorn von sich stieß. Sie kriecht aus dem Verschlag und beginnt die Milch auszutragen, damit die Bürger von St. Louis auch während des Bebens ihren Brei kochen können. Zuschlagende Türen und ärgerliche Stimmen, wie sie während der Seebeben und der stärkeren Abarten der Schneestürme häufig sind, beunruhigen sie nicht. See und Schnee, stürzende Steine oder stürzendes Wasser können ihr nichts anhaben. Sie breitet die alten Zeitungsnummern von Quentin, die sie Tag und Nacht in ihrer Schürzentasche mit sich trägt, über das nächstbeste den Stürmen abgewandte Dach und studiert sie noch einmal. Sie liest genau, den Daumen zwischen den Zeilen.

Ein neuer Gedanke beginnt sie zu beunruhigen. Vielleicht verlockt die Bahnwärtersleute St. Quentin mehr als St. Louis, Quentin mehr als Cordelia? Vielleicht sind sie längst mit dem Postzug aufgebrochen, über Boots- und Landestege gestolpert, haben ihn in die Arme geschlossen, nehmen mit erhitzten Wangen an Redaktionssitzungen teil, beteiligen sich an seiner Zeitung, kritzeln Grüße daran? Man muß diese Zeitungen genauer lesen. Jedes fünfte oder siebente Wort in dem Aufsatz über die Pfiffe der Savoyarden während des sechzehnten Jahrhunderts könnte einen Gruß bedeuten, den Quentin ihnen untersagt hat, selbst eine Einladung, jedes elfte oder zwölfte eine Nachricht von Quentin, die sie nicht wissen dürfen. Wie viele Finten und Trugschlüsse allein in einer so einfachen Arbeit möglich sind. Oder die Liste über die Pfiffe der Seevögel morgen, die er ihr im vorigen September schickte. Hier sind Zahlen im Spiel, Jahresdurchschnitte, Phonangaben, Küstenlängen, unermeßliche Möglichkeiten für Quentin und die Bahnwärtersleute. Niemand hat über Geheimnachrichten und ihre Entzifferung gespannter nachgedacht und überraschendere Ergebnisse gefunden als das Milchmädchen während ungewöhnlicher Wetterlagen über St. Louis. Während eines Schneesturms im März gibt ihr die Seevogelnummer vom vorigen September Gewißheit. Während die rauhen Kristalle selbst gepeitscht die Listenränder peitschen und zerfransen, erfährt sie, was sie wußte: sie sind alle vereint. Sie sind aufgebrochen, sind mit schmalspurigen Zügen und mit dem Postschiff zu Quentin gefahren, den sie nie kümmerten, und beteiligen sich seit eineinhalb Jahren an seiner Zeitschrift. Sie haben das Bahnwärterhaus verschlossen, haben Gebirgskränze, Mückenschwärme und Prellböcke im Stich gelassen und wollen in St. Quentin bleiben. Sie sind entzückt voneinander, Quentin und seine Verwandten, wie so oft, wenn niemand sich allzuviel erwartet hatte, kleine Scharmützel vermehren ihr Entzücken. Die weißen Ziegelbauten und die hohen schwarzen Dächer der Ortschaft (es ist auch nicht die gewisse berühmte) werden ihnen täglich vertrauter. Und das während fünfhundertsiebenundvierzig oder fünfhundertachtundvierzig Tagen.
Was soll sie tun, wenn das Wetter sich besänftigt und unerträglich wird? Die Wahl ist enger geworden. St. Quentin oder St. Louis, der Verschlag vor der Stadt, gnadenhalber, oder ein paar lange alte Fährbretter über das Postschiff, auch gnadenhalber, vier oder fünf klappernde Kannen am Gürtel, Milchmädchen hier oder Milchmädchen dort, eine Frage oder keine Frage? Soviel ist sicher: sie wird niemals Cordelia heißen.

Der Weg nach Westen

Maine, Jawlonski, Kildaron, Strohschütten, Baumlöcher, erniedrigte Kosten für die Überfahrt, schauen wir dort hinaus, machen wir uns davon. Der Imker ist ein Hindernis, aber eins der freien Wahl, ein Winterhindernis, er entläßt uns ohne Bedenken, er versieht uns mit Gepäck, das leicht über die Schranken zu heben ist (oder unten durchzuschieben), mit einigen Wässern für die alten federnden Lichtungen, mit dem kurzen Blick bis hin zu den Wildenten, schon zu Ende.

Da lehnen wir nun an dem neuen Geländer, da haben wir alles und die Sonne frei, da ist es uns gegeben, das neue Geländer schwankt. Da wären wir nun, nun also. Hier beginnt sie, unter dem Steinbruch, die neue Jobsiade, der Weg nach Westen, eine Seiltänzermode, nur fort, wir folgen ihr nicht. Ein Bauernmädchen führt ein Hühnerkunststück vor, ein Dreihühnerkunststück, sie läßt uns ruhig durch ihr offenes Haus, sie spielt im zugigen Flur und räumt den Jahreszeiten wenig ein, einige rote viergeteilte Schränke, ein altes Bild darüber, schon durch. Das war der richtige Weg. Hier sprüht es noch von Wasser an der Hintertür, hier kommen einem die Krebse aufrecht entgegen, Gegenleuchter im Bohnengarten, sie haken sich nicht unter, schließen sich uns nicht an, machen sich nicht gemein. Uns knirscht der Sand in den Schuhen, nicht darunter. Keine höfliche Führung, die Hühner nehmen alle Kräfte, wenn man die Zucht aufgibt. Und draußen weht es, Hopfen und Bohnen dagegen! Die Brunnen können nicht mehr gereinigt werden, da stößt schon Feuer nach. Unser Garten schwenkt ein, ergibt sich, kommt leicht in Fahrt mit dem vertieften Kind.

Und jetzt der Ausblick: die Schaumkronen heißen fast alle Elysium. Und diese? Auch. Und diese? Auch, genauso. Die dritte hatte vor Jahren ein hartes o im Fell, aber das gab sich. Es gab sich? Ja, es ging ein, verdorrte mitten im Wasser. Da möchten wir Einspruch erheben, wir sind zwei Reisende und wir verlangen den Vorgang zurück. Wie kam es? Wer sind Sie? Wie kam es? Aber wie kam es? Ja, aber wer sind Sie? Und so fort. Nur fort. Ja, fort. Aber die zugigen Fistelstimmen da hinter uns? Wer sagt es anders? Und wie? Wir sind zwei Strohhüte mit eingepaßten Federn, wir wünschen, nein, wir bitten (hörst du das, und diese faden Verneigungen an Bord, dieses Scharren der Seidenröcke) wir bitten den Vorgang zurück! Diese blühenden Salzstöcke, das sagen die ernsthaft: wir bitten den Vorgang zurück. Wir bitten zurück. Und

eine Solosträhne als Vorwort, dazu noch nahe der Küste. Und darauf Erklärungen wie diese: die Kronen waren damals noch ungeschieden, schmetterten behende gegen die Feldstangen, flickten einem den blauen Blick ans Zeug (das sagen wir, den wurde keiner mehr los) und versackten gegen die Baumgruppen. So war es. Das ist ein Wort, ein grünes Schürzenwort, ein Angelhaken, keine Erklärung. Und wieder Verneigungen, Dankesbeteuerungen, he, ihr da drüben, laßt euch mit uns ein! Wie? Nein, ergebt euch nicht, einlassen, sagten wir, e-i-n-l-a-s-s-e-n ohne Grußwort. Wir sind zwei Reisende und wir verlangen — — aber das wißt ihr schon. Beginnen wir bei den Baumgruppen, beginnen wir ernstlich bei der neuen Welt: Pappeln oder Feldschuken, und die Wurzeln von Heringsschwärmen heimgesucht oder nicht? Oder nicht? Wie? Sag es genauer, die verstehen uns nicht. Wir wollten fragen: blieben die Baumgruppen in Buchten, teure Monde, Herzlaub, oder auf vorspringenden Höckern, waren sie nur von Kindern in den Sand gesteckt und mit Strickwolle garniert, ihr wißt schon, oder nicht? Was sagen die? Oder nicht. Also ungarniert. Sie waren ungarniert. Soviel. Und sollten sie uns jetzt für immer entschwinden mit ihrem seidenen Geflüster, mit ihrer lächerlichen Angleichung an die Küstenstürme, soviel wüßten wir. Schau, wie die Sonne ihre Mäntel bläht.
Aber ihr Boot ist alt. Älter als mein und deines, älter als die Gemeindeköche in den Steinhäusern. Das sagt noch nichts. Die sagen auch nichts mehr. Horch, horch! Stille. Nein, kein o mehr, noch keines. Euer Liebden, wir haben mit den Baumgruppen begonnen, weil die am verdächtigsten sind. Hexen, gedrehte silberne Borten, Gewinn und Geflüster, alles stellt sich dort ein und rascher als anderswo. Aber wir müssen nicht dabei bleiben. Wir können das warme Ende der Früh entdecken und uns landaufwärts wenden, sagen wir zu den Feldstangen. Was sind das, Feldstangen? Schweigen. Schweigen und Sterne, Wüstenmargeriten, ein frischerbauter Gewehrschuppen. Aber nein! Feldstangen, sagten wir, schrien wir euch hinüber. Verlockt euch nichts? Keine Historie und das Rabengekrächze, frei im harten Raum, Windmessungen, Küstenmuseen und ihre Kustoden, gar nichts? Dann seid ihr unbestechlich, dann müssen wir uns ergeben. Dann schlagt ihr alles aus: Schwärme von Teilnehmern, Erläuterungen, Tonfiguren nach Aalskeletten. Hängeböden, Strandmähler, japanische Massagen, sogar uns und unsere Kleine im Meltau, unser fahrendes Kind, das ist schade. Das hätte etwas ergeben können, hätte euch weitergeführt, bedenkt: ein schwimmender Bohnengarten, Hühner ohne Zucht, an den Wundern der Welt mit einigen Zwirnsfäden vorbei, das ist mehr als man von Rechts wegen erwarten darf, besser als euer windiger Kahn.

Wie? Schon verschwunden, abgerissen, um die Sonne gesackt, kein Spiel mehr? Keine Erörterungen mit oder um uns, keine lockeren Debatten durch die hohlen Finger? Kein Trichtergeschwirr und wie sich die Pelzmöven durch ein veraltetes Rohr ausnehmen? Keine Mastkartenaffären? Das könnte euch morgen noch leid tun, ihr Eingepaßten, ihr Federvölker. Aber wie wir euch kennen, tut euch morgen nichts leid. Wie wir euch kennen, schwimmen morgen eure seidenen Mäntel hinter den Fischlichtern her, hinter den naseweisen Frühwolken wie Öl am Fährtag. Und ihr erlaubt ihnen alles. Um euch zieht der Bast seine Spur, Schiffsbast, Hutbast, Bast für die alten Sprüche, geriffelt und gebrochen, sanftmütig bestaunt. Geschieden und fließend, von Träumen leicht zu behelligen, von der Auffindung der Landesgrenzen, Bodenmais, Wanderlust. Und wir? Und uns?
Wir bereuen morgen alles. Wir mit den Bohnenmasten und den aufrechten Krebsen, dem harten Laut auf der Spur, der die Kronen trägt, der Filzlaus, auch noch im Salz und in der Eberesche, der Rundung, der Gewalttat, dem vertrockneten Schrei, wir stehen morgen mit geknickten Beinen an unserem schwimmenden Zaun und starren hinunter, die Hände an den Rippen, und hinter uns nichts als ein schüchternes Kind, das mit Hühnern spielt.

Erinnerungen für Samuel Greenberg

1.
Ich sah den Kaiser. Der Kaiser war in blaues Papier gewikkelt. Manchmal war er auch von Fasanen umgeben. Er beugte sich zu mir. Als er mir die Hand reichen wollte, begann ich zu schreien. Ich schrie so laut, daß mir der Kaiser verging.

2.
Er kam die Treppe herunter. Gebückt erschien er zwischen den Regalen. Die Leute rückten zur Seite. Er winkte ihnen, zu bleiben. Jemand versuchte auf dem Cello ein Klavierkonzert. Der Kaiser nahm das Notenblatt und hielt es ihm dichter hin. Der Laden war ausgeräuchert.

3.
Es kann auch ein Frachtdampfer gewesen sein. Darinnen eine kleine Bücherei, wenigstens Bücherständer. Einer von der Mannschaft hatte immer Dienst. Er lag mürrisch im Winkel. Der Kaiser schaute herein, borgte aber kein Buch. Jetzt genug vom Kaiser.

4.
Jetzt wollen wir aber beginnen. Alles erschien mir Gold und Orange. Sogar die Kohlköpfe schwammen im satten Morgenlicht. Da trugen sie einen von ihren Hochgemuten zum Grabe hinaus. Statt vier Trägern hatte er fünf, seine Bahre schwankte auf langen Stöcken, da lag er unbedeckt. Es sah chinesisch aus.

5.
Mein Vater kriegte mich beim Wickel. Bleib da, bleib da, rief er, bleib nur da. Untersteh dich nicht und lauf mit. Du bist schon mein fünfter. Darauf blieb ich.

6.
Aber zur Seite gewandt, keiner brachte mich auf die Gerade. Es brauchte mich auch keiner. Ich war ein Sprößling, eine Form des Geredes. Ich sah mich immer um. Und wollte einer, daß ich nicht die Unterführungen betrachtete, so mußte er mich veranlassen, durchzugehen. Das wollte wieder keiner.

7.
So blieb alles wie es war. Ich ging geradeaus, aber ich fixierte die Ränder, die ärmlichen und die anderen. Lachte mir von dort her einer zu, so war ich schon vorbei. Meine Füße trugen mich weiter, so heißt es doch?

8.
Dann kam wieder die Beerdigung mit den fünf Stäben. Und wieder mein Vater. Man kennt das schon. Man lernt es immer besser. Jeder Rauch sitzt.

9.
Aber es nützt nichts, wir müssen auf Reisen gehen.

10.
Wir müssen fort.

Die Rampenmaler

Schritte ums Haus, die Rampenmaler sind da. Soll ich sie einlassen? Sie verunreinigen nichts. Sie wollen Figuren, sie werfen Schnee an die Rampe, nicht nur an meine. Sie kommen von weit her. Schaufeln bringen sie mit. Manchmal bleibt Schnee an dem rauhen Stein der Rampe hängen. In Form einer Mütze zum Beispiel. Sie frohlocken nicht, sie arbeiten stumm weiter. Schnee darauf, die Mütze fällt ab. Eine Geige darauf, sie hält nicht lang. Hat auch an Treibeis erinnert. Kein großer Schaden. Jetzt eine Uhr mit Zeigern, ein Federhalter, er ist auffallend. Eine Oberin auf einem Sessel. Noch ein Viereck. Jetzt fällt alles ab, eine Brombeere kann man nicht rechnen. Zu klein. Sie stecken die Schaufeln in den Schnee und reiben sich die Hände. Sie rasten, dann beginnen sie wieder. Ah, das ist schon besser. Ein Wolf im Sprung, eine Kerze. Gleich werden sie eine Mahlzeit verlangen und sie werden sie von mir verlangen. Was gibt man? Für den Wolf, für die Kerze? Wollen sie Fleisch? Oder nur etwas Wärme? Einfach fragen. Getränke, Brot, Grießbrei? Hunger oder Durst? Das wird sich herausfinden lassen. Kummer mit Füchsen. Es ist wahr, drei blieben an der Rampe nicht hängen. Meine beiden Maler werden unruhig, sie reiben sich öfter die Hände. Dann wieder weiter. Zwei Fensterpaare, die halten. Das dritte nicht. Immerhin zwei, darauf halten wir zu. Mit Schnee. Wir sage ich schon. Zu rasch, das sollte man nicht. Sie haben nichts gehört, das macht es nicht besser. Man läßt sich hinreißen und es ist schon vorbei. Die Tür nur wenig geöffnet, leise gefragt, ob eine Mahlzeit gefällig ist, und sie fliehen mit geschulterten Schaufeln zum nächsten. Sie sind unermüdlich, die Tiere haben sie jetzt bald durch. Dazwischen wieder eine Oberin, Grünschnäbel im engeren Sinn, Fossilien lassen sie fort. Sie sind großzügig im Fortlassen, grob, fast gesetzmäßig. Sie brauchen nichts als eine Rampe, um die Familie der Heringe auszulöschen, wenn ihnen danach ist. Nicht einmal meine Rampe. Wie sie schaufeln. Sie sind zwei. Nur zwei und mehr als einer, das macht sie stark. Unverfeindbar, solange es Tierfamilien gibt. Aber dann? DAS ALTE VON ETWAS, besser DAS ALTE EINER SACHE heißt jetzt ihr Ziel. Alte Schöpfkellen, alte Türsteine, da lassen sie nichts fort, sie schaufeln und schaufeln. Kein Schweiß. Kein Zeichen, daß sie ermüden. Das Alte hält sie wie die Tiere sie gehalten haben. Die großen Tierfamilien. Wie rasch war das alles vorbei und was wird sich noch finden lassen? Viel, das ist keine

Frage, und immer mit dem Schnee. Der Schnee macht sie beherzt, das wundert mich nicht. EINE MÜTZE, ruft jetzt der linke. Ja, jetzt rufen sie auch. Es ist nicht die erste Mütze, aber es ist der erste Ausruf. EINE MÜTZE! Länglich. Ich frage mich, ob sie von nun ab alles ausrufen werden. Und welche Stimme der rechte hat. Der linke krächzt. Mir gefällt das. Der rechte bläst auf einem Kamm. Er schnarrt. Welcher Rang jetzt dem Unausgerufenen zukommt? Löwen waren auch dabei. Ob da jemand um Berichtigung eingeben wird? Um Ausruf vielleicht? Ibis wurde ohne Ausruf an die Rampe geworfen, blieb und fiel ab. Wurde nicht ausgerufen und gibt um Berichtigung ein. Inzwischen fallen die Monate von der Rampe. Meine beiden sehen unerbittlich aus. Mit ihren blauen Augen, die niemand sieht. Mit ihren gebeugten Schultern. Nicht um Ibisse besorgt. Dezember, Februar, März. Die Reihenfolgen halten sie ein, wenn auch mit Auslassungen. Ich kenne nicht alle Zeichen, aber andere werden sie kennen. Es scheinen mir eingeführte Kennzeichen zu sein. Heu für November oder nicht? Dann jedenfalls Heu und November. Bekannt wird es sein, es wird anderen als mir bekannt sein. Dabei stelle ich es mir schwierig vor, Heu in Schnee darzustellen. Meinen beiden gelingt es. Sie nehmen es so genau wie möglich, nicht genauer. Deutlich soll es sein, nicht mehr. Und rasch. Jetzt kommen die Lieder. Ein Röslein, es hört nicht auf, das hätte ich mir denken können. Mir wird hier kalt auf meinem Ausguck. Drei Schiffe, sie werden mit den sieben Meeren zu tun haben. Doch nicht, es folgt eine Uhr. Ein Kuckuck, den kenne ich sogar. Fremd im Nest. Aber weshalb alles auf meiner Rampe? Auf dem mir anvertrauten Stein? Ist er gröber? Beharrt der Schnee besser oder fällt er eher ab? Gibt er mehr Figuren heraus? Meine beiden geizen mit Begründungen. Ob sie wissen, was sie darstellen? DIE SCHÜLER DER ALTEN WELT UM EINEN TISCH BEIM KARTENSPIEL. Jetzt eine Mole, eine Schiffsmole! Es schneit weiter. Der Schnee fällt dicht. Gibt sich her dafür. Ist einfach da, hat keinen Laut, um aufzumucken. Das ist Absicht, das weiß ich. Das kann jeder, wenn er will. Der Schnee. Jetzt, ein Ausweg: er fällt gegen die Rampe, er wechselt die Richtung, er verwischt. Er läßt es nicht mehr zu drei Vasen kommen oder zu einer Krücke. Er löscht sie, ehe sie entstehen. Er läßt sie nicht heran. Keine Kartenspiele mehr, keine Molen, keine alte Welt, das haben meine beiden rasch heraus. Vor jedem Wurf ein Stoß gegen die Rampe. Und dann rasch, sie wischen sich nicht einmal mehr die Nässe von den Wimpern. Halt, meine Rampe! Sie wird in Trümmer gehen. Aber jetzt ist tatsächlich wieder etwas zu sehen. Ein Korb mit Wäsche,

deutlich, aber dafür ist mir der Preis zu hoch, ich will nichts mehr. Nicht um meine Rampe, halt, halt! Genug.
Wie furchtbar die krächzende Stimme mit den Schaufelstößen gegen den Stein zusammenklingt. Wäschekörbe und Legendenbücher, sie verkünden alles gleichmäßig. Befriedigt, selbst wenn nichts sicher ist. Wenn es sich nur gegenseitig aufhebt, das Legendenbuch zum Beispiel hätte leicht eine Strickschachtel sein können. Macht nichts, keine Überlegungen, sie bringen Aufenthalte. Der linke von beiden sagt noch immer nichts, er enthält sich der Worte, aber er bläst immer auf seinem Kamm. Signale für die neue Welt. Brich ab und werde grün, heißt es, glaube ich. Ein Schullied, keine Absage.
Jetzt holen sie die Taschenlampen aus dem Zwilch und knöpfen sie vorne an. Der Schein kommt dazu, er fügt sich gut ein. Auf, ab, auf, ab und wieder. Er ist standfest. Besser als meine alte Rampe, die aus den Fugen geht. Schatten, Lautlosigkeit, Nichteinmischung. Er weiß seine Gesetze nicht, darum hält er sie. Und rund, immer rund, soviel ist rund. Das Tageslicht kommt auch von der Sonnenscheibe. Nein, davon wollen wir jetzt nicht sprechen, das ist für heute vorbei. Vorbei sage ich, wenn es auch nichts nützt. DIE DÄMMERUNG verkünden sie jetzt. Angeworfen oder von oben? Ich wüßte es gern. Ich sehe nicht mehr viel, ich werde jetzt fragen. Es ist eine ganz gute Frage, nicht zu auffällig. IST DIE DÄMMERUNG, VON DER SIE SPRACHEN, sprachen ist gut, es müßte ihnen schmeicheln BITTE IST DIESE DÄMMERUNG schlecht, zu unterwürfig IST SIE VON IHNEN? ICH DACHTE, VIELLEICHT WEIL ALLES ANDERE AUCH — — Himmel, die rühren sich nicht. Schaufeln und krächzen und gegen die Rampe stoßen, das können sie. Und auf dem Kamm blasen. Es muß ein alter Kamm sein, manchmal pfeift er. Zu spät. Sie haben schon den Mond hingespien, Mond und Kofferradio. Da steht die Dämmerung schlecht dazwischen. Besser, man sagt nichts mehr, man ist auch zu ungeduldig, man verlangt zuviel. Und das viele zu rasch. Man sollte es anders machen. Mit zwei Tellern Grießbrei die Stufen hinuntersteigen, die Geleise überqueren, nichts verschütten. WENN ES GEFÄLLIG IST. Ja, so. Ich dachte auch nur vorhin, weil es meine Rampe ist, zu meinen Aufgaben gehörig, hinter meinen Schienen. Im Lichte meiner Gewohnheiten, so dachte ich. Bedeuten nichts, ich weiß. Die beiden da vorn räsonieren auch nicht. Der blaue Zwilch, auf zwei Rücken verteilt und nicht einmal gut. Wieviel ließe sich da sagen? Mir kommen die Tränen, ist es davon?
Auf den Rücken vor mir zeichnen sich Muster ab. Der Schnee befeuchtet sie nicht nur, er bleibt jetzt liegen. Ein Hase, beginnt die Tierwelt von neuem? Eine Krähe, ein Fuchs? Bis

zu den Veilchen habe ich mich an Auslassungen gewöhnt. WIR sage ich, ich werde jetzt auf den Zwilch schaufeln. Das Ganze noch einmal bis zu den Häkelkörben. Meine Rampe zerbricht, aber der Zwilch bleibt und ist doppelt. Auf und nieder, mich stört es nicht, ich habe ein doppeltes Gewissen bekommen, bin unempfindlich, begierig nur mehr nach den Figuren und wie sie sich auf den beiden Rücken verteilen. Es sind jetzt Rehe, ganz deutlich. Und da vorne? Staub habe ich verstanden. Aber das stößt gegeneinander, das verfängt sich, und wie kommt Staub auf die Rampe? Mit Schnee und Schaufel? Eisblöcke dagegen, dargestellt in der Fläche. Losungsworte, Lichtjahre, gemeines Uferaas, Flußschildkröten. Das geht, das kann man zueinander lassen. Ich habe auch den Vorteil, daß ich auf zwei Rücken schaufle. Es hat seine Schwierigkeiten, aber es gereicht mir zur Ehre. Auf zwei Rücken, die sich bewegen, nicht auf eine Rampe. Verteilungsfragen, nichts weiter, es macht mir Freude. Und wenn sie ermüden? Und wenn ich ermüde? Es müßte dann schon zwischen zwei Ordnungen sein, am Ende der Tierwelt zum Beispiel, die Eier müßten auch abgetan sein, die Elefantenjungen, das alles. Bei ihnen und bei mir. Es kommt, man kann sich stärken. Der berühmte Grießbrei, die vielen berühmten Dinge, an die man sich halten kann, stehend, vor der Haustür, das dunkle Stationsgebäude neben sich. Und löffeln. Sie blinzeln mir zu. Danach kommen die Wolkenformen auf meine einstürzende Rampe, die Satzzeichen auf ihre krummen Rücken. Bis zum Morgengrauen. Und so fort. Es schneit immer kräftiger. Es läßt sich an. Oder wie? Es pendelt sich ein. Der Schnee ist jetzt trockener, angenehmer. Die Tierwelt kommt wie gerufen. Die Satzzeichen werden auch kommen. Meine Schaufel ist gut, meine Stimme klingt angenehm, die da vorn sind geduldig. Nichts. Keine Angst mehr, daß sie zu lange bleiben könnten. Oder zu kurz. Ich bin glücklich.

Die Schwestern Jouet

Ich gehe nur mehr mit den beiden Schwestern Jouet um. Sie ermahnen mich, wenn ich übertreibe. Wenn ich zum Beispiel *Gehöft* statt *Hof* sage, sind sie gleich da. Schon wieder, sagt Rosalie. Sie ruft Anna und Josepha, wir beginnen von vorn. *Dschunke* sagt Rosalie, *Dschunke* sage ich, *China* ruft Anna, *China* rufe ich. *Füchse* sagt Josepha, sie ist die stillste. *Josua* sage ich. Wir müssen von neuem beginnen. *Jonas* sagt Josepha, *Jonas* sage ich. *Jonas* sagt Anna, *Jonas* sage ich. *Jonas* sagt Rosalie. Laßt mich jetzt, sage ich. Und wieder. Sind es drei Schwestern? Ja, es sind drei. Ich gehe nur mehr mit den drei Schwestern Jouet um. *Gesindel* sage ich, um sie zu erzürnen. *Gesindel* sagt Anna. *Räuberische Horden. Räuberische Horden* wiederholt Josepha. *Fleiß in der Schule, Fleiß im Großen, Fleiß im Einzelnen* sage ich schnell. *Fleiß in der Schule, Fleiß im Großen, Fleiß im Einzelnen* sagt Rosalie. *Aber nicht allein* sage ich. Sie schweigen. *Zelt, Zelt* rufe ich. Nichts. Ich neige mich wieder über meine Schriften. *Zelt?* Nein, nicht *Zelt*, davon verstehen sie nichts. *Fremde Gebiete* rufe ich über ihre Köpfe hinweg. *Fremde Gebiete* wiederholt Rosalie zögernd, *fremde Gebiete* sagt Anna. *Fremde Gebiete* sagt Josepha. Zu leise, man hört sie fast nicht. Ich muß mich anderen Gegenständen zuwenden, Jahrmarktsgegenständen vielleicht? Zu ärmlich. Oder Jagdgegenständen. Lederhockern, englischen Büchsen. Oder Stickereibedarf? Ich kann mich nicht entscheiden. Meine Feder tropft, die Schwestern Jouet haben den Blick auf mich gerichtet. Ich weiß es jetzt, Schulsachen müssen es sein, Hefte, Einbände, die Geschichte Westafrikas in Pappdeckeln. Aber ich habe keine Worte dafür, keinen Laut. Sie schauen mich an, diese Schwestern, und ich bringe nichts ein. Dabei geht es in dieser Landschaft um Einbringungen, das muß man wissen. Und man muß es zuvor wissen, vor den Buchstaben, vor allem andern. Einbringungen sind hier gang und gäbe. Dann kommt erst die Flora, dann die Fauna und was sich sonst ergibt, Schlangeninseln, Grenzziehungen, das meiste ist zu verhandeln, unter Budendächern gut unterzubringen. Einen Kranichschwarm sah ich, in der Formierung, im Flug festgehalten, mit Federn gestopft, an Holzständer genagelt. In der richtigen Anordnung, das war nicht leicht. Ein schöner Schwarm. Das würde auch Rosalie sagen. Wenn sie Lust hätte, es zu sagen. Rosalie ist blond. Sie hat dünnes Haar und trägt es gescheitelt wie ihre Großmutter im Mutterland. Was sage ich da? Davon wollen wir nicht sprechen, das werde ich einhalten, es fällt mir nicht zu schwer. Anna und Josepha erinnern sich nicht mehr daran, sie sind dunkel und schauen geradeaus. Wenn sie zu mir sprechen, stellen sie sich vor mich; das hat Rosalie nicht nötig. Sie streift meine Schultern, sie spricht vom Dach, von den beschmutzten Denkmälern, hinter den Maisfässern hervor. Das Mutterland, zum Lachen, das lassen wir jetzt. Wenn Rosalie in die Wüste geht, merken die Grenzwächter unter ihren Burnussen auf, aber sie wagen nichts zu sagen. Rosalie geht oft in die Wüste. Ich könnte mir einbilden, um Sand für meine Schriften. Sie schleppt ihn in einem chinesischen Kindereimer hierher. Der Sand ist ihr Vorwand, ihre Begründung für mich. Für sie selbst werden ihre Wüstenspaziergänge andere Gründe haben, ihre eigenen Gründe. Sie sammelt Nußschalen, sagt Josepha und sieht mich starr an, immer von vorn. Sie hält die Wüste in Ordnung. Sie gibt Zeichenstunden, ruft Anna, sie nahm mich zweimal mit. Sie lehrte mich den Schwan und die Ente. Die Art, sagt Josepha. Natürlich die Art, erwidert Anna zerstreut. Mit Hakenschuhen, schwarzer Lack aus der Heimat. Heimat, Heimat? My country. Es krachte, als wir heimkamen. Ich meine, hierherkamen, jedesmal die beiden Male, es knirschte in den Strümpfen, ja, das tat es. Das nehmen wir gerne auf uns, sagt Josepha, nicht wahr Rosalie? *Auf uns* sage ich. *Auf uns*, das liegt mir, das nehme ich. *Auf uns.* Was meinen Sie denn? sagt Rosalie. So ist sie. Eine Wüstenlehrerin im Zeichnen. Und dann Schwimmvögel. Mit den gesammelten Nußschalen als Schwimmflossen. *Flossenschule* rufe ich, *Flossenschule* rufe ich jetzt und klatsche in die Hände. Ich weiß, daß ich keine Ahnung von Kinderhorten habe, ich sollte sie aber haben, ich sollte mich als Traum fühlen und auf Sauberkeit halten, das entspräche dem ganzen. *Den Sand aus den Schuhen* müßte ich rufen, und nach einer angemessenen Minute *reiche deinem Lehrer das Salz herüber, Josepha.* Oder *Anna.* Oder *auch Anna.* Aber ich tue es nicht, ich nehme meine Schwestern Jouet wie sie sind, am Wüstenrand zu Bettlerinnen geneigt, oft ohne Anmut. Als Laube, als trockenen Sturmwind, als Herzblatt. Oder Blätter. Als Compagnie. Dreifach gestaffelt. Wir fahren nie fischen miteinander. Kein Gehege. Nichts als meine Übertreibungen, die uns beieinander halten. Ich darf deshalb nicht auf sie verzichten, ich muß meinen Tisch halten und meine Berichte weiterschreiben, über das Land an das Mutterland, über das Mutterland an das Land. *Naufrage* heißt es dazwischen. Das sind die Fäden. *Die Backsteine sinken hier ein,* heißt es in einem meiner Berichte, darauf kam ich allein. *Das Stroh fliegt dort davon* heißt es im nächsten, das glaube ich einfach. Ich sah es fliegen, bei geschlossenen Augen. Es gab auch Reisende, die mir davon erzählten. *Sie glauben gar nicht, wie das Stroh dort fliegt,* erzählten sie und fuhren wieder fort. *Besonders an der Westküste.* Meine Feder kratzt, es ist meine erste Feder. Übertreibe nicht, sagt Rosalie. Übertreibe nicht, sagt auch Anna. Es ist deine zweite. Wie? Ach ja. Deine zweite, sagt Josepha begütigend und knistert mit ihrem grauen Kleid, deine zweite Feder. Natürlich. Kurz darauf sehe ich sie an meinem Tischbein kauern und Scharpie zupfen. Als wir den Kannibalen entgingen, hast du die erste zerbrochen. Ich weiß, ich weiß. Dein zweiter Friede. Mein zweiter Friede, wer sagt das? Josepha hat es gesagt. Josepha? Es ist mein dritter Friede, Josepha. *Armer Jonas,* sagt Josepha sanftmütig. Das ist überraschend. Seit ich an Land gespült wurde, hat es niemand gesagt. Niemand stellt den als arm hin, der mit seinen Eßwerkzeugen auskommen muß. Oder mit den Schultern, mit dem Geruchsinn. Armer Samson, du hast nur eine Nase, müßte es heißen, aber das heißt es nicht. Ich hatte außerdem ein Besteck bei mir. Im Brotsack, es war vollzählig. Josepha putzt es zuweilen, sie läßt sich im Tempelvorbau nieder und reibt daran. In ihrer Dschunkenandeutung. Dabei ging ein Kompottlöffel verloren, vielleicht meinte sie das. Im übrigen glänzt er stärker als in den Kindertagen an den Flüssen, stärker als je zuvor. Und Kompott esse ich selten, das Wasser ist hier Brackwasser, viele Arten von Früchten gehen darin mit ihrem Zucker zugrunde. Man kann auch mit Rindern auskommen, mit Löwenaugen und einer Andeutung von Dill darüber. Rosalie lacht. Sie hat den Dill gesammelt. Mit ihrer Schwester Anna, es war keiner. Wir aßen alle davon. *Bedienen Sie sich, Herr,* sagten die drei, *nehmen Sie, nehmen Sie nur.* Der Tisch war blendend gedeckt. Ganz weiß, eine halbtropische Vergißmeinnichtsorte an jede Gabel gesteckt, zur Erhaltung ebendieser Sorte, damit kommen wir aus. Um jedes Besteck eine seidene Schnur aus dem Mutterland, davon sollte ich schweigen. Spinnereien gibt es hier nicht, die weißen Väter halten damit zurück. *Regen* sagt Anna und macht sich am Dach zu schaffen. *Regen* sagt Rosalie, *Regen* sagt Josepha. Einstimmig und schon stürzt er vom Himmel. Das könnte euch passen, ja, das wäre euch recht so. Angespannt lauschen, angespannt schlafen, den Schmuck einregnen lassen, meine lieben Schwestern, so möchtet ihr es, aber ich nicht. Wieso heißt ihr Jouet? Gibt es Bezirke dort, wo ihr her seid, himmlische Gäste in der alten Art? Sind die Fische jodhaltig dort? Was bewog euren Vater zu jeder von euch? Und wodurch wiederum wurde er zu sich bewogen? Ich bin allein ohne euch. Ich habe nur euch im Sinn. Weshalb seid ihr so grau, so rosig, orange, blau und den Rest? So ergeben, als wüßtet ihr keinen Rat? Oder meinst du, daß ich wieder übertreibe, Rosalie? Meinst du es, Anna, meinst du es, Josepha? Übertreibe ich?

Bin ich eilfertig, leichten Sinnes? Nennt man das so? *Regen* sollte ich sagen und es prasseln lassen. Deckstauden, Missionsschulen, Leuchtfeuer im Schlick, alles wird gleichmäßig untergraben. *Regen* sollte ich euch nachsagen und die Nässe gierig einatmen wie eure Verwandten väterlicherseits, sobald sie die längsgestrichenen Speisesäle ahnten, lange vor euch. Sobald ihnen die selbsttäigen Wasserleitungen in den Vorhöfen ausgingen und das war bald. *Gegenwärtig, erfinderisch, undurchschaubar* hat einer mit dem Namen *Boote* gesagt, er weiß es, ein Cousin eures Großonkels, er ist euch nicht nachgeraten. Laßt ihn, er lungert gerne an Feuern. Diese alten Zusätze, was soll man mit ihnen? Man stampft sie ein, und sie altern gleich von neuem. Feuer, Feuern, weißhängig, bodennarbig, ja. Rechtmäßig, da wären wir wieder. Mit beiden Füßen auf den Böden der Flüsse, die Generalsnamen tragen, auf den Nährböden für die Hakenwürmer, alles schon eingezeichnet, ich weiß, ich höre jetzt auch auf. Ich neige mich zu meinen Schwestern, die grau und weiß sind. Wer hat keine Beine und kann doch gehen, kann die Fallen für die Wüstenfüchse ausreißen, wer ist das? Das seid ihr, meine Lieben. Die Jouets waren angenehm, wird es von euch heißen, sie waren alle drei sehr angenehm, so heißt es, ist euch das recht? Sie hatten Kirchenplantagen, wo keiner es erwartete, bei Schaffhausen zum Beispiel, sie tranken den Ertrinkenden das Wasser fort. Man konnte gut sechshändig mit ihnen spielen. Was hieß es noch? Sie waren ergeben, hieß es. Jetzt wißt ihr's. Die geretteten Wüstenfüchse graben euch ans Licht. Ergeben, was sagt ihr dazu? Umstanden einen, der gut ihr Vater hätte sein können. Ergeben. Ich sage nichts dazu, ich warte auf das, was ihr sagt, ich warte auf nichts anderes mehr. Was ihr sagt, sage ich. Was sagt ihr? *Schulgebäude?* Sehr gut. *Schulgebäude* sagt Rosalie, *Schulgebäude* Anna, *Schulgebäude* sagt Josepha. *Josephshaus* sagt Rosalie. Mit *Fenstern.* Was wird noch kommen? Tisch und Buntrock, Kehl- oder Lippenlaute, Geheimnis, Robbenfang? Ich warte, ich warte. Auf Affenbrot und Erdnuß, Wattebausch, Backwerk und Helden des Vaterlandes. Himmelfahrt und das dazugehörige Kommando. Meine süßen Tauben, meine Holzlichter. Wie sollte ich Amen sagen, ehe ihr es sagt?

Ajax

Ajax steht still in seiner Hülle. Er sieht durch die Luken. Sein Name taucht immer wieder vor ihm auf, pulverisiert und krank, was soll damit geschehen? In früheren Zeiten verzehrte man seine Namen, man goß sie in Formen, in denen sie zischend erstarrten. Es gab eigene Frühstückslöffel für Namen, manchen gelang es damals, ihre eigenen Namen vollkommen in sich aufzunehmen, so daß sie verschwanden, in keiner Passage mehr auftauchten, in keiner Gehörunterrichtsstunde. Die Läden für solche Frühstückslöffel waren verborgen, in Hauseingängen, Wohnungen, bei den entgegengesetzten Gewerben, zum Beispiel Fell- oder Laternenhändlern, wo solche Löffel unter der Hand verkauft wurden. Wer einen wollte, wußte ihn doch zu finden. Um sechs Uhr früh schlich er zum Fellhändler, um acht hatte er gefrühstückt. Oft war es noch finster, wenn er seinen Namen schon verschlungen und mit dem Tee seiner Hauswirtin hinuntergespült hatte. Bis zwölf legte er sich dann auf sein schmales hartes Sofa, die Hand auf dem Magen. Wie ihm der Fellhändler versichert hatte, waren Magenbeschwerden unausbleiblich. In den darauffolgenden Tagen gab es die Beschwerden der Eltern, der Passanten, die gieriger nach Namen sind, als sie es selber wissen, der Militärbehörden. Auf den grünen Wiesen der Heimatdörfer verstummten die Stimmen der Feldwebel. Wendungen wie MEIN LIEBER JUNGE oder DER UNBEKANNTE SOLDAT stammen aus der Zeit. Wenig später erfanden die Nubier das Zahlensystem, und wenigstens eine der beiden Wendungen erübrigte sich. Sie blieb aber. Beide blieben, wir wissen es. Auch Ajax weiß es. Die Läden der Fellhändler sind geschlossen, die Vaterländer haben ihnen ihre Güte entzogen. Wer die Baudenkmäler besichtigt, wirft da und dort einen hastigen Blick in eine Nebengasse. Da waren sie. Oder dort. Dort war es, wo an einem Sonntagmorgen die berühmteste Polizeitruppe des Abendlandes bei Irrgänger und Karfunkel den Karton mit Frühstückslöffeln unter dem Ladentisch fand. Dietrich und Josua. Wahllos. Aber zwischen Mukalu und Robin fand man nicht nur Pauline, ein letztes Stück, wie sich später herausstellte, man fand auch Mutterland. Das gab die Handhabe. Die Vaterländer schlugen zu, drei zugleich. Seither sind die Läden dieser Art geschlossen, die Frühstückslöffel verrosten auf den Böden der Flüsse oder im Polizeigewahrsam. Und der Gedanke, man könnte sich einen Namen, den einem glückliche oder gleichgültige Elternpaare, gehässige, ehrfürchtige oder bequeme Nachbarn verliehen, zum Frühstück servieren, stirbt aus. Ajax erfährt es an sich in seiner Papphülle, steif wie eine Gottheit, aber sehend, das Namenspulver vor sich, verfärbt, in Schwaden, manchmal glaubt er Schwefel zu riechen. Die Lücken in seiner Hülle sind den von der Natur verliehenen Sinnen nachgeschnitten, wenn auch ungenau und verkleinert. Dafür ist Ajax dankbar. Er durchschaut das Ganze nicht mehr, Himmel und Mörtel und die schräg abwärts führende Gasse, in der er zum Exempel steht, aber er durchschaut die Leihgaben. Irrgänger war lange gestorben, als die Polizei in seinen Laden drang, Karfunkel liegt im Flur inmitten eines guten Drittels seiner Frühstückslöffel. Es wundert Ajax, daß keinem von beiden je die Idee kam, seinen eigenen Namen zum Frühstück zu sich zu nehmen. Ob es einen Frühstückslöffel für Irrgänger gab? Es ist anzunehmen. Aber einen Löffel für Karfunkel gab es, hatte es gegeben, und er hatte ihn gesehen, während Karfunkel fieberhaft nach Ajax suchte. Hast du ihn? hatte Cornelius damals gefragt, als er aufatmend wieder im Freien stand, das graue Paket in der Rocktasche. Es war sechs Uhr morgens. Wenig später lag er auf dem Sofa seines Freundes, seinen Namen in sich und die Hand darüber. Verführt, schrie sein Anwalt danach. Verführt, verführt! Cornelius hatte ihm seine Liegestatt zur Verfügung gestellt, seinen Pensionsraum, den Rest seines Frühstücks. Ajax war jung, war vom Lande, ein grauäugiger Junge, hatte keine Ahnung davon gehabt, daß man seinen eigenen Namen frühstücken könne; wie sollte er, als er sich neunzehnjährig über den Zaun schwang, Vater und Mutter noch einmal zunickte, und den jungen Schwestern? Als er mit langen Schritten zur Station eilte? Aber schon eine Woche später geriet er diesem Cornelius in die Fänge, Cornelius, der seinen eigenen Namen nie gefrühstückt hatte – an dieser Stelle lächelte Ajax, während der Anwalt weiterschrie – Cornelius, der vielleicht niemals gefrühstückt hatte, der aber nichts Eiligeres zu tun wußte, als Ajax die Frühstückslöffel bei Irrgänger und Karfunkel zu empfehlen. Schscht machte der Richter an dieser Stelle, während die Zuhörer sich neugierig über die Rampen beugten, Marktfrauen und Kindermädchen mit den Namen Silberschmid, Koks oder Reisnitzer. Die Verhandlung war zu Ende. Cornelius verließ das Land, auch Ajax verließ es. Er suchte sich eine neue Stadt, eine Gasse darin, eine Papphülle. Die Behörden halfen ihm, das ist wahr, ausländische Behörden. Was sollten sie sonst mit einem, der keinen Namen mehr hatte? Die Papphülle lehnt schräg an einer Hauswand, sie ist der Hauswand ähnlich, sie fällt nicht auf. Wer die Gasse hinunterstrebt, umgeht sie geschickt. Heute ist Samstag. Es war Mittwoch, als Ajax zum erstenmal Verlangen nach seinem

Namen empfand wie andere nach einem Frühstück oder einer Abendmahlzeit. Nach seinem alten Namen. Es war ein schwaches Verlangen, das Donnerstag gegen Mittag zunahm. Ajax kämpfte dagegen an, auf seine alte Weise, er verhielt sich still, konnte aber nicht hindern, daß ihn gegen Abend des Donnerstags das Verlangen schüttelte. In den Morgenstunden des Freitags war sein Name da. Er erkannte ihn gleich, aber wie sah er aus? Kein anderer hätte ihn wiedererkannt.
Keine Buchstaben, keine Längen oder Kürzen, keine Klänge, das konnte ihm recht sein. Aber weshalb war sein Name krank? Und krank war er, er roch nach Schwefel, bewegte sich langsam, nahm den Morgenwind zu Hilfe. Er ließ sich emporwehen bis unter seine Stirne und legte sich dann vor sein Gesicht, bis er wieder absank. Dann kam der Morgenwind wieder. Gehör, Geruch, Geschmack, Ajax empfing seinen Namen mit diesen erdachten Sinnen, neu erdachten, enthobenen und nachlässig wieder benützten, durch Lücken in der Papphülle verhöhnten Sinnen. Es kam ihm vor, daß es seine Sinne erfreute, nicht ernst genommen zu werden, daß sie es längst und die Jahrtausende hindurch vergeblich erwartet hatten. Er entstammte einer alten Familie. Aber nachlässig genützt zu werden, erfreute die Sinne. Neun für zwei oder einen. Als Namenssinn zum Beispiel, für eine Staubwolke, eine Pulverschwade, die einmal Ajax geheißen hatte. Wenn nicht Pulverdampf. Pulver, Pulver? Er muß an Füchse denken. Ja, an Füchse, zuallererst an Füchse. Das kommt von den alten Liedern, von den schweißtreibenden Jagden seiner Urväter. Das war nötig damals. Aber daß man an einem siebenstöckigen, dem Verfall preisgegebenen Lagerhaus im Ausland lehnend, Belgien oder vielleicht Norwegen, immer noch daran denkt? Daß es einem selbst hier in den Sinn kommt? Ein weiter Sinn, ein zweites Frühstück? Pulver. Schwefel. Pulver und Blei. Nicht daß sein Name pulverisiert wurde, macht ihm zu schaffen, sondern daß dieses Pulver zu riechen ist, daß er Pulver riecht, selbst mit einem gebrochenen Sinn. Daß man ihn vielleicht wieder laden könnte, in Rohre laden und auf Felle brennen? So hieß es, ja. So heißt es immer noch. Nicht seinen Namen, nein, nicht den, er hätte ihn sonst besser niemals gefrühstückt, er hätte die Frühstückslöffel bei Irrgänger und Karfunkel sonst besser unter dem Ladentisch und den Kaninchenfellen gelassen, hätte sich genannt, wie er genannt worden war, und vielleicht den Beruf des Staatsanwalts ergriffen. Zu spät. Ajax niest. Sein Name dringt immer noch durch, dringt durch die Papphülle, legt sich an ihre Innenseite, weht wieder hinaus und gibt ihm einen neuen Gedanken: Er wird zum zweiten Mal frühstücken. Rasch, ein Sturm ist im Kommen. Nichts Neues, sondern noch einmal das Alte. Den

alten Namen zum zweiten Frühstück, ehe er verschossen wird, ehe die Milizen sich seiner annehmen, erbarmen nennen sie es auch oft. Wenn er aber zum zweiten Mal gefrühstückt hat, wenn sein Name noch einmal zu Staub wird? Nicht daß er sich den Blütenstaub wünschte, mit seinen Gerüchen, er ist auf dem Lande aufgewachsen, er durchschaut das zugleich mit den Bienen und ihren überaus nützlichen Staaten. Sein Name darf nach Stockschirmen riechen, aber hier ist auch die Grenze. Noch besser, er setzte die Grenze schon bei Haarschleifen an. Will er seinen Namen heilen, will er ihn noch einmal zum strotzenden Zeichen des Gebrechlichen machen? Das wäre zuviel gesagt. Die Wolke ist ihm recht, der Staub, sogar der kranke Staub ist ihm lieber als Marcel oder Cummings und das sagt einiges, aber er möchte die Krankheit ändern, möchte ihr zur Genauigkeit verhelfen, fast kann man sagen, er möchte ihr aufhelfen. Der Krankheit seines Namens, nicht dem Namen. Er möchte sie unbenützbar machen, sie zu sich bringen, was nicht noch alles? Ja, das möchte er. Stehend in einer ausländischen Gasse, belgisch oder norwegisch, in seiner Papphülle. Er atmet ein. Der Staub dringt durch die Hülle und erzeugt ihm Brechreiz, eine Rauhigkeit der Kehle, der Lippen, der Zunge, Husten. Er atmet wieder ein. Soweit als möglich unterläßt er es auszuatmen. Und wieder. Und noch einmal. Er möchte schlucken, aber es scheint ihm, als hätte er fünf unrechte Kehlen erworben und die rechte stünde als unrechte für die fünfte. Schwer zu beschreiben, er hat mit jeder Mitleid, alle führen zur Lunge, von den Gedärmen her gesehen, zu nichts. Immerhin lehnt er noch hier, seinen Namensstaub wird man nicht benützen, er wird es zu verhindern wissen. Er schluckt, er schluckt wieder, er versucht, seine Zunge zu Hilfe zu nehmen, mit ihrer Hilfe saugt er den Staub von der Innenseite der Papphülle, klebrigen Staub, er saugt seine alte Hülle ab, aber eine einzige Zunge reicht nicht weit, selbst wenn es die rechte ist. Das erfährt er jetzt. Die Entfernung zu den Kramläden der Kinderzeit wird unberechenbar, unmeßbar, das Schleckwerk hat sich verändert. Und es hat sich die Veränderung verändert. Ein Polizist nähert sich, Sturmwarnungen, dann wollen wir rasch sein. Sein Heimatland zieht jetzt vielleicht die Felle ein, die es Karfunkel gestohlen hat und seither als Wetterfahnen benützt. Mit geraubten Gütern muß man vorsichtig umgehen. Aber nicht mit den geschenkten, mit den unverlangten, Isaak, Araon, Ajax. Und nicht mit ihrem Staub. Wir wollen die Pestwolke einziehen, denkt Ajax, wir denkt er, wir wollen sie in die Atem- und in die Speisewege bringen, wir wollen gerecht sein und aufteilen, was aufgeteilt gehört, endlich. Ajax atmet die Wolke ein, die ganze Wolke, den Rest der Wolke, den fehlenden Rest, der das

Ganze bestimmt. Der Sturm hilft ihm, Irrgänger und Karfunkel beugen sich über die fremden Dächer, der Polizist möchte zu Hilfe eilen, aber er entdeckt nichts mehr als eine leere Papphülle, gefallen, umgefallen, lächerlich zugeschnitten. Und den Geruch der Stockschirme, den er nicht erkennt.